原典で読む日本の思想

原典で読む日本の思想（'24）

装丁デザイン：牧野剛士
本文デザイン：畑中　猛

m-11

まえがき

この本は、放送大学の「人間と文化コース」専門科目の授業「原典で読む日本の思想」の教科書として執筆したものである。日本の思想を考える上で、ぜひ知っておいて頂きたい代表的な著作を取り上げ、そこから読み取れる思想内容を解明するとともに、そのような思想を生み出す基盤となった、著者の生き方や時代状況についても解説を試みた。その際には、題名に「原典で読む」とあるように、なるべく原典の文章そのものを取り上げることを心がけた。原典を示しながら解釈を試みることで、原典のもつ思想の豊かな奥行きに触れ、思想家の思考の展開に直に触れられると考えたからである。「一即多」「多即一」また「部分即全体」「全体即部分」というのは、日本の思想の展開に大きな影響を与えた仏教哲学の根幹をなす考え方であるが、ある著者のほんの一つの文章の中にも、実は、その著者の思想内容や生涯の全体が込められているということも多い。その一文には、日本の思想の全体的な展開のプロセスや当該の著者の生涯、時代状況などが、背景をなしているということを念頭に置きながら、原典をなるべく丁寧に解釈することを心がけた。

本書では、日本の思想のうちでも特に宗教と文学にフォーカスした。それは、西洋哲学が受容される近代以前、日本という場において哲学、すなわち、自己や世界を問い、真なるもの、善なるものを筋道立てて探究する営為は、主として宗教や文学の中で行われていたという事情による。近年の世界的な思想潮流として、哲学をギリシア以来の西洋哲学に限らず、世界の諸地域、たとえば、ラテンアメリカであったり、アフリカであったりというような、非西洋地域の伝統的な知的営みの中に哲学を見出し、新たな光を当てようという試みが盛んに行われている。日本の思想もこの世界的な文脈の中で、注目を集めている。哲学と言えば直ちに西洋哲学を指し、日本における哲学の歴史は、西洋哲学を受容した明治時代から出発するというような西洋哲学偏重が改めて見直され、近代以前に、宗教や文学の中で問われてきた自己や世界に対する一貫性や整合性のある考え方も、日本の哲学として理解していこうという傾向が目立ってきた。本書もそのような立場から、前近代、近代を一貫して、「日本の哲学」の具体的なあり方を探究している。

本書の特徴の一つとして、古代から近代まで、私、頼住が一人で叙述しているということが挙げられる。現代の学問の大きな特徴である学問領域の細分化に反して、私が一人で叙述したのは、私自身の依拠する研究分野の方法と関係する。大学時代以来、私は、和辻哲郎が開拓した学問分野である日本倫理思想史を専攻してきた。和辻哲郎のこの分野の研究成果は、一九五二年刊行の『日本倫理思想史』に結実している。和辻はこの著の中で、自分自身が普遍的な人間の理法として見出した、「間柄的存在」である人間存在が実践的行為連関を通じて自己自身や社会を形成するという原理が、古代から近代までの日本の中でどのように具体的に展開したのかを探究した。

教科書という性質上、和辻の『日本倫理思想史』のように多様な問題を扱うことができず、分量をかなり抑えざるを得なかったが、それでも、私自身が日本倫理思想史の研究を始めた時から一貫して興味をもってきた、自己と共同体のアイデンティティと超越との関係を中心に、日本の思想をある程度通観し得たと思う。本書が、日本の思想を改めて見直すきっかけとなれば幸いである。

令和六年二月

頼住　光子

目次

15 近代② 日本近代の思想Ⅱ 292

1 はじめに
日本の思想をどのように捉えるのか

《学習のポイント》 まず、本科目全体の狙いに関連して「自己」「世界」を問うことの意味を考える。その上で、古代から近代までの日本思想史を概観し、日本思想史を考える観点を示す。その際、日本人が伝統的に、世界や人間をどのようなものとして理解してきたのか、何を価値あるものとし、生きる意味を何に求めてきたのかなど、これからの講義の前提となる基本的な知識を与える。また、日本の風土的特性についても検討する。

《キーワード》 自己と世界、本質主義と構成主義

1.「自己」と「世界」を問うこと

カオスとコスモス

日本思想に限らず、古今東西の思想の根幹には、「自己とは何か」「世界とは何か」という問いがある。このことの意味について考えてみよう。

私たちは、生きている限り、社会、すなわち、他者と共有し、自身の一存によっては変更不可能であるという意味において、客観的な実在である世界と関わって生きる。この世界は、私たちの個々人の意識においては、意識に先立つものとしてあって、私たちにいかに認識すべきか、また、

いかに行為すべきかについての「知識」を与える。私たちは、それらを内面化し、社会から期待される役割を果たすことでアイデンティティを形成し、社会的に意味のある存在になる。この過程がスムーズに進行している限り、私たちは、世界や自己を改めて問い直す切実な必要性を感じない。

しばしば、「本能が壊れた動物」と呼ばれる人間は、意味の網の目を張り巡らすことで世界を構築し、自らの生を営んでいる。そのような世界に取り込まれることによってのみ、自己をはじめとする諸事物、諸事象は、そのものとしての輪郭を与えられる。世界という意味の網の目の中でどのような位置を占めているかが指示されてはじめて、事物事象はリアルなものとなる。個々の人間は、与えられた意味を手掛かりとして、自らの経験を構造化する。

世界が構築されたものである以上、構築される以前というものを想定し得る（もちろん、ここでいう「以前」というのは、時間的なものではなくて論理的なものである）。このことは、言い換えれば、事物事象は、最初からそのものとして存在しているのではなくて、そのものとして志向的に意味付けられることによって始めて、事物事象として成立しており、そうである以上、構築以前、意味付け以前は、雑多な経験がランダムかつ無限に継起するカオスと言うことができる。そこで展開される光景は、たとえば、心身が衰弱したり、ある特定の薬物を使うなどして日常的な意味付けの枠組みを喪失してしまったりした人の見る幻覚に、きわめて近似したものなのである。

しかし、日常において私たちは、このような光景をみることはない。人は世界を成立させることによって、このカオスをコスモスとし、意味無きものに意味を与える。私たちの生とは、このような意味の防波堤に守られることによって可能となっているのである。意味あるものとするとは、いうまでもなく言語化することであるが、このことを踏まえるならば、人間は言語によって織りなされた一種の擬似的な環境に居るとも言えるのである。

日常的意味世界の破綻と再構築

ここで問題となるのは、私たちのリアリティの源泉でもあるこの意味付けや世界構築が、無効になる場面があるということである。日常において自然的な態度で生を営むことができている限り、私たちは、自明化されたこの世界や意味に馴れ親しみ、そこに安住している。しかし、日常生活の安定性が維持できなくなる場合がある。たとえば、ドイツの哲学者であるK・ヤスパースのいう限界状況 Grenzsituation である。私たちは、死、苦悩、争い、罪責、偶然などによって、日常生活の恒常性に対する信頼を見失うことがある。また、社会の変動によって、それまで通用していた意味付けが無効になってしまうこともある。自己や世界に関する問いが、切実なものとして問われるのは、まさにこの地点においてなのである。この問いが発せられるとき、人は、世界の、そして自己の意味の自明性を失っており、その限りにおいて、原初のカオスや根源的無意味性に接しているのである。

人間は、原初のカオス、すなわち、根源的無意味性の侵入を防ぐために、共同的に意味の世界を構築するのであるが、それはもともと、根源的に意味のないものを意味付けているのであり、その意味付けは決して完璧なものではあり得ない。私たちの日常においては看過され忘却されているその不完全性は、限界状況などにおいて露呈される。「自己とは何か」「世界とは何か」が切実に問われるのは、まさに、この自明性が失われた地点なのである。

自明な世界と自己とを見失い、それを改めて問い直し、さらに、自分なりの答えを見出し、新たに世界を立て直そうとする時、私たちの眼前に、せり出してくるのが、これらの問いをより深く広く問い、そして答えてきた過去の思想家たちの営為である。彼らは、世界を、無根拠で無意味な原質にまで還元し、その上で、新たな意味創造を行った。彼らは、敏感に構造的に必然的である問いに気付き、失われた意味連関を更に包括的に回復することで、世界との親密さと生の安定性を取り戻そうとしたのである。

日本においては、このような営為は、いわゆる哲学のみならず、仏教、儒教、神道をはじめとする宗教や文学などを手掛かりとして行われてきた。もとより一義的な答えなどあり得ようもないが、しかし、私たちの眼前には、それに対して答えようと試みた先人らの試行錯誤の跡が広がっている。先人たちの思索の跡を辿ることによって、私たちは、自らが参与する日本という場における探究の跡を辿り、自己自身が「自己とは何か」「世界とは何か」を追究する際の糧とすることができるのである。

2. 日本の思想の歩み

先史時代の精神文化

さて、本節では、日本の思想の歩みについて概観しておこう。

文字による記録の出現をもって歴史時代の始まりとするならば、日本の歴史時代は、おおよそ五世紀に開始する。つまり、稲荷山古墳出土鉄剣の銘文など日本人が書き残した文字資料を通じて、日本の思想を考えることができるのは、この時期からになる（ただし『漢書』『後漢書』『魏志倭人伝』など、中国の資料が断片的に残されている）。それ以前は、先史時代であり、無文字時代である。近年、著しく発達してきた分子人類学の知見によれば、三〇万年前頃にアフリカで誕生したと言われるホモ・サピエンスは、一六〜一〇万年前頃にアフリカから世界各地に広がり、東アジアには、四〜五万年前頃に到達した。日本列島に日本人の祖先が渡ってきたのは、四万年前頃と考えられている。四万年前頃から一万六千年前頃までは、土器を持たない旧石器時代（先縄文時代）であり、定住せず狩猟・採集の生活をし、死者の埋葬なども行われていたが、それが、どのような信仰に基づくのかは不明である。

その後、紀元前四・五世紀頃までが、縄文時代である。定住し狩猟・採集・漁撈の生活が続くが、晩期には水稲稲作がはじまる。一般に農耕と定住とは同時にはじまるが、日本の縄文時代は、定住をし、また栗の木などを栽培しているにも関わらず、農耕をしていないところ、さらにその期間が長期間に渡って継続したところに特色がある。縄文人たちは、狩猟・採集・漁撈という自然に対する依存度が高い生活を営み、自然を神格化した信仰を持っていたと考えられる。

世界各地の原始的な生活様式を保つ民族の中では、アニミズム（草木や動物、道具などに霊魂が宿るとする精霊崇拝）、マナイズム（超自然的で非人格的な生命力に対する崇拝）、自然崇拝、地母神崇拝、死霊崇拝、呪術（まじない）などが行われており、縄文人も同様の信仰を持っていたものと推定される。

墓地の形成も縄文時代に始まる。埋葬の様子を見ると、一部に他と違う翡翠《ひすい》などの装身具を身に着けた人もいるが、他と比べて著しく立派な墓は（住居も）見つかっていない。職能が分かれていたり、指導的立場の人物がいたりはしたが、基本的には平等な社会であり、また、武器によって致命傷を負った人骨がほとんど発見されていないことから、平和な社会が続いたと考えられる。これらから、アメリカ先住民などとも共通する、人類が基層文化として持っていた、自然と共生し、自他や生死を連続的に捉える世界観や、平和で平等な社会観を、縄文文化に見出し、現代の資本主義社会や進歩主義、征服的自然観に対するアンチテーゼとする論者もいる。また、この長期にわたって継続した縄文時代の精神性が日本人の心性の基盤になったという説も唱えられている。ただし、文字がない時代の精神文化は、解釈が難しく、あくまでも仮説に留まる。

紀元前四、五世紀から紀元後三世紀が弥生時代である。縄文人とは異なる身体的特徴をもった弥生人が日本に渡ってきて、縄文人と混合したと考えられる。弥生文化は稲作を基盤とする文化で、現在につながる農耕儀礼も行われた。水田や畑の土地を囲い込む土地所有が始まり、灌漑や耕作を指導するリーダーに権力が集中し、村落の連合から後に国家が成立する。発掘された墓の中には、他の墓とは異なる豪華な副葬品や墳丘、周囲の祭祀施設などを備えた墓があり、階級分化とともに、特定の死者（首長霊）に対する祭祀の出現をも示す。これは、首長霊を祖霊として祀り、特別な尊貴性を与え、その尊貴性を背景として跡を継ぐ統治者の正統性が保証されるという、後の天皇制を支える信仰（大嘗祭《だいじょうさい》など）の先駆であり、この信仰が、古墳時代以降にも受け継がれたという説も唱えられている。一般に農耕民は、冬に枯れた植物が春に蘇り芽吹き秋に実るというサイクルを日々の生産活動の中で実感し祭祀を行っており、死と生を循環的に捉える死生観をもつことから、弥生人もこのような信仰を持っていたと推定されている。

また、この時代の社会のあり方については、『魏志倭人伝』など、中国の歴史書に記録が残る。それによれば、三世紀には、邪馬台国の女王卑弥呼が「鬼道」（シャーマニズム）により三〇余の小国家連合を統治していたという。

古代日本の思想①

大和朝廷による統一については、具体的年代や過程を正確に跡付ける資料は残っておらず、詳細は不明であるが、古墳の普及の状況などから四世紀頃と推定されている。弥生時代と飛鳥時代に挟まれた、日本の古代国家の形が成立し、基礎付けられた時代を古墳時代（三世紀末から六世紀中頃）という。この間、大和朝廷は、諸氏族が割拠する中で、次第に他氏族を征服し覇権を握って成立したものと考えられる。氏族とは、祖先を共通にする人々の集団を意味し、氏神祭祀によって紐帯を強化する。それぞれの氏族集団は、みずからのアイデンティティの起源を神話という形で保持しており、神話は祭祀によって具体化された。とりわけ注目されるのが、氏族の祖が、蛇などの神聖なものとされた動物との婚姻によって生まれたとする異類婚姻譚である。この話型は近代においても語られるほど日本においては根強いものであるが、この話型は、人間を超えた存在との接触から人間の系譜が始まると語っており、人間は人間を超えたものとの関係においてはじめてアイデンティティが与えられるという、素朴な超越感覚を表しているとも言える。

さて、氏族同士の争いの中からいくつかの有力氏族が台頭してきたが、彼らは、他氏族を征服した時に全滅させずに、弱体化させ取り込むかたちで服属させた。その最たるものが天皇家であり、後に天皇家を中心とした記紀神話を成立させる時に、他氏族の氏神を、天皇家の神々の系譜に取り込むことで、場を与えつつも支配下に組み込むというやり方をとった。

また、日本は、稲作が始まったのは遅かったが、短期間で生産性を飛躍的に向上させた。それには、大陸や半島からの技術が大いに影響したものと考えられるが、同時に、稲作という共同作業をともにする成員による定期的祭祀を通じての精神的紐帯の強化も、積極的な意味をもったものと思われる。弥生時代以来行われてきた、自然の力を神格化した神々に対する、祈年祭《としごいのまつり》と新嘗祭《にいなめのまつり》を中心とする稲作祭祀は、現代にまで続くもので、穀霊信仰、産霊《むすび》信仰などは、稲作儀礼の根幹に位置付けられる。

さて、大和朝廷の初期の統治に関して、注目されるのは、埼玉県行田市の稲荷山古墳出土鉄剣の銘文である。この銘文の「辛亥年」は四七一年、「獲加多支鹵《わかたける》大王」は雄略天皇（倭王武）と推定されている。また、この鉄剣の「治天下」という表現は、他の遺物からも見つかっており、天皇が天下を治めるという観念が早くから成立していたことが分かる。そもそも、「天下」とは、天を祀る中国の皇帝によって統治される秩序空間を指すが、それを日本の天皇（大王）が使用することによって、日本は、中国からは独立した、別の天下であることを示そうとしたと考えられる。

倭王武以降、中国との交渉は断絶し、六〇〇年に遣隋使が派遣されるが、これ以降、日本は、中国王朝からは官爵号を与えられておらず、冊封体制からの独立志向が見て取れる。

日本は、中国から独立した天下として国家体制を整える過程において、儒教や仏教を採用した。日本は、中国大陸や朝鮮半島とは、海を挟んでつながっている。海を渡ってくる人や物の交流は盛んに行われたが、しかし、海を隔てているために、軍事的に侵略されることがほとんどなかったのは、中華文明の周辺にあった日本にとって大きなアドバンテージであったと言える。日本人は、大陸や半島から進んだ文化や知識を受け容れ、それを自ら咀嚼し、自分たちに適合するように変えて受容した。たとえば、儒教は、為政者のための統治と道徳の思想として積極的に導入されたが、日本には天皇がいて皇祖神を祀ることでその正統性を保持しているので、儒教にとって本質的な祭天儀礼や天命思想を除いたかたちで受け入れたのである。

さて、儒教は、応神天皇の時代に『論語』がもたらされ、継体天皇の時代に五経博士が来日するなどして伝わり、仏教は欽明天皇の時代に受容されたと言われている。儒教は、統治の思想として大学などでも学ばれ、後には寺院でも学問として研究されたが、社会に大きな影響を与え、また、日本独自の儒教が著しく発達するのは、江戸時代になってからである。それに対して、仏教は、伝来の当初こそ、氏寺で先祖を祀る氏族仏教であったが、中国の主に北朝で発達した鎮護国家仏教を取り入れ、国家体制確立の一助とした。

インドでは、仏教は、国家をはじめとする俗世から逃れた場所で修行し、悟りを開くことを目指す教えであったが、インドと比べて相対的に皇帝権力の強大な中国において、仏教は国家と相互相依的に発達した。日本もその影響を強く受けたのである。

飛鳥時代の政治家、思想家であり、「日本の教主」と呼ばれ、日本仏教の方向性を定めたと言われている聖徳太子は、国家の中央集権化を進めるとともに、積極的に仏教を取り入れ、『法華経』や『勝鬘経』を宮中で講説したことが、『日本書紀』に記録されている。とりわけ「十七条憲法」においては、儒教を援用しつつ仏教を中心軸に据えて、「篤敬三宝」「ともに是れ凡夫のみ」と説き、「和合僧」などの思想に則って「以和為尊」の思想を鼓吹した。太子は、仏教に帰依しつつも出家せず俗人の立場を堅持し、また、国家の思想的バックボーンとして仏教を用いた。日本仏教では、王法と仏法との協調が盛んに唱えられるが、その端緒は聖徳太子に求められるだろう。

さて、壬申の乱によって、大友皇子周辺の有力豪族を打ち負かして即位した天武天皇は、天皇の権力強化の施策をうち出した。律令と史書の編纂事業を企図し、律令は、『浄御原令』（六八一年着手、六八九年施行）、『大宝律令』（七〇一年）として、史書は、『古事記』（七一二年）、『日本書紀』

（七二〇年）として、天武天皇の没後に完成した。記紀においては、日本の歴史を神々の神話と連結し、天皇の系譜の正統性と、他の豪族の天皇の系譜への取り込みを図っているが、それのみに留まらず、出雲神話など多くの興味深い神話を含む。また、『万葉集』には、天武天皇やその皇后持統天皇の歌も含め約四千五百首が収められている。歌の作者は、皇族、貴族から庶民まで広い範囲に渡っている。表記は漢字の音訓を利用した万葉仮名によっている。万葉仮名から平仮名や片仮名が生まれており、『万葉集』の編纂は、日本語の音の表記を飛躍的に発展させた。また、初期の素朴な歌謡から最終的な編纂者とされる大伴家持の繊細優美な歌まで、変化に富んだその歌いぶりは、『古今和歌集』以降の歌にも大きな影響を与えた。

古代日本の思想②

奈良時代に成立した南都六宗（法相宗、三論宗、律宗、華厳宗、成実宗、倶舎宗）は、国家の保護の下、学問仏教として発展した。奈良時代における国家と仏教との関係は、一言でいうならば「統制の範囲内での保護」である。国家は、出家に際して国家の認可を不可欠とする度牒制を整備するとともに、僧尼令によって、僧尼を、主に鎮護国家のための儀礼を執行する公的存在（官僧）と位置づけ、自由な布教活動、遊行や私度を禁じる一方、僧尼の生活を保証した。

聖武天皇は奈良に東大寺の大仏を、地方に国分寺、国分尼寺を建立し、『金光明最勝王経』『法華経』などの護国経典読誦や大規模な写経を行わせた。仏法の力による鎮護国家を図ったのである。このように国家仏教が栄える一方、諸国遊歴して社会事業を行い「因果罪福」を説いた、行基のような私度僧による、民衆への仏教布教も盛んになった。

平安時代においても、思想と文化の中心は仏教であった。南都仏教は政治と密着し過ぎたため、道鏡事件に見られるように弊害が目立ってきた。そのため、延暦一三年（七九四）に遷都を行った桓武天皇は、南都の寺の平安京への移設を許さず、奈良仏教との間に距離を置き、それに代わる新たな仏教を最澄に見出した。最澄は天皇の期待に応え入唐し日本天台宗を確立した。最澄は大乗戒壇という日本独自の戒壇の設置を主張し認められ、この後の日本仏教の展開に大きな影響を与えた。最澄と同時期に空海も入唐し、当時中国密教の最高峰であった恵果阿闍梨から長安で潅頂《かんじょう》を受け、真言密教を日本に伝えた。真言密教は東密と呼ばれ、天台宗の台密とともに、呪術儀礼として朝廷、貴族に歓迎され、また、思想、儀礼、芸術など各方面に大きな影響を与えた。また、この二宗に留まらず、この後で成立した諸宗も、布教のために密教儀礼を取り入れ、密教化した。密教の影響が強いことは、日本仏教の大きな特徴であるとされている。

平安時代中期以降、浄土教が盛んになった。その要因に末法到来がある。戦乱や天災など社会的不安が広がる中、永承七年（一〇五二）が末法元年とされ、末世における救いは阿弥陀仏による浄土往生のみであると説かれた。浄土思想自体は、仏教伝来当初からあり、三論宗の中で研究されていたが、平安時代になると市聖《いちのひじり》と呼ばれた空也の布教を契機として、念仏の教えが民衆に広まった。また、比叡山常行三昧堂では不断念仏が修され、天台僧源信が『往生要集』を著し「厭離穢土、欣求浄土」を訴えた。貴族たちによる念仏結社の活動も盛んになり『日本往生極楽記』などの往生伝が著され、臨終の念仏儀礼に使用する来迎図なども作成された。

平安時代を通じて、仏教の影響は強く、広く文化全般に渡った。特に、物語、日記、説話集などの文学にはその影響が顕著であり、たとえば『源氏物語』では、仏教に由来する無常観が物語の軸となっている。

中世日本の思想

さて、昨今、中世仏教を理解する枠組みとして、歴史学者黒田俊雄氏の提唱した顕密体制論が重視されている。顕密体制とは、国家（王法）と仏教諸宗（平安二宗と南都六宗）との、密教的原理を共通基盤にした協調体制を言う。ここで言う密教原理とは、生きとし生けるものはすべて悟りの本質を具え顕現しているということであり、さらに、それ故に、現実にあるものすべては既に真理であるとして、現実が絶対肯定され、ある場合には、すでに悟っているのだから修行は不要だとされる（本覚論）。この顕密仏教こそが中世の正統仏教であり、それに対する「改革派」が貞慶、叡尊、明恵らで、「異端派」が法然、親鸞、道元、日蓮などということになる。従来、「鎌倉新仏教」と呼ばれていた諸宗は、「異端派」となるが、法然、親鸞、道元、日蓮の大乗仏教の思想家としての達成については、過小評価されるべきではない。周縁的存在であり、社会的影響力が弱かったということが、思想的に重要でないということにはならないことは十分に留意する必要がある。

さて、「異端派」とされる、法然、親鸞、道元、日蓮らは、大なり小なり、国家によって弾圧を受けた点で共通している。彼らは、仏教が本来もっていた現世否定的傾向を強く示し、世俗世界の秩序やそれを維持する道徳よりも、宗教的当為を優先させた。彼らの教えは、その意味でラディカルなものであったが、多くの場合、教えを継承した弟子によってその先鋭性は緩和された。それによって世俗秩序や道徳と和解し、教えが広がっていったのである。

法然とその弟子である親鸞を例にとって考えてみると、平安時代の浄土教の主流は、阿弥陀仏の姿を観想したり、造寺・造像などの善根を積んだりすることで往生をめざすものであったが、それが可能なのは少数の恵まれた者に限られていた。しかし、法然は専修念仏を主張し、「南無阿弥陀仏」（阿弥陀仏に帰依するという意味）と唱えるだけで、誰でもが救われると説いた。そして、法然の弟子で、念仏を唱えることも、信心を起こすことも、すべて阿弥陀の他力によることを強調した親鸞は、「神祇不拝」を貫き、先祖崇拝と念仏信仰が癒着することも、現世利益を祈る祈祷仏教というあり方も否定している。親鸞のこのラディカルさは、造寺・造像など当時の鎮護国家仏教によって積まれた功徳を無効と宣言した師法然譲りのものであったが、彼らの思想それ自体が含む、反鎮護国家仏教、反顕密体制の志向性は、国家による弾圧を招くところとなり、建永二年（一二〇七）、法然一門は流罪に処されるに至ったのである。

しかし、浄土真宗が民衆の中に広まっていくに際しては、さまざまな世俗の信仰や道徳との調和や融合が図られた。親鸞から数えて八代目の門主であり「中興の祖」と呼ばれる蓮如は、真宗教団を、本願寺を中心としてまとめあげ、『御文《おふみ》』（御文章《ごぶんしょう》）にみられるように、平易な言葉で教えを説いて民衆を引きつけた。蓮如は、世俗秩序に対しては融和的であり「内心に深く信心を蓄え、その上で王法を先とせよ」（『御文』四の一。取意）と説いた。これは、もとより信心は大切であるが、王法（国家をはじめ俗世の規範）もまた重要であるということを意味する。彼は、信者に対して、親に孝行をし、神仏を疎かにせず、領主に従うべきだと説いたのである。宗祖の、仏法への帰依に基づくラディカルな世俗との対立姿勢が、教団が俗世に広く浸透していく際に融和的なものに変化していくのは、道元や日蓮の教団においても広く見られた現象である。

なお、前代に続いて、仏教が文化全体に与える影響は依然として強く、運慶や快慶などの慶派の彫刻、西行の『山家集』、『平家物語』、鴨長明の『方丈記』『発心集』、吉田兼好の『徒然草』、無住の『沙石集』、能、雪舟の禅画、五山文学などはとりわけ有名である。

さて、顕密体制の中で、神仏習合が進行した。すでに、奈良時代から神社に神宮寺が建立され、平安時代になると神と仏を一体のものと捉える本地垂迹の考え方が盛んになり、それを受けて鎌倉時代以降、神仏習合は一段と深まり、山王神道や両部神道などのような仏教を基盤とした神道教説が生まれ、さらに仏教に対抗し神本仏迹を主張する伊勢神道が形成された。室町時代には、仏教や儒教の根元が神道であると説き、独自の祭祀体系を築いた吉田兼倶が唯一神道を提唱した。

神道とは、日本民族古来の、神々に対する信仰、実践、理念を意味する。教説としての神道の成立は鎌倉時代であるが、神々に対する信仰や祭祀は先史時代に遡り、また、記紀神話をはじめとする文献に広く見られる。山中他界説、海上（中）他界説に表れているように、日本の神々は、山や海の彼方などの共同体の外部に存在し、共同体と関わりを持つ。また、神々は、本居宣長が指摘したように、何らかの強い力を持ち、人間に影響を与える畏怖すべき存在である。日本の神の性質を理解するためには、和辻哲郎の説いた「祀る神・祀られる神」の視点も重要である。

中世の思想として特に注目されるのが、社会における諸現象を時間的契機において捉えて、自らその推移に参与しようとする、主体的な歴史意識に基づく著作が現れたことである。その代表としては、慈円の『愚管抄』や北畠親房の『神皇正統記』を挙げることができる。作者である慈円も親房も、時代の大変動によって、それまでの安定的な世界像が崩壊する中、自らの主体的行動の原理を探究すべく、歴史を貫くものは何かと言う問題意識をもって、それぞれの歴史像を描き出した。

近世日本の思想

近世になると、相対的に安定した現実世界の中で、どのように秩序を正当化し維持するのかが主要な関心事となり、儒教が思想としての存在感を増してきた。この現世重視の流れの中で、現世の職業に励むことが仏道修行そのものだと説く鈴木正三に代表されるような、仏教の世俗化が進行し、また、石田梅岩や手島堵庵の心学のように、町人に世俗道徳を説く思想も発展した。

儒教としては、上下定分の理に見られるように、封建的身分関係という人為の秩序を自然の理と連動させて捉える、秩序正当化の思想である朱子学が、幕府の学問としても民間の学問としても力をもつ一方、古学と総称される朱子学を批判した伊藤仁斎の古義学や、荻生徂徠の古文辞学など、日本独自の儒教も後世に大きな影響を与えた。

古義学も古文辞学も、儒教の古典に回帰することを主張したが、その影響下にあって、日本の古典に立ち戻り、純粋な古代の精神を取り戻すことを主張したのが、国学である。賀茂真淵は『万葉集』に「ますらおぶり」を、本居宣長は『古事記』や『源氏物語』に「漢意をすすぎ去った真心(大和心)」や「もののあはれ」を見出し、これこそが日本人の則るべき正しい道であると説いた。さらに、平田篤胤は外国の古伝説なども取り入れながら、自分自身で古典テクストを作り出し、復古神道を鼓吹した。

近世の思想としては、武士の道徳を説いた武士道も重要である。主君への献身や死の覚悟などの武士固有の道徳は、中世以来、「弓矢取る身の習い」として自覚されたが、江戸時代になると山鹿素行が士道を確立した。それは、もはや戦国時代のような実戦が無くなった時代における、為政者としての武士の心得を説くもので、武士は、農工商の道徳的な模範たるべく修養に努め人格を磨くべきだと主張した。このような士道に対して、山本常朝は、「武士道とは死ぬことと見つけたり」と『葉隠』で述べ、戦国武士のような死の覚悟をもって主君に仕えるべきだと説いた。なお、武士道は、明治時代には、武士階級に留まらない国民一般の道徳として蘇り、内村鑑三や新渡戸稲造は、日本人のキリスト教信仰において大きな役割を果たすものとして、武士道の意義を宣揚した。

近代日本の思想

明治維新後、福沢諭吉をはじめとする啓蒙思想家たちは、合理的精神と独立した人間像を掲げて、国民の精神のあり方を変革しようとした。このような人間像をさらに推進する民権派としては中江兆民などがいる。また、明治になって改めて受容されたキリスト教も、神以外のこの世の何ものにも制約されない独立した人間像を示した。これら民権派やキリスト教の流れから社会主義思想が発展した。

このような何ものにも制約されない独立した人間のあり方は、世界の中心に立って世界を合理的に制御するという意味で、望ましい近代的人間像とされる反面、他者支配、自然支配などの問題性をも持つ。このような近代的自我の問題は、宗教、文学、哲学などの分野において探究された。特に、西田幾多郎は、近代的自我を超える自己のあり方を、自らの坐禅の実践や東洋哲学に対する知見を踏まえ、普遍的な人間構造の問題として、西洋哲学の概念を参照しつつ論理化し、和辻哲郎は、師である夏目漱石の問題意識を継承しつつ、近代的自我の問題性を「間柄」的存在の人間学によって克服しようとした。彼らに代表される日本の近代哲学の探究は、日本という場に根差した、新たな人間像や世界像の普遍化の試みとして、昨今、世界的にも注目を集めている。

また、柳田国男や折口信夫らの確立した日本民俗学は、文字史料としては残らない有形、無形の伝承を研究し、日本人の生活文化の原像を解明した。そして、それを通じて近代的人間像を越える新たなものの見方を提示しようとしたのである。

日本の風土と「日本」批判

以上、宗教や文学に特に目を配りながら、ごく簡単に日本の思想の歩みを概観した。この歩みを支えたのは、日本の風土である。日本は、モンスーン型気候に属し、高温多湿であり、植物が豊かに繁茂する。また、このような風土を生かして、長年、稲作が生業とされ、米は穀霊を宿す神聖なものとされ、その繁茂力が産霊として神格化され崇められた。稲は同じ田で連作可能なので、稲作によって、共同体の定住性が高まり、田植えや稲刈りは集団作業で行うために、集団志向的な心性を育んだとも言われている。

このような、風土に根差した精神性や心的志向性については、和辻哲郎が、その著『風土』（一九三五年）において言及している。風土とは、単なる自分の周りにある自然環境ではなくて、人間が実践において相互的に連関しつつ主体的に生み出す文化のあり方である。このあり方には「モンスーン型」「砂漠型」「牧場型」の類型がある。日本は、モンスーン型に属し、自然の恵みが豊かであるが、突然に自然が暴威を振るうこともある。しかし、最終的には恵みを与えてもらえるので、自然に対して受容型、忍従型の態度が育まれると和辻は述べた。

さて、日本思想の研究者の中には、和辻の風土論をはじめ、日本文化に共通する特徴を語ることに懐疑的な人々もいる。彼らは、国民国家批判の観点から、和辻をはじめ、日本文化論の支持者が日本を実体化してその共通性を云々し、ステレオタイプに当てはめていると批判する。彼らによれば、そのような実体化は、国民国家を確立するためのイデオロギーに過ぎないと言うのである。確かに、日本文化に共通する特徴を語ることによって、日本文化のもつ多様性が切り捨てられるのであるならば、それは大いに問題であり、私たちは日本文化内部の差異にも十分に目配りをする必要があるが、だからといって共通性を全く無視することもできないであろう。数値化したり、客観的基準を示したりすることは困難であるとはいえ、ウィトゲンシュタインの言う家族的類似性のように、いくつかの共通の特徴を見て取ることができる。たとえば、丸山真男の指摘した「持続」の重視をはじめ、理論よりも事物性を重視する傾向、間主観的な主体のあり方など、例外はあるとはいえ、おおまかに共通する特徴もあるように思える。日本というリジッドな実体を立ち上げてその特徴を宣揚する本質主義的な方法でもなく、また、日本文化の特徴に関するあらゆる言説はイデオロギーであるとする構築主義的な方法でもなく、日本思想に対する第三の対し方が求められている。すなわち、日本思想に共通する特徴を追い求めつつ、常にそこに当てはまらないものに注目することが必要なのである。そして、その当てはまらないものが、反転して新たな共通の特徴になり得る可能性が開かれていることに、私たちは自覚的でなければならないのである。

学習課題

○各時代の思想の特徴や、問題になっている事柄が次の時代にどのように引き継がれていったのかについて検討する。

参考文献

魚住孝至『文学・芸術・武道にみる日本文化』(放送大学教育振興会、二〇一九)

魚住孝至『日本文化と思想の展開―内と外と』(放送大学教育振興会、二〇二二)

苅部 直『日本思想史の名著三〇』(ちくま新書、二〇一八)

佐藤正英『日本倫理思想史』(東京大学出版会、二〇〇三、増補改訂版二〇一二)

清水正之『日本思想全史』(ちくま新書、二〇一四)

末木文美士『日本思想史』(岩波新書、二〇二〇)

丸山真男『日本の思想』(岩波新書、一九六一)

和辻哲郎『日本倫理思想史』(一)～(四)(岩波文庫、二〇一一～二〇一二)

頼住光子『日本の仏教思想 原文で読む仏教入門』(北樹出版、二〇一〇)

頼住光子『さとりと日本人』(ぷねうま舎、二〇一七)

James W. Heisig, Thomas P. Kasulis, John C. Marald, *Japanese Philosophy: A Sourcebook*, University of Hawaii Press, 2011.

Bret W. Davis, *The Oxford Handbook of Japanese Philosophy*, Oxford University Press, 2019.

2 古代① 『古事記』の世界

《学習のポイント》 我が国現存最古の文献である『古事記』を取り上げて、そこから読み取れる世界観や人間観を考察する。特に、天地初発やムスビの神、スサノヲの造形に注目して検討する。

《キーワード》 天地初発、ムスビ、イザナキとイザナミ、アマテラスとスサノヲ、天孫降臨

1．『古事記』の成立

『古事記』序文をめぐって

『古事記』は、序文と上・中・下の三巻から成り立っている。上巻は神々の活躍する神代の物語であり、中巻は初代の神武天皇から、海を渡って「新羅征討」を成し遂げ日本の版図を確定した応神天皇まで、下巻は仁政で知られる仁徳天皇から、中央集権的官僚国家確立へと踏み出した推古天皇まで、それぞれ天皇の代ごとの記事を収める。『日本書紀』『続日本紀』をはじめとする同時代の記録には、『古事記』の成立の事情をうかがうことのできる記載はなく、その成立の経緯については序文からのみ知ることができる（ただし序文偽撰説もある）。

序文によれば、天武天皇が、諸家に伝わる古記録である「帝紀」「旧辞」に誤りが多いとし、それを正した結果を、舎人稗田阿礼に命じて「誦習《しょうしゅう》」（誦《よ》み習う）させたという。壬申の乱を経て即位した天武天皇は、王権をさらに強化するために、天皇の権威をもって天皇家や諸家に伝わる資料を見直し、天皇家を軸として整理統一して、神にまで遡る王権の神聖な起源を確立しようとした。そして、そのことを通じて自らが君臨する現在の秩序の正当化を図り、皇統の正統性を将来に渡って確保することを目指したものと考えられる。

しかし、天武天皇の崩御などによりこの事業は途絶し、二十数年後に、元明天皇がその事業を復活させる詔を下した。元明天皇は、天武天皇の皇太子で即位前に早世した草壁皇子の正妃であり、同じく早世した息子文武天皇のあとを継いで第四三代天皇として即位していたのである。この元明天皇の命令を受けて太安万侶が「撰録」して、和銅五年（七一二）正月に献上したのが『古事記』であった。

ここで問題となるのが、稗田阿礼の「誦習」や太安万侶の「撰録」が具体的には何を指すのかということである。

序文には、稗田阿礼は二八歳の舎人（天皇に近侍する下級官人）であると書かれている。稗田氏が、天宇受売《あめのうずめ》（天鈿女）を始祖とし、猿女君《さるめのきみ》（鎮魂祭など宮廷儀礼に奉仕する下級女官）を出す一族であったことから、稗田阿礼が女性であるとの説も平田篤胤以来、根強く存在する。太古には、神憑りして一族の歴史や神の託宣を伝える霊能をもった巫女や語部がいたとされており、稗田阿礼にその面影を見出す説も唱えられている。

稗田阿礼に関しては、「人となり聡明にして、目に度《わた》れば口に誦《よ》み、耳に払《ふ》るれば心に勒《しる》す。」と序文にあり、これは、目で見た文献を口で即座に読み下し、また聞いたことを記憶できたということで、天武天皇が確定した漢文の文字テクストを和語で朗誦したものと考えられる。多田一臣氏によれば、「そのテキストは阿礼がヨムことによってしか本来の姿を現すことはでき」ず、それ故に「阿礼の「誦習」なしに存在を主張しうる完全なテキストの作成がもとめられ」、そこで太安万侶による「撰録」が要請された。ただし、太安万侶による「撰録」には、「二重の困難」があった。それは、和語を漢文で表わすことに伴う困難であり、さらに、本来、祭儀の非日常的な場で唱えられるべき、韻律や繰り返しを多用する口承言語を文字化するという困難であった。太安万侶は、音訓混用表記による変体漢文を用いることで、困難を克服しようとした。太安万侶が、そこまでして口承性を残そうとしたのは、「文字はあくまでも仮のものであり、伝承の真実は本来的な口承の中にしか残りえないとする意識がなおつよく残されていた」からだと考えられるのである（多田『古事記私解』）。

『古事記』と『日本書紀』

『古事記』よりわずかに遅れて、養老四年（七二〇）に『日本書紀』全三〇巻と系図一巻が完成した。両者ともに天武天皇の発案で成立したもので、『古事記』が変体漢文であるのに対して、『日本書紀』は、当時の東アジアの国際共通語であった正式な漢文（中国語）で書かれている。『古事記』の上巻と『日本書紀』の第一、二巻はいずれも神代を扱っており内容の重なりもあるが、『古事記』の大国主の物語が『日本書紀』には欠けていたり、『日本書紀』は、「一書に曰く」という形で、異伝を列挙したりするなど相違点も多い。また、『古事記』の中・下巻と、日本書紀の第三巻以降は初代天皇である神武天皇以降の天皇家を中心とした記録であるが、『古事記』が天皇の代ごとの叙述で推古天皇までで終わっているのに対して、『日本書紀』は、編年体で持統天皇まで続いている。

『日本書紀』の編年体、正式な漢文というあり方は、中国の伝統的な歴史記述法を踏襲し東アジアで通用する歴史書を作成して、中国という大帝国に対して、日本が歴史書を具えた独自の世界、つまり、中国の冊封を受けず中国を軸とした秩序に組み込まれない、いわば「小帝国」（神野志隆光『古事記とは何か』）であると主張することを目指していたということができる。律令という文字による統治と並んで、国家的な歴史書編纂事業によって文字による国家体制の正統化を成し遂げることは、当時の日本における喫緊の課題であったと言えよう。

他方、『古事記』は、「小帝国」の確立という目的を『日本書紀』と共有しつつも、同時に『日本書紀』からはこぼれ落ちていくものを掬い上げているように見える。例えば、呉哲男氏は「『古事記』には「文字」（中国的発想）によって失われた（とみなされる）共感（感情）の共同性を想像的に回復しようとする意志が明確に読み取れる」（呉『古代日本文学の制度論的研究』）と述べている。口承性、すなわち祭祀等の場において語られた言語のもつ独自の性質、すなわち、神聖な言語によって現出される非日常的空間に対する志向が『古事記』の底流には流れていると見ることができる。『日本書紀』が中国などの外国を意識した公的な記録であるのに対して、『古事記』はむしろ天皇家として必要であった私的な記録の色合いが強いと性格付けられているが、このことは口承的性格の強さとも重なると考えられるのである。

また、『古事記』が口承的、古層的性格を強く持つという点に関して、三浦祐之氏は、『古事記』

の音仮名（万葉仮名のうち、字の意味とは関係なく漢字音を借り音節にあてたもの）には、古い時代の上代特殊仮名遣いが見られると指摘する。上代特殊仮名遣いとは、平安時代以降には区別されなくなったが、上代には現在の日本語の五母音ではなくて八母音が使われ、音仮名表記の際にはそれぞれが書き分けられていたということで（橋本進吉説）、『古事記』にはその中でも他の文献には見られない「も」の書き分けが見られ、ここから『古事記』は、その完成年代とされる八世紀初頭よりも更に遡った時代の文献だとも考えられるのである（三浦『古事記を読み直す』）。

2．天地初発から三貴子の誕生まで

次に、『古事記』のストーリーに沿って、『古事記』の世界観や人間観について検討してみよう。『古事記』の冒頭は次のようなものである。

天地初発

原文　天地初発之時、於高天原成神名、天之御中主神。次高御産巣日神。次神産巣日神。此三柱神者、並独神成坐而、隠身也。

次国稚如浮脂而、久羅下那州多陀用弊流之時、如葦牙因萌騰之物而成神名、宇摩志阿斯訶備比古遅神。次天之常立神。此二柱神亦、独神成坐而、隠身也。

上件五柱神者、別天神。

読み下し　天地《あめつち》初めて発《ひら》けし時、高天《たかあま》の原に成りませる神の名は、天之御中主神《あめのみなかぬしの》。次に高御産巣日《たかみむすひの》神。次に神産巣日《かみむすひの》神。この三柱《みはしら》の神は、ともに独神《ひとりがみ》と成りまして、身《み》を隠《かく》したまひき。

次に国稚《わか》く浮きし脂の如くして、くらげなすただよへるとき、葦牙《あしかび》の如く萌え騰《あが》る物によりて、成れる神の名は宇摩志阿斯訶備比古遅《うましあしかびひこじの》神。次に天之常立《あめのとこたちの》神。この二柱の神もまた独神と成りまして、身を隠したまひき。

上《かみ》の件《くだ》りの五柱《いつはしら》の神は、別天神《ことあまつかみ》ぞ。

現代語訳　天と地とが初めて分かれた時に、高天原に出現なさった神の名は、天之御中主神、次に高御産巣日神、次に神産巣日神である。この三柱の神は、すべて単独の神として出現されて、身をお隠しになった。

次に、国土がまだ若くて水に浮いている脂のような状態で固まらず、クラゲのように漂っていた時に、葦の芽が萌え出るような生々の霊力によって出現なさった神の名は、宇摩志阿斯訶備比古遅神、次に天之常立神である。この二柱の神も単独の神として出現なさって、身をお隠しになった。

以上の五柱の神は、天つ神の中でも特別の神である。

『古事記』は以上のように語り起こされる。冒頭の「天地初発」の「発」に関しては、「ひらく」以外にも「おこる」「あらわれる」などと読み下されるが、世界が天と地とに分節されたと理解し、通説の「ひらく」に従った。そして、その時に高天原に最初にアメノミナカヌシが出現する。高天原とは『古事記』の中で最重要な世界であり、このあとで語られる日本の国土すなわち葦原中国の根拠となる世界である。高天原とは天つ神のいる世界であり、その世界に最初に出現するアメノミナカヌシは、実際の祭祀対象というよりも天の中心軸を抽象的に神格化したものと考えられる。その次に出現するタカミムスヒとカミムスヒの二柱の「ムスヒ」の神がこの後の展開を導いて行くことになる。

「ムスヒ」とは何か

この「ムスヒ」とは、語源として「ムス」＋「ヒ」であり、「ムス」は「苔むす」という言葉に見られるように、生成繁茂することであり、「ヒ」は霊力を意味する。つまり、万物を生成させる力を神格化したものがムスヒの神であるということができる。冒頭に出てくるこのムスヒの神は出現してすぐに身を隠したとされるが、このムスヒの二神はその後も、『古事記』のストーリーを展開させていく大きな原動力となる。

たとえば、イザナキ・イザナミに「この漂へる国を修《おさ》め理《つく》り固め成せ。」と命令を下し、日本の国土とその国土で活躍する神々を生ませた「天つ神」の中には、このムスヒの二神が当然含まれているし、タカミムスヒと同体とされる高木神《たかぎのかみ》は、「国譲り」を先導し、天皇統治正当化の根幹をなす「天孫降臨」の場面では、アマテラスとともにホノニニギに降臨を命じる（タカミムスヒはホノニニギの外祖父だとされる）。さらに、初代神武天皇の東征に際しては、刀を与えたり八咫烏《やたがらす》を遣わしたりして、大和入りを助けてもいる。またタカミスムヒの子であるオモヒカネは、天の岩戸籠りや天孫降臨の際に活躍している。

他方、「御祖命《みおやのみこと》」（母神）ともいわれるカミムスヒは、殺されたオオゲツヒメの体に成った五穀をスサノヲに与えたり（ハイヌウェレ型神話）、殺されたオオクニヌシの復活を助けたり、またその子であるスクナビコナがオオクニヌシの国作りを補佐したりするなど、主に出雲の神々を守護する女神として登場している。

このように『古事記』の重要な場面で、『古事記』的世界（皇統によって永遠に統治される世界）の確立を促すのがムスヒの神々ということが出来る。このことについて神野志隆光氏は、このムスヒの二神を、根源的な生成のエネルギーと捉え、高御産巣日神は高天原に、神産巣日神は葦原中国に働き続け、神代全体を展開させるという世界像を「ムスヒのコスモロジー」として提示している（神野志『古事記の世界観』）。

力と秩序

さて、ムスヒの二神のあとには、「国稚く浮きし脂の如くして、くらげなすただよえるとき」における神の出現が語られる。冒頭の「天地」の「天」が「高天原」とされたように、「地」は「国」とされる。この「国」は、この後「葦原中国」「豊葦原水穂国」と呼ばれイザナキとイザナミによって「修理固成」され、天孫が降臨する国土である。しかし、この段階では地はまだ国土としての発達を遂げておらず、水に浮いた脂のように頼りなく漂っているだけであった。ここで注目したいのが原文の「久羅下那州多陀用弊流」（クラゲのように漂っている）という言葉である。これは音仮名であり、漢文としては意味をなさないが、このような音仮名を使用したというのは、この音が特に重要な意味をもっており一字一句違わず発語される必要があったからであり、そこから、この言葉は祭祀等で唱えられる言葉を出自としているのではないかと推定できるのである。

さて、国がただ漂っているだけで、国としてのアイデンティティを獲得していない時に高天原に出現したのが、ウマシアシカビヒコジとアメノトコタチである。後者は「天之常立神」と書くことからも分かるように、高天原の永遠性という抽象的概念を神格化したものであり、この直後に続く神世七代《かみよななよ》の第一である国常立神と対応している。

そして、ウマシアシカビヒコジの「ウマシ」は美称、「アシカビ」は蘆の芽、「ヒコジ」は男性の尊称で、時には数メートルにまで生長する蘆の芽に籠る生命力を神格化したものであり、先述のムスヒと重なり合うものである。そして、この神に対しては「葦牙の如く萌え騰る物によりて、成れる」と言われている。つまり、この神は、蘆の芽のように萌え出る「物」によって出現したとされるのである。ここでいう「物」とは単なる「物体」でなくて、例えば大物主神の「モノ」であり、畏怖すべき霊力を意味する。つまり根源的な霊力＝ムスヒの力によって現れたということなのである。

『古事記』冒頭では、このように蘆の目覚ましい成長力にシンボライズされるような「ムスヒ」の力が世界を根源的に成り立たせていることを主張するのであるが、ここで注目したいのは、その力が、天つ神やその系譜を引く天皇によって担われる秩序形成・維持へと、予め方向づけられているということである。つまり、力自身は、無制約的であるはずであり、どのような秩序も形成し得るし、またそこでできた秩序を自由に破壊し得るはずのものであるが、『古事記』はそのようには語っていない。

このような語りを支えるのが、「ムスヒ」のシンボライズを担う蘆など植物のあり様である。植物はその生長によって生々の力を発現すると同時に、春に芽ぐみ、夏に生長し秋に実り冬に枯れるという規則的な在り方を示す。つまり、生々の力は常にある一定の型において現れてくる。植物を祖形とすることによって、「ムスヒ」の力も、ある一定の秩序、つまり、天つ神やその系譜を引く天皇による秩序において必然的に発現するかの様に受け止められることになるのである。（一般に、存在から当為が導き出せないとされているのと同様に、力から特定の秩序は導き出せない。どの形式をとって力が発現するのか、本来は無数の可能性があるが、それがあたかも一つの形しかないように語るのが『古事記』の方法／戦略といえよう。）

イザナキとイザナミによる国生みと黄泉の国

そして、以上のような五柱の神々のあとで、ムスヒの力の発現として神世七代と呼ばれる一二柱の神々が高天原に次々に出現する。七代目はイザナキとイザナミの男女の対偶神であり、この二柱の神は、天つ神の「この漂える国を修め理り固め成せ」という命令に従い天降って結婚して、日本の国土（大八島国《おおやしまぐに》）とそこで活動する土・海・風・木・山・野等の神々を生む。しかし、妻であるイザナミは、火の神を生む時に火傷を負って死に、黄泉国に行ってしまう。夫であるイザナキは、妻を追って黄泉国に行き、「吾《あれ》と汝《いまし》と作れる国、未《いま》だ作り竟《お》えず。故《かれ》、還るべし。」と、二人で作った国は未完であるから戻ってきてまた一緒に国を作って欲しいと懇願する。しかし、見るなのタブーをイザナキは破り、蛆のたかった妻の姿を見てしまう。醜い姿を見られて怒ったイザナミはイザナキを追いかけるが、イザナキは何とか逃げ切り、黄泉国との境にある黄泉比良坂《よもつひらさか》に千引《ちびき》の石《いわ》を置いて塞ぐ。岩の向こう側でイザナミは「あなたの国（葦原中国）の人を一日に千人殺してやろう」と言うが、それに対してイザナキは「それならば千五百の産屋を立てよう」と応じる。このように葦原中国の人間の生き死にの由来が語られるのである。

ここで、黄泉国との関係において、葦原中国とそこに生き死にする人間が登場しているのは興味深い。世界の多くの神話では、神の被造物として最初の人間が生まれたことを語るが、『古事記』

は最初の人間がどのようにして生まれたのかには触れない。『古事記』では人間を「青人草」と呼ぶが、まさに草が自然に生え枯れてまた生えてくるように、おのずからのものとして、神によって生み出され秩序付けられた場に存在しているのが人間なのだと、『古事記』は、人の本質規定を語っているのである。

そして、これ以降、『古事記』の舞台は葦原中国へと移る。葦原中国は、黄泉国との関係において性格付けられる（神野志前掲書）とするならば、葦原中国の性格を考えるためには、黄泉国とは何かを考える必要が出てくる。

黄泉国は、死んだイザナミの去って行った国であり、イザナミが千人殺すと宣言したように、死を司る国でもある。さらに、そこは、蛆がたかったイザナミの腐乱した死骸が端的に示すような穢れに満ちた国である。しかし、この後、イザナキが黄泉国の穢れを川で洗い流した時にアマテラスなどの神が生まれることを考えると、この穢れは単なる排除すべきものであるというわけではないことが分かる。生むことと穢れとの密接な関係を『古事記』の中で表わしているのが、先に言及したオオゲツヒメの話である。

オオゲツヒメの無制約的な力

オオゲツヒメは「鼻口また尻より、種種《くさぐさ》の味物《ためつもの》（種々の美味しい食べ物）」を出して献上しようとしたのでスサノヲにその穢れを咎められ殺されるが、その体から五穀が実る。オオゲツヒメは五穀をその体から成らせたことからも分かるように、豊饒の女神であると言い得るが、しかし、オオゲツヒメにあっては、食べ物と嘔吐物や排泄物との区別がないと『古事記』は語る。前述のように

『古事記』を通底する「ムスヒ」の力は、秩序を内在させた力であったが、ここでオオゲツヒメによって表わされている力は、秩序のない、すなわち排泄物と食物とを区別しないことによって表わされるような、無制約的な力であると言っていいだろう。つまり、ムスヒを越えた、カオスをもたらすとともに豊饒をもたらす、秩序を越えて横溢する根源的な力、これこそがオオゲツヒメという形象によって示される力であると言ってよいだろう。（なお、この無制約的な力は、人間が完全にコントロールし得ないものの、人間の生存にとって不可欠の自然の力そのものでもある。）

そして、オオゲツヒメの表わす力を掣肘するのがスサノヲである。スサノヲ自身が高天原においては秩序を越えた力の化身でもあったのであるが、葦原中国に降りてきたスサノヲは、性格を一変し秩序の担い手となる（ヤマタノオロチ退治もこの文脈で理解することができるだろう）。スサノヲはオオゲツヒメの行為を「穢汚《けが》して奉進《たてまつ》る」と咎めて殺してしまう。穢れとは、この文脈においては、秩序の無いことである。そして、スサノヲはその無秩序状態に介入する。秩序に収まりきらない力をあえてスサノヲが秩序化したというのが、スサノヲがオオゲツヒメを殺したことの意味であり、横溢する力を秩序化することにより、五穀という豊穣の源がもたらされたと『古事記』は語っているのである。

三貴子の誕生

このようなオオゲツヒメの物語に基づいて考えてみるならば、イザナキが黄泉国で見た妻イザナミの穢れに満ちた姿の意味も見えて来るだろう。蛆がたかった腐乱した死体が「穢れ」とされるのは、イザナミの体の同一性が侵されている、つまり、身体をはじめあらゆる物体がもつべき同一性が浸食され、秩序が成り立たなくなっているということである。これはまさしく秩序を越えた力の横溢という事態である。しかし、上述したように、そのような秩序を越えた力を取り込むこと、つまり、穢れとの接触が、豊饒の実現にとって不可欠であると言える。イザナキはイザナミに追われ、黄泉の国との境に千引きの石を置いて領域を確定し、秩序を回復した。そして黄泉国の穢れを払うべく禊ぎをする。その過程で化生したのが、アマテラス、スサノヲ、ツキヨミのいわゆる三貴子である。この後の筋立ての展開を、すなわち、秩序の成立の物語を担う神々の誕生は、まさに黄泉国との接触がもたらしたと言えるのである。

なお、『日本書紀』との違いをここで補足しておくと、『日本書紀』では世界や神々は陽神イザナキと陰神イザナミの結合によって生まれ、イザナミは死なず（従って黄泉国へ下る話もなく）、イザナキとイザナミが三貴子を生むことになっている。ムスビの根源としての無制約的な力に言及する『古事記』と、陰陽のシステマティックな展開の中に世界の成立を見ようとする『日本書紀』とは、似たような筋立てを持つとはいえその背後の世界観が大きく違っていると言えよう。（さらに、『日本書紀』は、地上の支配者であるオオクニヌシについても一切語らない。）

3．出雲神話と天孫降臨

スサノヲの追放と出雲での活躍から天孫降臨、神武天皇即位までの筋立て

さて、イザナキは、わが子それぞれの支配する領域を定める。アマテラスは高天原を、ツキヨミは夜の世界を、スサノヲは海原を支配するように命令されるが、スサノヲは亡き母のいる根の国に行きたいと泣き叫び災いを起こしたため追放された。スサノヲは、アマテラスに暇乞いするために

高天原に上るが、アマテラスはスサノヲが自分の支配地を奪いに来たと疑い武装して待ち受ける。スサノヲは心の清明を証明するために誓約《うけい》を行う。二人は互いの物実《ものざね》（物のできるもと）を交換し、そして、スサノヲの物実である刀をアマテラスが噛み女神が生まれ、アマテラスの物実である玉をスサノヲが噛み、男神（その中に天孫降臨に関わるオシホミミを含む）が生まれる。アマテラスは、男神は自分の物実から生まれたのだから自分の子だとし、スサノヲは自分の物実から女神が生まれたのだから自分の清明心が証明され誓約に勝ったとして、田を破壊するなど天津罪《あまつつみ》を次々に犯した。

スサノヲが馬の皮をはいで投げ込んだことで機織女が死んでしまい、ついにアマテラスは天岩屋戸《あまのいわやと》に隠れ高天原も葦原中国も暗黒となった。神々の知恵でなんとかアマテラスは引き出され、神々はスサノヲを追放した。スサノヲは根の国に赴く途中、前述のように、オオゲツヒメを殺し五穀を得、また、出雲の国ではヤマタノオロチを退治し、人身御供になろうとしていたクシイナダヒメを救い、オロチの尾から草薙剣を得てアマテラスに献上し、ついには根の国の支配者となった。

その後、スサノヲは、オオクニヌシ（スサノヲの子孫とされる）が、異母兄弟である八十神から殺されそうになり根の国に逃げてきたのを迎えて、重ねて試練を課すが、最後には娘を与え、さらに琴と大刀と弓矢をも授けて葦原中国の支配者とした。それを受けてオオクニヌシは、常世から来たスクナビコナと三輪のオオモノヌシの助けを借りて国作りを完成した。イザナミの死によって果たされなかった国作りがここに果たされたのである。

そして、高天原から下された国を譲れとの命令に、オオクニヌシとその息子の神々は従い、アマテラスの息子のオシホミミが、葦原中国の支配者たるべく高天原から葦原中国に降臨することになるが、その直前に子が生まれ、アマテラスと高木神（タカミムスヒと同体）はアマテラスの孫（天孫）にあたるホノニニギを降臨させ、その四代目の子孫にあたる神武天皇が初代天皇として大和に都を定めたのである。

スサノヲ像の転換

以上の筋立てをこれまでの議論にそって解釈しておくと、スサノヲは最初には、無制約的な力の発現そのもの、荒れすさぶ存在として登場する。父から命令された支配を放棄し、秩序は侵犯される。秩序を体現する姉アマテラスと無制約的力そのものであるスサノヲは対立し「誓約《うけい》」を行うが、ここで注目されるのは、『古事記』の核心部ともいえる天孫降臨に関わるオシホミミを、スサノヲがアマテラスの物実によって生んでいることである。三貴子の誕生には黄泉の国訪問が不可欠だったように、後に皇統の源流となるオシホミミの誕生には、スサノヲが関わることが必要だったのである。

さらに注目されるのは、オシホミミについてアマテラスがまず自分の物実から生まれたのであるのだから自分の子であると「詔《の》り別《わ》け」たことである。つまり、どちらの子とも、またさらには二人の子とも言える（ここに世界の古代神話によく見られる兄妹婚の痕跡を見る説もある）、この曖昧な状態をアマテラスは確定したのである。そのことによって、スサノヲの横溢する力を取り込みつつ、オシホミミを秩序の側に組み入れたと言えるのである。

そしてそのすさまじい力によって高天原の秩序を破壊しかねないスサノヲは追放され、出雲にやってくる。出雲にきたスサノヲは、反転して、秩序を兼ね備えた力を体現するようになり、無制約的力の権化ともいえるヤマタノオロチを退治する。人身御供の娘はその無制約的な力を祀る巫女＝神の嫁であり、巫女は年毎に一人ずつその力＝神に呑みこまれることによって、ヤマタノオロチの力（＝自然の力）を共同体にもたらす存在であったと言えるが（自然と人間社会との間の交換）、スサノヲは娘を救い結婚する。神と神の嫁との関係で言えば、神がオロチからスサノヲへと変化することによって、一回的な祭祀から繰り返され得る祭祀に、祭祀の質が変わったといえよう。

さて、勇者によって妖怪が退治され、人身御供の娘と勇者が結婚するというような話型はアンドロメダ型といい、世界各地に広く分布しているが、『古事記』においてはその話型が、皇祖神の担う秩序と関係させられて語られていることが重要である。スサノヲはオロチの尾から剣を得てアマテラスに献上し、それが天孫降臨の時にホノニニギに与えられた三種の神器の一つである草薙の剣となる（残り二つは、八尺勾玉と天岩屋戸からアマテラスを招き出した鏡）。オロチが表わす無制約的力は、剣という形で確定され秩序に組み込まれた、コントロール可能なものとして形象されることになったと言っていいだろう。

天孫降臨と初代天皇の即位

さて、スサノヲによるオロチ退治と草薙の剣の献上のあと、出雲神話の主人公はオオクニヌシにかわる。スサノヲの六世の孫とされる大国主は、因幡の白兎の話、根の国訪問の話などで知られているが、最後に葦原中国の統治者になるまでに、繰り返し殺される。しかし、そのたびに母神とカミムスヒの神の力によって復活し、さらに根の国でスサノヲから与えられた試練をも乗り越え葦原中国の支配者たることを認められるのである。オオクニヌシの国造りにおいて注目すべきこととして、スクナビコナとオオモノヌシの協力がある。スクナビコナは海からやってきて国造りを手伝ったあとで常世に渡り、そのあとでオオモノヌシが光りながら海から来て、自分を大和の三輪山に祀るならば国造りを手伝おうと言い、三輪山に鎮座した（現在の大神《おおみわ》神社）。古代日本において、共同体の外部に位置する海や山は他界であるとともに、この世を成り立たせる力の源泉であった。そのような外部の力を導入しつつ、オオクニヌシは秩序を創出し、国造りを行ったのである。

さて、オオクニヌシによる国造りが完了すると、すぐにアマテラスと高木神（タカミムスヒと同体）が出雲側に国譲りをせよと申し入れる。最終的にはホノニニギを高天原から天下りさせて、葦原中国の支配者にさせることになった。その際、アマテラスたちは、ホノニニギに、「この豊葦原水穂国は、汝《いまし》が知らさむ国ぞと言依さしたまふ。故、命《みこと》の随に天降るべし」と命じる。[1] ここで言われている「豊葦原水穂国」とは、稲穂が豊かに実る国という意味で、これから降臨する葦原中国の豊かな実りを予祝する言葉である。天孫降臨に関わる神々は、ホノニニギ（稲穂がにぎにぎしく実る）、オシホミミ（圧倒するような稲穂の霊力）などのように稲の豊かな実りを意味する名を持つものが多い。ここから、この神話は、稲の収穫儀礼（新嘗祭）と関わり、降臨するニニギは穀霊を意味するとも、さらには天皇即位の際の大嘗祭（天皇が即位して最初の新嘗祭。一世一代の大祭）に関わるとも言われている。

この命令によって地上の国は、ホノニニギとその子孫が代々統治することになった。ホノニニギは日向の高千穂の峰に降臨し、その後、三代に渡りこの地に留まる（日向三代）。ニニギは山の神の娘と結婚しホオリ（山の幸を司る）が生まれ、ホオリは海の神の娘と結婚しウガヤフキアエズが生まれる。ウガヤフキアエズも母の妹である海神の娘と結婚し、生まれた息子が日向から大和に入り、初代神武天皇として即位したのである。海神の娘たちは、豊玉姫、玉依姫という名でどちらも神霊を憑依させる巫女を意味しており、穀霊祭祀に関わる巫女の姿が反映しているとされる。山の神や海の神の娘たちとの婚姻は、まさに秩序が、外部の力と関わることで創出されることを物語っているといえよう。

注

1　なお、『日本書紀』神代天孫降臨章第一の一書には、「葦原の千五百秋《ちいほあき》の瑞穂の国は、是、吾が子孫《うみのこ》の王《きみ》たるべき地《くに》なり、爾皇孫《いましすめみま》、就《い》でまして治せ、行矣《さきくませ》、宝祚《あまつひつぎ》の隆えまさむこと、当に天壌《あめつち》と窮り無けむ」（原漢文）とあり、「天壌無窮の神勅」と呼ばれ、代々の天皇が日本を統治するという国家形態（国体）を正当化する拠り所とされた。

学習課題

○『古事記』を貫くテーマやその世界観、人間観がどのようなものかを、神話の筋立てに即して検討する。

参考文献

神野志隆光『古事記の世界観』（吉川弘文館、一九八六／歴史文化セレクション、二〇〇八）
神野志隆光『古事記とはなにか　天皇の世界の物語』（講談社学術文庫、二〇一三）
呉哲男『古代日本文学の制度論的研究　王権・文字・性』（おうふう、二〇〇三）

西郷信綱『古事記の世界』（岩波新書、一九六七／『西郷信綱著作集』第一巻、平凡社、二〇一〇）
西郷信綱『古事記注釈』（全四巻、平凡社、一九七五〜一九八九／全八巻、ちくま学芸文庫、二〇〇五〜二〇〇六）
佐藤正英『古事記神話を読む〈神の女〉〈神の子〉の物語』（青土社、二〇一一）
多田一臣『古事記私解』ⅠⅡ（花鳥社、二〇二〇）
西宮一民注『古事記』（新潮日本古典集成、一九七九／新装版、二〇一四）
三浦祐之『古事記を読みなおす』（ちくま新書、二〇一〇）
國學院大學古典文化学事業「古事記学センター」ホームページ

3　古代②　仏教の伝来と仏教説話

《学習のポイント》　日本に仏教が伝来し、どのように受容されたのかを文献資料や美術作品などの資料を手がかりに検討する。特に、聖徳太子作と伝えられる「十七条憲法」の各条の意味を説明するとともに、『日本霊異記』などの仏教説話を紹介し、その意義を解説する。

《キーワード》　「十七条憲法」、法隆寺金堂釈迦三尊像、玉虫厨子捨身飼虎図、本生譚、『日本霊異記』

1．仏教の伝来と受容

古代日本における外来思想の受容

古代日本には、中国大陸や朝鮮半島から、仏教や儒教、道教などのさまざまな教えが入ってきた。このうち、春秋時代末期の孔子にはじまり漢帝国では国教となった儒教は、記紀の記録によると仏教よりも早く朝廷に伝えられたとされているが、近世以前は、主に為政者としての理念や、貴族や僧の教養として学ばれるに留まり、その影響は限定的なものであったと言える。また、戦国時代末期から流行した神仙方術（不老不死の仙人になる術）を軸に、多様な民間信仰を取り入れて成立した道教も、陰陽五行説（陰陽の二気と、五行〔木火土金水の五元素〕の相生《そうしょう》・相克等の法則によって、人事や自然を解釈する説）などにより、日本の神道、陰陽道、修験道などに広く影響を与えたが、道士もおらず道観（道教寺院）もないなど、宗教として本格的には導入されていないとされる。

それに対して、仏教は、当初こそ在来の神祇信仰との摩擦があったものの、その後は、大きな抵抗にあうこともなく根付いていった。伝来からほどなくして、日本各地に仏教寺院が建立され仏教儀礼が行われるとともに、日本人僧侶らによって熱心に仏教が学ばれ、さまざまな宗派が生まれた。奈良仏教（法相宗、三論宗、華厳宗、律宗、倶舎宗、成実宗の南都六宗）、平安仏教（天台宗、真言宗）、鎌倉仏教（浄土宗、浄土真宗、時宗、臨済宗、曹洞宗、日蓮宗など）と、仏教は独自の展開を遂げつつ、伝統的な日本人のものの感じ方や考え方の形成に寄与したのである。

仏教公伝

さて、日本に仏教が公伝したのは、『元興寺縁起』『上宮聖徳法王帝説』によれば五三八年、『日本書紀』によれば五五二年とされている。両系統の資料とも、百済の聖明王が欽明天皇に仏像と経典を贈ったとしている。年代も含めこれらの記事それぞれの信憑性について正確には決し難いが、いずれにせよ、六世紀中葉欽明天皇の時代に、朝鮮半島から日本の朝廷に仏教が伝えられたと言うことができよう。

当時、日本の朝鮮三国に対する関係は、基本的に百済と友好関係を結びつつ、状況に応じて新羅や高句麗とも結ぶというものであった。三国の争いが激化する中で、百済の聖明王は、高度な文明をもたらすという恩恵を与えて、朝鮮半島に権益を持つ日本との関係をより強固にするため、また、交誼を結んでいた梁の武帝（熱心な仏教信者で皇帝菩薩と称した）の意を迎えるためという政治的思惑もあって、日本に仏教をもたらしたのである。

さて、『日本書紀』欽明紀によると、百済の聖明王から仏教を伝えられた朝廷では、崇仏派の蘇我氏と、受容慎重派（排仏派）の物部氏らが争ったとされる。『日本書紀』の一連の仏教伝来記事は、同一内容が繰り返されたり、表現が『金光明経』の文章の引き写しだったりして、原資料の正確な記録とはみなし難い点がある。また、近年、研究が進み、物部氏も最新の文明としての仏教を積極的に受容していた可能性が高まり、仏教受容をめぐる豪族の対立ということ自体、歴史的事実かどうか見直すべきという議論も起こっている。となると、公伝記事の信憑性に疑問が出てくるのも無理もないことであろう。しかし、仏教公伝から百数十年後に、その出来事を記録する際に文飾が施されたとしても、また、現在明らかになりつつあるように、蘇我氏と物部氏の抗立は、仏教の受け入れではなくて、他の権益が争点であったとしても、仏教が日本に受け入れられる際に、従来の信仰や祭祀との軋轢が生じ、それが『日本書紀』の記事として表現されたと理解できるだろう。

『日本書紀』の仏教公伝記事

まず、欽明天皇一三（五五二）年冬一〇月条の原文を見てみよう。

冬十月《ふゆかむなづき》、百済の聖明王、西部《せいほう》姫氏《きし》達率《だちそち》怒唎斯致《ぬりしち》契等《けいら》を遣《まだ》して、釈迦仏《ほとけ》の金銅像一軀《かねのみかたひとはしら》、幡蓋《はたきぬがさ》若干《そこら》、経論若干巻《きょうろんそこらのまき》を献《たてまつ》る。……是《こ》の日《ひ》に、天皇《すめらみこと》、聞《きこしめ》し已《おわ》りて、歓喜《よろこ》び踊躍《ほどはし》りたまひて、使者《つかい》に詔《みことのり》して云《のたまわ》く、「朕《われ》、昔より来《このかた》、いまだ曾《かつ》て是《かく》の如《ごと》く微妙《くわし》き法《のり》を聞くことを得ず。然《しか》れども朕《われ》、自《みずか》ら決《さだ》むまじ。」乃《すなわ》ち群臣《まえつきみたち》に歴問《となめと》ひて曰《のたまわ》く、「西蕃《にしのとなりのくに》の献《たてまつ》れる仏《ほとけ》の相貌《かお》端厳《きらぎら》し。全《もは》ら未《いま》だ曽《かつ》て有《あら》ず。礼《いやま》ふべきや不《いな》や」とのたまふ。蘇我大臣稲目宿禰《そがのおおおみいなめのすくね》奏《もう》して曰《もう》さく、「西蕃《にしのとなりのくに》の諸国《くにぐに》、一《もはら》に皆礼《いやま》ふ……」とまふす。物部大連尾輿《もののべのおおむらじおこし》・中臣連鎌子《なかとみのむらじかまこ》、同じく奏《もう》して曰《もう》さく、「我が国家《みかど》の、天下《あめのした》に王《きみ》とましますは、恒《つね》に天地社稷《あまつやしろくにつやしろ》の百八十神《ももあまりやそかみ》を以《も》て、春夏秋冬《はるなつあきふゆ》祭拝《まつり》たまふことを事《わざ》とす。方《まさ》に今《いま》、改《あらた》めて蕃神《あだしくにのかみ》を拝《おが》みたまはば、恐《おそ》るらくは国神《くにつかみ》の怒《いかり》を致《いた》したまはむ」とまうす。天皇曰《のたまわ》く、「情願《ねが》ふ人稲目宿禰《いなめのすくね》に付《さず》けて、試《こころみ》に礼《いやま》ひ拝《おが》ましむべし」とのたまふ。……

以上の原文の訳を、分量の関係から原文を挙げることを省略した部分も補いながら次に示す。

一〇月に百済の聖明王が、怒唎斯致契ら使者を派遣して、釈迦の金銅の仏像、その飾りの幡や天蓋、経論を何巻か朝廷に献上した。その上表文には、「この教えは、素晴らしい教えで無限の「福徳果報」を生み、祈ることが何でもかなう。また、インドから朝鮮まで広く尊崇されている。これをもって、私は、日本にもこの教えが広まるように使者を遣わす。仏が「私の教えは東に伝わる」と言われたのを果たすのである。」とあった。天皇はたいへんに喜ばれ、使者に「このように素晴しい教えは聞いたことがない。ただ自分では決められない。」と言われた。そして天皇が、群臣に「隣国が献上した仏の姿は見たことがないほど「端厳《きらぎら》し」い。礼拝すべきかどうか。」と尋ねたところ、蘇我稲目は「諸国がみな信奉する教えであるから日本も受け入れるべきだ。」と言ったが、物部尾輿と中臣鎌子は、「天皇が天下の王でいらっしゃるのは、常に天地の社稷の神々を定期的に祭祀するためだ。今、「蕃神《あだしくにのかみ》」（外国から来た神）を拝むならば、必ずや「国神《くにつかみ》」（日本の神）の怒りを招くことになろう。」と言った。そこで、天皇は「それでは稲目に預けて礼拝させてみよう。」と言われた。稲目は喜び、持ち帰り礼拝し、向原の家を清めて寺とした。すると、疫病が流行し多くの国民が死んだ。そこで、物部尾輿と中臣鎌子は、「仏を礼拝したせいでこのような事態になったのだから、それを捨てるべきだ。」と奏上した。天皇は、「その通りにせよ。」と言われ、役人が仏像を難波の堀江に流し捨て、寺を焼き払った。すると、風も雲もなかったのに、皇居の大殿に火災が起きた。

ここでまず注目されるのは、仏教のもたらす利点として、それが願いをかなえる「福徳果報」を備えているという点と他の国々でも信仰されているという点が強調されていることである。仏教の教理内容についてはここでは何も言及されてはおらず、他の有力な国々でも広く信仰されているという普遍性と、祈願が叶うという呪術性、つまり超越的次元に働きかける祭祀の技術力の高さが仏教のもつ魅力として語られているのである。さらに、仏像の持つ「きらぎらしさ」について天皇が言及しているのも注目される。「きらぎらしさ」とは、端的には金色に輝く金銅仏の様子を示すが、この言葉は、この世ならぬ美しさを表す言葉である。仏とは、この世を超えた存在であり、しかも、『日本書紀』では「蕃神」、『元興寺縁起』では「他国神《あだしくにのかみ》」とされ、日本の土着の神観念、すなわち、共同体の外部からやってきた「神」の文脈で理解されたのである。『日本書紀』の叙述から、伝来当初、日本古来の神々と仏との明確な区別はなされていなかったことが分かる。

そして、蘇我稲目は仏教の受け入れに積極的であり、物部尾輿と中臣鎌子は受け入れ反対であったとされる。これについては、両者の対立は史実としても、その原因が仏教受容をめぐるものであったのかどうかについて、近年、疑義が出されているが、ここで注目したいのは、この説話は、最終的には国家仏教というかたちで蕃神（他国神）の祭祀が確立されるまでに、日本の神々との関係をめぐる模索があった、ということを語っているということである。この記事のテーマは、その葛藤であり、それを欽明朝にあった豪族同士の対立と絡めて説話化されたものと思われる。

さて、物部尾輿の言葉からは、当時の祭祀に対する考え方が窺えて興味深い。尾輿は、もし仏を祀るならば、日本の神々が祟りをなすと警告を発し、現にその通りになる。従来祀られていた神が仏を祀ることを怒り、祟りをなすというのは、仏教がアジア各地で受け入れられるに際して広く見られた現象である。たとえば、チベットには仏教渡来以前から、日本の神道にも似た民族宗教ボン教があり、それが仏教受容に際して摩擦を起こしたという、次のような伝説が残されている。

シャーンタラクシタがインドから招かれ、王のために宮殿で説教をしたとき、聖なる山マルポリへの落雷や疫病などが起こり、大臣たちは、彼の説教がチベットの神々を怒らせたのが原因だと責めて、彼を追い出してしまった。やがて彼は再度招かれるが、その時は、あらかじめインドから来た密呪師パドマサンバヴァが、チベットの神々や精霊を呪術によって調伏し、仏教の護法神としておいたので、彼はチベットに広く仏教を布教することが可能となった。

このチベットの伝説と日本の仏教初伝記事は類似している。両者ともに王が仏教を取り入れようとしたが、土着の神々が怒り疫病などの祟りをなしたので、いったんは仏教の受け入れを断念したというのである。そして、最終的には仏教が受け入れられ、王権と仏教とが結びつく経緯をたどるところも両者は類似しているのである。

2．聖徳太子と十七条憲法

聖徳太子の仏教受容

伝来当初、仏が「蕃神（他国神）」とされたことからも分かるように、仏教は、先行する日本の神信仰の文脈で受け容れられた。このような中で、仏教の教理内容が理解され、仏教の教えが機能しはじめたのは聖徳太子（五七四～六二二）を嚆矢とする。本節では聖徳太子の業績について考えてみよう。

聖徳太子は、用明天皇の皇子で、飛鳥時代の代表的政治家、思想家である。父方も母方も蘇我氏に繋がり、仏教を積極的に保護したという。『日本書紀』の記事によれば、聖徳太子は、推古女帝の摂政として政治を司り、冠位十二階、十七条憲法制定、遣隋使、斑鳩宮《いかるがのみや》と斑鳩寺の造営、新羅遠征、『勝鬘経』『法華経』の講説、『国記』『天皇記』編纂等の事業を行ったとされる。

聖徳太子という名は死後に神格化され超人的伝説に彩られるようになってからの呼称であり、本来は厩戸皇子《うまやとのみこ》、豊聡耳皇子《とよとみみのみこ》、上宮太子《かみつみやのひつぎのみこ》と言われていた。近年は、厩戸王と併記されることも多いが、これは、信仰の対象とされてからの呼称を避け、また、皇子という呼称は天武朝に成立した天皇号に対応するものであり、それ以前は大王の子は王と呼ぶのが適切だという考え方による。しかし、本書においては、歴史的事実そのものではなくて、思想史的リアリティに注目する立場を取るので、ここでは聖徳太子という呼称を用いる[1]。

「十七条憲法」における「和」と仏教

まず、聖徳太子の作と伝えられる「十七条憲法」から検討してみよう。これについては「国司」(第十二条)など、その用語が当時のものではないなど、津田左右吉以来、根強い偽撰説もあるが、たとえ原文そのままではないにしても、何らかの原型的文書があったと見るのが妥当である。「十七条憲法」の基底にあるのは、国家と仏法との結合であろう。『日本書紀』によれば、聖徳太子は摂政として「三宝興隆の詔」を出し、仏教興隆政策を行った。聖徳太子は、まず為政者として、「国家の福利」を増進するものとして、仏法を積極的に用いようとしたのである。インドの初期仏教においては、国王は基本的に収奪者とされ、国王にことさらに逆らう必要はないが、同時に国王に従う必要もないとされ、仏教教団は国家秩序から独立した治外法権を主張したが、古代以来、強力な中央集権的王権が成立していた中国においては、仏教も国家権力に従属し、鎮護国家仏教が盛んになった。中国仏教の強い影響を受けた、朝鮮や日本の仏教も同じく、鎮護国家的な傾向が強く見られるのである。

さて、「十七条憲法」の各条は、官人(国家の役人)に心得を説く訓戒のかたちをとる。官人とは、君と民の間にあって国政の一端を担い、かつ宮中儀礼を執行することで国家秩序を維持し、国家の福利を増進させる存在であった。このような官人に対して、「国家永久」(第七条)を達成すべく、聖徳太子が説いた「十七条憲法」の第一条は次のようなものである。(なお、『日本書紀』掲載の原文は訓点がなく、以下の読み方は、あくまでも一例である。)

一に曰く、和を以て貴しと為《す》。忤《さか》ふること無きを宗《むね》と為。人皆党《たむら》有り、亦達《さと》る者少なし。是を以ちて、或いは君父に順はず。乍《あるい》は隣里に違へり。然かるに上和らぎ下睦びて、事を論《あげつら》ふに諧《かな》ふときは、則ち事理自ずからに通ふ。何《いずれ》の事か成らざらん。

ここでは、「和」（他者との協調）をまず心掛けよと述べられている。この場合、ここで主張されている「和」とは、よく誤解されるように、同調圧力に屈したり忖度したりして、集団の価値観に盲従し上位者に追従することではない、という点に留意すべきである。人の持つ党派性（「人皆党有り」）や、それに由来する偏狭さは、「事を論らふこと」すなわち、議論を重ねることによって克服されるべきだと、太子は主張する。議論によって、自他対立を克服する「事理」が、おのずから浮かび上がってくる。それは、決して前もって従うべき「理」として押しつけられるものなどではなく、眼前の直接的な利害を離れ議論することを通じて、より高次の公共性を持った結論が得られるのである。

さて、「和」の典拠については『論語』学而篇《がくじへん》の「礼は之れ和を用いるを貴しと為す」などが指摘されているが、それと並んで、仏教の「和合僧」の影響も大きいと思われる。「和合僧」とは、僧が互いに協力し、悟りを目指して修行する共同体（僧伽）を指す。僧伽では、何かを決める時には、全員が納得するまで議論を尽くすことになっている。官人たちは、さまざまな位階にあるが、上位者も下位者も互いに協力し、一人よがりな偏向に陥らないよう、常に話し合いながら、国家の福利を増進させるべきなのである。

人間が陥りがちな自己中心性を避け、常に他者に対して謙虚で開かれた存在であるために、太子は、たとえば、第十条では「忿《いかり》を絶ち瞋《いかり》を棄て、人の違ふことを怒らざれ。」といい、第十七条では、「夫れ事は独り断《さだ》む可らず。必ず衆《もろもろ》と与《とも》に宜しく論《あげつら》ふべし。」といっている。そして、このような態度を根底から支えるのが仏教なのである。そのことがよく窺えるのが、第二条である。

二に曰はく、篤く三宝を敬へ。三宝は仏法僧なり。則ち四生（胎生、卵生、湿生、化生のこと、すべての生物）の終帰、万国の極宗なり。何《いずれ》の世、何の人か是《こ》の法《のり》を貴ばざる。人尤《はなは》だ悪しきもの鮮《すくな》し。能《よ》く教ふるをもて従ふ。其れ三宝に帰せずんば、何を以てか枉《まが》れるを直さむ。

ここで太子は、仏教の教えに従うことが、人が自己中心性を免れ、他者を尊重することの基盤をなすと説く。仏教の教えの中心となるのは、無我（非我）であり、空―縁起である。自己を他者から二項対立的に独立させ、固定的な自我とすることを否定し、自己が様々な関係の網の目を担う一つの結節点であり、関係的に成立するものと捉えることは、仏教教理の基本である。このような基本教理に基づいて、太子は「三宝に帰せずんば、何を以てか枉れるを直さむ」と言っているのである。「共に是れ凡夫《ぼんぷ》のみ」（第十条）という自覚のもとに、自己を相対化し、自己中心に陥っていないかを省みるべきだと主張されるのである。

さらに、注目されるのは、太子が「人尤だ悪しきもの鮮し。能く教ふるをもて従ふ。」と述べている点である。つまりここで太子は、人の中に善への可能性を認め、それ故に教化が可能であるとしている。このような考え方は、太子が講説したと伝えられている『法華経』や『勝鬘経』の中に顕著に見られる。『法華経』においては、小乗も大乗も同じく悟れるとする一乗思想が宣揚され、また『勝鬘経』では、万人に仏性（仏の本質）が備わっているが故に、仏（真理を悟った者）と成ることが可能であると説かれる。つまり、太子は仏性思想、一乗思想に則って、教化可能性を主張しているのである。

「世間虚仮、唯仏是真」の解釈

以上のように、太子は仏教に依拠して、官人たちに心得を説く。ここで重要なのは、太子においても仏教への帰依が、決して現世否定へと直結しないことである。太子の死後に妃の橘大郎女《たちばなのおおいらつめ》の発願によって作られた天寿国繍帳の銘文に、太子の言葉として「世間虚仮《こけ》、唯仏是真《ぜしん》」とあることはよく知られてはいるが、この言葉は、単なる現世否定思想の現われとして解釈されてはならない。もちろん、もし「世間」（世俗世界）が「真」であったら、そもそも仏教に帰依する必要などはないのであり、世間が「虚仮」であり無常であるからこそ、真なるものが仏教に求められるのであるが、太子において、さらにいえば、日本仏教の多くの場合において、このことは現世否定には結びつかない。すべてを相対化し、否定するとは、真実の現実の姿を見ることであり、真なる教えである仏教に基づいて、もう一度現世が新たなものとして意味付けられる。つまり、「虚仮」であるはずの「世間」が、仏教の「無我」や「空─縁起」の教えによって裏打ちされることによって、衆生を教化し安楽を与えるべき場として新たな相貌をもって、肯定されてくるのである。

普遍的国家の理想

第十五条では「私を背いて公に向くは、是れ臣の道なり」と言われており、自らの私情を捨て、公に奉公する、即ち、国家のために尽くすことが官人としての正しいあり方であると主張される。

「公」という観点から、当時の日本の統治者階級を見てみると、豪族がそれぞれに「私」を主張しあい、相争う状況として捉えられる。そのような中で、「十七条憲法」は、私情を捨てて「公」に従うことを主張することを通じて、国家的統一の達成をはかったのであり、しかもそれを、自己中心性からの脱却を説くとともに、普遍宗教であることにおいて、部族的偏狭さを突破し得る仏教に依拠して成し遂げようとした。つまり、仏教の説く、無我の教説に基づいたエゴイズムからの脱却と普遍的「法（仏教）」への帰依とが、部族的特殊性からの脱却と、「普遍的国家」の理想の実現と重ね合わされたのである。

「普遍的国家」とは、部族的対立を超えて、政治的軍事的に統一を達成した国家であるが、統一に当たっては、精神面での統一も重視された。すなわち、諸部族の対立を超えた精神的指導原理が要請されるのである。このような原理とされたのが、万人の普遍的な救済を旗印とした、いわゆる世界宗教（普遍宗教）である。世界宗教のもつ普遍性が、部族的特殊性を超えるにあたって有効であったのだ。日本の比較思想研究の先駆者である中村元は、その著『普遍思想』の中で、「普遍的国家」を建設した代表的人物として、聖徳太子、アショーカ王、コンスタンティヌス大帝などを挙げた。彼らは、それぞれに、仏教、キリスト教など、普遍宗教の擁護者であり、それを、自らが建設した普遍的国家の指導原理とした。

そしてそのような公共的国家において、官人は為政の一端を担う者として、国家のため、民のために公益の増進を図らなければならない。第十六条では、民を使役する際には、農繁期を避け、農閑期に課するべきであるとして、官人の民への配慮を説く。太子のこのような民への配慮は、たとえば、太子が建立した四天王寺に、貧窮孤独の者のための施設である悲田院や、病人のための施薬院、療病院などが附設されたことからも分かる。『法華義疏』において、『法華経』安楽行品で「常に坐禅を行え」と勧めている個所を、太子が「常に坐禅を行う人には近付くな」と読み替えて、利他行の意義を強調したことからも分かるように、太子は、民を菩薩の慈悲行の対象と考え、現実における実践を重んじたのである。

以上、「和国の教主」と呼ばれる聖徳太子の事跡を、十七条憲法を中心に概観した。太子が受容し展開させた仏教の質は、その後の日本仏教の導きの糸となる。どのような人間でも仏教によって教化可能であり、善へと導くことができるという法華一乗思想や仏性思想、現実における利他行を尊ぶ実践主義、そして、仏教は世俗秩序と対立するものではなく、それを基礎付け補完するものであるという考え方は、その後の日本仏教の基本主張となったのである。

3．古代日本美術から読み解く仏教思想

聖徳太子と法隆寺

聖徳太子の数多くの事績の中でもよく知られているのが、法隆寺の建立であろう。法隆寺は、現存する世界最古の木造建築であり、また日本古代を考える上で最も重要な寺院の一つでもある。七世紀初頭、太子は、自身の宮殿である斑鳩宮の隣に斑鳩寺（後に法隆寺と称した）を建てたと伝えられるが、これは、天智九年（六七〇）に火災で焼失してしまい（若草伽藍）、現在の金堂・五重塔・中門・回廊からなる西院伽藍は、その後に再建されたものというのが定説である。ただし、西院伽藍に納められている仏像をはじめとする数々の文化財は、火災時点よりも百年遡るものも少なくなく、最初期の日本仏教の在り方を伝えている。ここでは、西院伽藍の中心をなす金堂の本尊で

ある釈迦三尊像の光背に刻まれた銘文と、もともとは金堂に置かれていたと伝えられている玉虫厨子の側面に描かれている絵画に着目して、日本に仏教が入ってきたばかりの時期の仏教受容のありようについて考えてみたい。

図３－１　法隆寺金堂釈迦三尊像
（法隆寺　画像提供飛鳥園）

法隆寺金堂釈迦三尊像光背銘の解釈

さて、西院伽藍の中心、金堂の中央に安置されている釈迦三尊像（国宝）は、飛鳥時代前期に止利仏師によって造られた金銅（銅製鍍金）の仏像で、像高は中尊八七・五センチメートル、右手に施無畏印、左手に与願印をとり結跏趺坐《けっかふざ》する。北魏様式の飛鳥仏の典型であり、左右対称性、平面性が強く、杏仁形の目、面長の顔、アルカイック・スマイル（古拙の微笑み）、細身、峻厳な雰囲気などの特徴を持つ。この仏像の光背（仏菩薩の後光を表わす仏像の背後の板）には、仏像が作られた時期や理由、施主や制作者の名前等を書いた造像銘記が刻まれている。銘文の本文を手掛かりにしながら、当時の仏教理解について検討してみよう。

法興元《がん》より卌一《さんじゅういち》年、歳《ほし》は辛巳《かのとみ》に次《やど》る（六二一年）十二月、鬼前太后《かみさきのおおきさき》（間人《はしひと》大后）崩ず。明年正月廿《にじゅう》二日、上宮法皇《じょうぐうほうおう》（聖徳太子）、病に枕して悆《こころよ》からず。干食王后《かしわでのおおきみ》（膳《かしわで》妃）、仍《より》て以て労疾、並びて床に著《つ》く。時に王后王子等、諸臣と及与《ともに》、深く愁毒を懐《いだ》き、共に相い発願すらく、

「仰ぎて三宝に依り、当《まさ》に釈像の、尺寸王身なるを造るべし。此の願力を蒙り、病を転じて寿を延べ、世間に安住せむ。若《も》し是れ定業《じょうごう》にして以て世に背かば、往きて浄土に登り、早《すみやか》に妙果に昇らんことを」と。二月廿一日癸酉、王后即世す。翌日法皇登遐《とうか》す。癸未《みずのとひつじ》年（六二三年）三月中、願いの如く敬《つつしみ》て釈迦尊像并《あわ》せて侠侍《きょうじ》（脇侍）、及び荘厳具を造り竟《おわ》る。斯《こ》の微福に乗じ、道を信ずる知識、現在安隠にして、生を出でて死に入り、三主（間人大后、太子、膳妃）に随い奉り、三宝を紹隆し、遂には彼岸を共にし、六道に普遍せる、法界の含識、苦縁を脱するを得て、同じく菩提に趣《おもむ》かむことを。司馬鞍首《しばのくらつくりのおびと》止利仏師をして造らしむ。（なお、読み下しについては異説がある。）

この銘文によれば、六二一年（私年号である法興三一年）に、聖徳太子の実母である間人大后が崩じ、さらに翌年、聖徳太子とその妃の一人である膳妃が相次いで病の床に伏した。そこで、他の妃や山背大兄王などの皇子、そして臣下たちが、三宝の功徳によって太子らが治癒するよう願い、さらに、もし前世で定った報い（「定業」）によって死を免れられずこの世を去るのであれば、死後に、「浄土」に往生し、そこで仏果を得て開悟成道できるようにと願って、太子と同じ大きさの仏像を止利仏師に作らせた。ここでは、治病という現世利益と、死後の浄土往生との現当二世の功徳が願われている。日本に仏教が入って来た当初は、病気の回復や先祖の死後の冥福を祈るある種の呪術として、一般には理解されたと言われているが、まさに、この釈迦三尊像造像の発願理由は、その一例ということもできるだろう。また、ここですでに「浄土往生」が発願されていることも注目される。聖徳太子の死後に、妃の橘大郎女が作らせた天寿国繍帳の「天寿国」も、死後に太子が往生した浄土と考えられており、これらから、この時期にすでに浄土信仰が、社会の上層に受容されていたことが分かる。（なお、天寿国は无寿国《むじゅ》（＝無量寿国で無量寿仏すなわち阿弥陀仏の主宰する西方極楽浄土のこと）の誤記とも言われるが、弥勒菩薩のいる兜率天という説もあり一定しない。）

さて、妃や皇子らの発願も虚しく、太子と膳妃とは相次いで崩じる。その後、六二三年には、釈迦尊像と脇侍、さらにそれを荘厳する光背と台座とが完成した。そして、銘文は「斯の微福に乗じ～」と結ばれる。この一文は、単なる現当二世の功徳を願う呪術的信仰を越えた新たな思想の地平をも示していると解釈できるので、詳しく検討しておこう。

まず、「この微福」とは、微小な善行を意味し、具体的には釈迦三尊像を造像したことの謙詞である。「知識」とは、仏像や堂塔などの造立の際に、金品を寄進して協力する人を意味する。つまり、造像に協力した人々は、その善根の功徳によって、現世においては安らかな生活を送ることができ、死後には、先に往生した間人大后、太子、膳妃に従い、最終的には、同じ浄土に赴き、菩提を得る、すなわち開悟成道して仏果を得ることができると言われる。そして、自分たちだけではなくて、迷い苦しみの世界にいる一切衆生がすべて（「六道に普遍せる、法界の含識」）、苦しみを脱し、自分たちと同じように、浄土往生できるようにと結ぶのである。ここでは、自分たち一族が浄土往生できればそれでよしとする氏族的呪術的な仏教信仰とは違い、生きとし生けるものすべての幸福を願う、まさに大乗仏教の利他の精神に立脚した願いが表明されている。さらに、死後に、三主（間人大后、太子、膳妃）に従って、仏教興隆のために力を尽くすとも言われており、非常に素朴なかたちながら、浄土信仰における還相（浄土往生した者が、再び現世に還ってきて、一切衆生を教化して共に仏道に向かわせること）の思想を見てとることも可能であろう。仏教は、血縁や地縁で結び付いた者だけに留まらない、一切衆生（生きとし生けるすべてのもの）という普遍的な地平と、現世を越えた「浄土」を想定することによる、現世を越えた救済という超越的な理念を古代の日本人に教えたということができるだろう。

玉虫厨子の捨身飼虎図をめぐって

次に、法隆寺金堂に安置されていたと伝えられている玉虫厨子（国宝。高さ約二・三メートル）に描かれた「捨身飼虎」図について取り上げてみたい。玉虫厨子は、飛鳥時代に造られた木製黒漆塗の宮殿型厨子で、下部は須弥《しゅみ》座（台座）になっている。装飾に玉虫の羽を使ったことからその名があり、用材（檜と楠）から国産と推定されている。須弥座の左右の側面に描かれた釈迦本生譚《ほんじょうたん》の「捨身飼虎図」「施身聞偈図」は、異時同図法（一画面中に、同一人物による時間的に異なる数場面を集約的に表現することで、物語中における時間的経過を表わす表現法）による優品と評価されている。

図３－２　玉虫厨子捨身飼虎図
（法隆寺　画像提供奈良国立博物館、撮影　森村欣司）

釈迦本生譚とは、古代インドの輪廻転生の考え方に基づく釈迦の前世を語る仏教説話である。輪廻転生の考え方によれば、釈尊がこの世において開悟成道し仏陀となるという、稀有な難事を達成することができたのは、それ以前の生涯において、菩薩（菩提を求める衆生）として、生まれかわり、死にかわり、常に善業《ぜんごう》を積み重ねた結果である。その善業の積み重ねの物語が、本生譚である。約五百話ほど残されており、それらを集成して、パーリ語蔵経の「ジャータカ」（「本生経」）が作られ、さらに漢訳されて日本にも伝わっている。説話の内容は、月のウサギの物語やシビ王の物語などのように、釈尊の前世の姿である主人公が、他者のため、仏法のために己の命を捨てるという筋書きが多く、ジャータカの物語が、利他を強調する大乗仏教の成立にも影響を与えたとも言われている。また、釈迦本生譚は、インドの最初期から仏教美術の題材となり、また、イソップ寓話や『アラビアン・ナイト』にも影響を与えた。日本では、『今昔物語集』『宇治拾遺物語』などの仏教説話集に収められ、美術品としては玉虫厨子の両図が知られている。

さて、玉虫厨子の須弥座の向かって右側に描かれた「捨身飼虎」の物語は、『金光明最勝王経』捨身品などを典拠とする。それによれば、過去世に大車という国王がいて、末の摩訶薩埵をはじめ三人の息子をもっていた。ある日、兄たちと散歩をしていた薩埵王子がふと崖下の竹林を見ると、飢えた母虎と七匹の子虎の姿が目に入った。薩埵王子は、このままでは母虎が子を食べてしまう、虎たちにわが身を施そうと決意した。兄たちを先に帰した後で、着ていた衣を木の枝に掛けると、王子は崖下に身を投げた。最初は、虎たちが王子を食べなかったので、枯れた竹で自分の首を刺して血を出し、虎に血をなめさせた。それをきっかけに虎たちは王子の肉を食べ、最後に骨だけが残った。兄たちは王子が戻らないので探しに来たところ、その変わり果てた姿を見て嘆いた。この薩埵王子が、過去世の釈尊であったと、本生譚は結ばれるのである。玉虫厨子の「捨身飼虎図」では、上部に衣を木の枝に掛ける薩埵王子の姿、そのすぐ下に身を投げた王子の空中の姿、最下部に母子の虎に食べられる王子の姿という三つの印象的な場面が一つの図の中に表現されている。

　この話は、飢えた虎を救うために自らの身を施すという捨身行を語っている。捨身行とは、仏やその教えのために自らの体をなげうって供養したり、他者を救うために自己の身を施したりする行為を指し、それは、菩薩の自利利他の修行の内でも、最も困難な厳しい修行であるとされる。ここで注意すべきなのは、この捨身の行為は、単なる自己犠牲ではないということである。単なる自己犠牲という場合は、自己と他者とが截然と分離しており、その分離した他者のために自己を消滅させるということになるであろうが、捨身行の場合は、仏法の「空─縁起」の教えによる、自己と他者とは二元対立的に分離せずに、互いが互いに働きかけ合いつつ、互いが互いを成り立たせ合うという、相互相依の関係的成立が基盤にある。そのような場合、他者の喜びが自己の喜びとなり、また、他者の苦しみが自己の苦しみとなる。薩埵王子の場合が、まさにこれであり、母虎が子の虎を食べざるを得ない悲惨な苦しみを見て、それが自己の苦しみとして深刻に感じられたからこそ、とっさに崖下へと身を翻したのである。

　玉虫厨子の左の側面に描かれている「施身聞偈図」についても説明しておこう。これは『涅槃経』聖行品を典拠とする釈迦本生譚に基づく。それによると、過去世に釈尊が雪山童子《せっせんどうじ》と呼ばれる修行者であった時、「諸行無常《しょぎょうむじょう》　是生滅法《ぜしょうめつほう》」という言葉を羅刹《らせつ》（人食い鬼）が唱えるのを聞いた。この真実の教えに感動した童子は、これに続くべき偈の後半を聞かせてくれるように頼んだところ、羅刹はお前の体を食べさせてくれるならば聞かせてやろうと言った。童子はその条件を受け容れ、教えてもらったこの後半の言葉「生滅滅已《しょうめつめつい》　寂滅為楽《じゃくめついらく》」と併せて、偈の全体を石に刻み、後世の人たちがこれを知ることができるようにした。童子が、尊い真理を聞かせてくれたことに感謝して羅刹の口めがけて飛び降りようとした時に、羅刹は帝釈天（仏法を守護する最高神）の正体を現し、童子の捨身行を讃美したのである。

石に刻まれたこの偈は、「無常偈」と呼ばれ、「世界の全存在は、常に流動変化し生滅を繰り返しており、一瞬たりとも存在は同一性を保持できないから、存在への執着を止めることこそが寂滅の境地を体得することである」ということを意味する。存在が、永遠不滅の魂のような不変の本質を持たず、常に移り変わっていることを受け容れることが、この説話の捨身行と関わっている。自己と密接にかかわる、今、ここを越えて、今、こことつながる全存在（＝過去・現在・未来の一切衆生）と共にあるために、童子は、そのことを端的に教える偈を書き残し、その偈の延長上にある捨身の教えを自ら実践したということができるだろう。

仏教が日本に入ってきた最初期に、本生譚として示されたこれらの捨身行の説話は、仏教の教えを端的に表わす物語としてその後も広く語り継がれることとなった（平安時代の仏教説話集『三宝絵』上巻や、『梁塵秘抄』法文歌の「太子の身投げし夕暮に衣は掛けてき竹の葉に」の今様など）。また、『日本書紀』皇極紀には、聖徳太子の王子で上宮王家を継承した山背大兄王が、蘇我入鹿の軍勢に襲われ、体勢を立て直し反撃するように勧められた時に、確かにその通りにすれば勝てるだろうが、自分一身のために万民を煩わせるに忍びないとして「豈《あに》其の戦《たたかい》に勝之《かちし》後に、方《まさ》に丈夫《ますらお》言ふ哉《や》、夫《それ》身を損《す》てて国を固《かたむること》、亦《また》丈夫にあらじ歟《や》」と述べたと伝える。また、最後に斑鳩寺（法隆寺）でも同様の言葉を繰り返し、最後に「吾《わ》之《が》一身《ひとつのみ》を入鹿に賜らむ」と言って一族とともに自殺を遂げた。これらの山背大兄王の発言は、儒教的な民の煩労を避ける君主の心構えを表わすとともに、さらに強く、仏教的な捨身行を想起させる書き方になっている。とりわけ、一族の終焉の時にあたって、「五の色の幡蓋《はたきぬがさ》、種々《くさぐさ》の伎楽、空に照灼《てりかがや》きて、臨みて寺に垂れり。」とあり、中国六朝期の僧伝などで、捨身を成就した際に見られる奇瑞がここでも表れているのが注目される。

玉虫厨子は推古天皇の御物《ぎょぶつ》であったと寺には伝わるが、実際には七世紀中頃の作とされる。法隆寺金堂に安置されていたと伝える玉虫厨子の側面に描かれた捨身行の絵画を、山背大兄王が見たことがあったのかどうかは定かではないが、[2]少なくとも書紀作者は、王の行為を捨身行とを結び付けていたと言えそうである。

聖徳太子が講義し注釈をしたと伝えられる『勝鬘経』摂受《しょうじゅ》章では、勝鬘夫人が「摂受正法の為に三種の分を捨つ。何をか三と為す。身命財を謂う。」（大正一二・二一八c〜二一九a）とし、さらに、身を捨てることによって常住不壊の如来法身を得ることができると述べている。[3]身を捨てることをただ単に有限な自己が無くなることではなくて、むしろ無限の如来法身（仏の真実の身）に連なることであると捉えているのである。このような捨身行の解釈が、日本に本格的に仏教を導入した聖徳太子の後継者である、山背大兄王の死の描写の背後にあるということができるのではないだろうか。

4．『日本霊異記』について

因果応報譚

奈良時代末期から平安時代初期にかけて成立した『日本霊異記』は、正式名称を『日本国現報善悪霊異記』といい、奈良薬師寺の僧景戒によって編集された日本初の仏教説話集である。善因善（楽）果、悪因悪（苦）果の因果応報譚を中心に、全一一六話を、雄略天皇から嵯峨天皇の時代に至るまで年代順に並べており、古代日本の精神文化を生き生きと伝える貴重な資料となっている。『三宝絵』や『今昔物語集』など、それ以後の説話集にも大きな影響を与えた。著者景戒は、法相の教えに通じた僧であり、自身、低位ながら伝灯住位という僧位をもつ官僧であったが、『日本霊異記』説話に多くの私度僧（国家の公認を得ずに出家した僧）たちが登場し活躍することからも分かるように、民間布教に携わる私度僧たちとの関わりが深く、『日本霊異記』を著したのも、配下の私度僧たちが、「罪福因果」を説いて布教する際の種本にするためという側面もあったと考えられる。

「霊異」の射程

さて、『日本霊異記』は、その正式名称である正式名称『日本国現報善悪霊異記』からも分かるように、善因善（楽）果、悪因悪（苦）果の因果応報の理を語る。善因とされるのは、経典の受持や仏菩薩への信仰、僧侶への供養、戒律の遵守などでありそれによって現世での幸福が得られる。悪因とされるのは、盗みや殺生などの破戒や僧侶や動物への虐待などで、それによって悪死や没落、悪趣への生まれ変わりなどの悪果が生じる。これらの因果応報の実例をもって善を勧め、悪を戒め、因果応報の理の霊異性を説くのであるが、ここでは、このような霊異としての因果応報説の持つ射程を確認しておきたい。

仏教以前の土着的信仰においては、「霊異」は不可知の神の出現（＝たたり、原義は神が立ち現れるということ）として捉えられた。そして、その不可知の神の正体を見極め、それを慰撫するべく祭祀を行う者は、共同体の宗教的、政治的指導者であった。それに対して、因果とは本来、自業自得、すなわち自分のなした因の報いを自分が引き受けるのである。つまり、ここでは、「霊異」を受け止める主体が、共同体ではなく個人となっている。因果の理という考え方は、人間を、善悪を担う主体とした。つまり、個としての人間がここでクローズアップされてくる。『日本霊異記』の諸話を分析していくと、個的な願望充足を図るものとして仏教が捉えられており、それが『日本霊異記』の仏教理解の大きな特色となっている。個的な願望と関わるという点において、仏教は、日本思想史上で画期的な意味をもっている。仏教以前においては、個的願望は常に共同体的願望と重なり一体のものであった。個の幸福は、共同体の繁栄を前提としていた。しかし、仏教は、その出世間性、現世超越性ゆえに、共同体から切り離された個を析出した。個の願望に応え得るものとして仏教が提示されたということができよう。

注

1　「厩戸王」という呼称は史料には見られない、人為的に作られたものであること、また、歴史上の人物を後世の敬称で呼ぶことは珍しくはないことも、「聖徳太子」という呼称を用いることが適切であることを示していると考えられる。

2　天平一九年（七四七）の『法隆寺伽藍縁起并流記資財帳』からは、この時点で玉虫厨子が法隆寺金堂に安置されていたことが分かるが、皇極二年（六四三）に上宮王家一族が終焉の場として選んだ、焼失（六七〇年）する前の法隆寺に玉虫厨子が安置されていたのかどうか、また、そもそも法隆寺焼失前に玉虫厨子が作成されていたのかどうかは、定かではない。

3　なお、聖徳太子作と伝えられる『勝鬘経義疏』の解釈の部分には、「捨命と捨身とは皆是れ死なり。但し意を建つること異なるのみ。若し身を餓虎に投ずるが如きは、本捨身に在り、若し義士の危うきを見て命を授すは、意は捨命に在り」（大正五六・七c）と、捨身の例として「捨身飼虎」を挙げている。

学習課題

○仏教を受容したことによって、古代日本人のものの考え方がどのように変化したのか、具体例に即して考察する。

参考文献

家永三郎他『聖徳太子集』（日本思想大系2、岩波書店、一九七五）
石田尚豊編『聖徳太子事典』（柏書房、一九九七）
小島憲之他『日本書紀（2）』（新編　日本古典文学全集3、小学館、一九九六）
坂本太郎『聖徳太子』（人物叢書、吉川弘文館、一九七九）
佐藤正英『聖徳太子の仏法』（講談社現代新書、講談社、二〇〇四）
曽根正人『聖徳太子と飛鳥仏教』（歴史文化ライブラリー、吉川弘文館、二〇〇七）
中村元編『聖徳太子』（日本の名著2、中公バックス、中央公論社、一九九四）
中村元『決定版　中村元選集　別巻6　日本の思想Ⅱ　聖徳太子』（春秋社、一九九八）
中村元『決定版　中村元選集　別巻2　世界思想史Ⅱ　普遍思想』（春秋社、一九九九）
入部正純『日本霊異記の思想』（法蔵館、一九八八）
永藤靖『日本霊異記の新研究』（新典社、一九九六）

4 古代③ 平安仏教の展開

最澄と空海

《学習のポイント》 南都六宗と呼ばれる奈良仏教が大陸や半島の仏教を移植した都市仏教だったのに対し、日本的特性の色濃く見られる山岳仏教である平安仏教について、最澄と空海を中心として解説する。特に、彼らの生涯と思想の特色を検討する。

《キーワード》 南都六宗、天台宗、真言宗、山岳信仰、三一権実論争、大乗戒、即身成仏、曼荼羅

1．奈良仏教から平安仏教へ

国家仏教と民衆仏教

日本に伝来した仏教は、当初こそ伝統的神祇信仰との摩擦を生んだが、その後は、大きな抵抗にあうこともなく根付いていった。伝来最初期は、渡来人系の豪族や天皇家などを中心とした、治病などの現世利益や先祖崇拝と結びついた個人的信仰の色彩が強かったが、一大画期をなしたのが聖徳太子である。聖徳太子は、中国や朝鮮の国家仏教を学び、普遍志向をもつ仏教によって中央集権的な国家体制の精神的支柱を据えようとした。東アジアの歴史の流れからすると中央集権化と普遍宗教の導入はいわば必然であり、聖徳太子のような人物が歴史により要請されていたとも言える。

さて、聖徳太子の登場以降、仏教と国家との結びつきは密接なものになった。奈良時代における国家と仏教との関係は、一言でいうならば「統制の範囲内での保護」である。国家は、出家に際して国家の公認を不可欠とする度牒制を整備するとともに、僧尼令によって僧尼を主に鎮護国家のための儀礼執行者と位置づけ、自由な布教活動、遊行や私度を禁じた。他方、天武天皇が大安寺や薬師寺などの開基となり、さらに聖武天皇が奈良に東大寺の大仏を、地方に国分寺を建立し、『金光明最勝王経』などの護国経典読誦や大規模な写経を行わせた。仏法の力による鎮護国家を図ったのである。このように国家仏教が栄える一方、諸国遊歴して社会事業を行った道昭やその弟子行基に見られるように、民衆への仏教布教も盛んになった。彼らは、玄奘訳『喩伽師地論』の饒益有情戒に基づいて、大規模な社会事業をおこし菩薩として利他行を行ったものと考えられる。なお、道昭は、入唐して玄奘から法相宗を学び日本に初めて伝えた僧で、元興寺禅院で坐禅しながら入寂し、遺言により日本で初めて火葬に付されたと伝えられる。

南都六宗

さて、奈良時代は、南都六宗が栄え、大陸や半島の高度に発展した学問仏教を積極的に導入した。これらの宗派は「排他的な信仰の共同体」ではなく、学派とでもいうべき学僧集団であり、経典の学習に励むとともに、各種の修行も行っていた。以下に南都六宗のそれぞれの特徴を挙げておこう。

三論宗は、鳩摩羅什訳『中論』『十二門論』『百論』に依拠し「空」の思想を説く。隋末唐初、吉蔵が開いたもので、我が国には推古三三年（六二五）、吉蔵の弟子で高句麗出身の慧灌が伝え、入唐僧道慈が、大安寺流を開く。法相宗が伝えられるまでの間、飛鳥・白鳳時代の仏教界の主流をなした。その後も、元興寺、大安寺、西大寺、東大寺東南院を中心に発展し古代仏教の代表的な学匠を輩出する。『中論』等の研究に加えて、現世利益を与えるとされた『般若経』や『金光明経』の読誦や研究を熱心に行った。中世以降、教勢が衰え、現在は衰滅してしまった。なお、阿弥陀浄土を表した「智光曼荼羅」を考案した智光は、三論宗元興寺流開祖であり、空海は師と伝わる勤操を介して三論宗の系譜にも連なる。また、三論宗では口称念仏を重視しており、法然に影響を与えたとされている。

成実宗は、鳩摩羅什訳『成実論』（『倶舎論』が訳出されるまで仏教教理の綱要書とされた）に依拠し「空」の思想を説く。梁代に栄え、その後、日本に伝えられるが、日本では独立した一宗とはならず、三論宗に付属した寓宗とされた。

法相宗は、玄奘訳『喩伽師地論』『成唯識論』に依拠し、全存在が識より生起する様相を探求し阿頼耶識縁起を説く。玄奘の弟子基（慈恩大師）が開き、我が国には斉明天皇七年（六六一）、入唐僧道昭が伝え（元興寺伝、南寺伝。元興寺は三論宗と法相宗が共存する総合寺院であった）、後に入唐僧玄昉が伝えた（興福寺伝、北寺伝）。南都六宗の中で最も栄え、学匠を輩出し因明《いんみょう》研究も行われた。三論宗の依拠する中観思想と、法相宗の依拠する唯識思想は、インド以来ライバル関係にあり、日本でも論争を戦わせた。奈良の薬師寺、興福寺を本山とし、今日まで継承されている。

倶舎宗は、玄奘訳『倶舎論』に依拠した。法相宗と同じく道昭が伝え、法相宗の寓宗とされた。

律宗は、『四分律』や『梵網経』を中心に戒律研究を行った。我が国には、天平勝宝六年（七五四）、唐僧鑑真が一二年の艱難辛苦の末、来日して伝えた。東大寺、筑前観世音寺、下野薬師寺の三戒壇の設立により、日本でも正式の受戒儀式による得度が可能となった。なお律宗は、唐招提寺を本山として現在まで継承されている。

華厳宗は、釈迦の悟りの内容を表すとされる『華厳経』に依拠する。中国で法蔵が確立し、我が国には、天平八年（七三六）、唐僧道璿《どうせん》が、同一二年、「新羅学生」（新羅へ留学した学僧とも新羅人ともされる）の審祥が伝えた。全世界を毘盧遮那仏の顕現と見なす「一即一切、一切即一」の無尽縁起説に基づき、聖武天皇による大仏造立事業が遂行された。大乗仏教教理としては天台宗と並んで高度に体系化されたものであり、日本でも、この系統から明恵や凝然などの優れた思想家、学匠が輩出した。なお華厳宗は、東大寺を本山として今日まで継承されている。

以上のように、学問仏教、鎮護国家仏教として隆盛を極めた奈良仏教ではあったが、国家と仏教との密接すぎる関係が、僧の身でありながら人臣の最高位に就き、皇位すら狙った道鏡（?～七七二）のような存在を生み出してしまった。そこで、奈良仏教に代わる新たな仏教が求められ、最澄と空海が登場するのである。

南都六宗が、都を本拠地とし、中国から伝えられた教理を受容し理解することを主としていたのに対して、平安二宗と呼ばれる天台宗と真言宗とを確立した最澄や空海は、日本古来の山岳信仰を取り込みつつ、独自の仏教を発展させた。彼らはともに唐に留学し、中国ですでに高度に発達していた天台宗と真言教を日本に伝え広めたが、両者とも若年より山林で修行しており、後年比叡山と高野山という、都を遠く離れた地を本拠地とする教団を築き上げた。しかし、山岳を根拠地としたからといって、彼らが、世俗世界を全否定したわけではなかった。朝廷から積極的な保護を受けた彼らはともに、鎮護国家を仏教の大きな役割として認めており、また、朝廷、天皇や貴族のために密教の加持祈祷を行った。両者は、仏教によって世俗世界を補強することを主張したのである。

両者は、それぞれ、天台止観や三密修行によって、人間の意識の日常的限界を突破して、真理を直接的に体験することを目指したのであるが、そのことは、高踏的になって人間の現実を捨てることではなくて、むしろ、そこで得た智慧を生かしてこの世に交わり、この世の苦しみを救おうとすることであったと言えるだろう。

2．最澄の生涯と思想

最澄と比叡山

最澄（七六七〜八二二）は、近江国滋賀郡古市郷（一説に大友郷）に渡来系氏族の子として生まれた。一二歳の時に近江国分寺に入り、一九歳の時、東大寺戒壇で具足戒（正式な僧侶となるための二五〇戒）を受けた。当時の規定によれば、東大寺で受戒した僧はそこに六ヶ月留まって戒律について勉強した後、それぞれの師僧の下に赴くことになっていた。しかし最澄はその規定に背いて東大寺を去り、国分寺にも戻らなかった。最澄は、約束された官僧としてのエリートコースから外れ、比叡山に登り、その後、十数年に渡り山林修行を続けた。

さて、最澄が修行をした比叡山は、古来、神聖な山とされていた。『古事記』にも「日枝山《ひえのやま》」（比叡山一部である八王子山）に大山咋神《おおやまくいのかみ》が鎮座するという記事がある。「日枝山」の山頂には「金《こがね》大巌《おおいわ》」と呼ばれる高さ約一〇メートルのほぼ五角形の巨岩があり、古代信仰の磐座（神が降臨する依代）だと考えられている。またそこには麓の日吉大社の奥宮が建立されている。後に、最澄が比叡山に延暦寺を建立した際には、最澄が留学した中国天台山で祀られていた、道教の神仙「山王元《さんのうげん》弼真君《ひっしんくん》」に倣って、上述の大山咋神をはじめとする日吉社の神々を山王と呼んで、天台宗の護法神とした。つまり、最澄は天台宗と併せて神仏習合をも中国から学びそれを日本に当てはめたのである。そして、山王社、日吉（日枝）社は、天台宗の隆盛とともに全国に広がり、鎌倉時代には、仏教優位の神仏習合思想に基づく山王神道が発展し、真言宗の両部神道と並んで中世の代表的な神道説となったのである。

さて、以上略説したように、比叡山は古来、神聖な山とみなされていた。このような信仰の背後には、日本人が古くから抱いてきた山中他界説がある。山中他界説、すなわち死者の魂が死後に山に登りそこに留まる、また、山には神霊や祖霊、妖怪など不可思議で神秘的な存在が住むなどという考え方は、今でも広く見られる（山から採ってきた盆花を盆棚に飾る、檀那寺とは別に高野山にも遺骨を納める習慣など）。このような山に対する神聖視は、日本の宗教思想の伝統である。古来、日本人にとって山は聖なる場所であり、そこで修行をすることで、カリスマ的な力を身に着けられると信じられてきた。

仏教が日本に伝来して以降も、それは変わらない。山に籠って修行した仏教者たちは、一定期間の後に山から下りて来て、俗世に暮らす人々に対して、験力《げんりき》としてその力を示しつつ、教えを説き勧進を行った。そして、彼らは、また山に戻って山岳修行を行い、さらにその力を増大させた。このような往還は、「自利行」と並んで「利他行」を説いた大乗仏教の行（実践）でもある。「自利行」である山岳修行による験力獲得と、「利他行」である民衆救済とは、密接に関わっているのである。

このような山と里との往還は、民間の宗教者だけではなく、最澄の場合にも顕著に見られる。最澄は、その著である『山家学生式』の中で比叡山での籠山修行の重要性を訴えている。それと同時に、最澄はあらゆる人が仏に成れるという『法華経』の教えを人々に説き、さらに『法華経』をはじめとする大乗の教えによる国家守護をも説いた。「自利」と「利他」は、比叡山という古来の聖地を舞台にして、最澄によってダイナミックに展開され、それが日本仏教の実践の一つの方向性――山で修行して自らのパワーを充実させ、山を下りて世俗の人々を救おうとする行為の反復――を定めたといっても過言ではないだろう。

さて、比叡山での最澄は、山に籠り大蔵経を読破し、鑑真がもたらした天台典籍を学んだ。「僧尼令」第一三禅行条において国家の許しを得ない山林修行は禁じられており、最澄が正規の手続きをとって山林修行をはじめたのかどうかは定かではないが、どちらにしても、官僧としての通常のコースを外れたことに変わりはないだろう。また、坐禅瞑想についても、天台智顗『摩訶止観』などを手がかりに独自に修行を深めていった。入山三年後には、北谷において自刻の等身の薬師如来を本尊として、「一乗止観院」と称する草庵（後の根本中堂）を結び、現在まで途切れずに続く不滅の法灯を掲げたと伝えられる。このころ詠んだ和歌として「阿耨多羅《あのくたら》　三藐三《さんみゃくさん》菩提《ぼだい》の　仏たち　我が立つ杣《そま》に　冥加《みょうが》あらせ給え」「明《あき》らけく　のちの仏の　み世までも　光りつたえよ　法のともしび」が伝えられている。

こうして入山後、十数年に渡り、最澄は山を下りず修行に専念した。坐禅の合間に草した願文では、自己を「愚が中の極愚、狂《おう》が中の極狂、塵禿の有情、低下の最澄」と規定しつつも、自分は「六根相似の位」に至るまでは世俗に交わらずにひたすら修行に励むが、もしその位に至ったならば、自分一人だけで悟るのではなくて、広く六道（天・人間・修羅・畜生・餓鬼・地獄）に入り、衆生を救済しようと誓っている。「六根相似の位」とは、天台宗の修行の階梯である六即の位（理即・名字即・観行即・相似即・分真即・究竟即）のうちの第四番目の相似即であり、その位では、眼・耳・鼻・舌・身の身体的五根と第六の意根つまり自己の身心のすべて（六根）が執着を離れて清浄になる。修行がこの段階に達すれば、世間に交わっても煩悩を起こすことがなくなるから、積極的に俗世に働きかけ救済を実現することも可能になる。山に籠る修行と山から出て他者を救済する実践という大乗の自利利他行がここから読み取れる。

日本天台宗の確立と密教

一心に山林修行に励む最澄の評判は宮中にも達し、延暦一六年（七九七）、三一歳の時には、「内供奉十禅師」（宮中の内道場に仕える一〇名の禅定修行に優れた高僧）に任命された。政治と癒着する南都仏教のあり方に批判的であった桓武天皇は、南都の諸大寺の平安京への移転を許さなかったが、仏教と全く疎遠になる意図はなく、清新な仏教を求めて、最澄に期待をかけた。延暦二一年（八〇二）、最澄が、天台教学興隆のため僧を中国に派遣することを願い出たところ、還学生《げんがくしょう》（短期留学生）として自ら入唐するようにと桓武天皇から勅命を受けた。延暦二三年（八〇四）秋には入唐し、天台山で、湛然《たんねん》の弟子の道邃《どうずい》（天台山禅林寺・天台座主）と行満について天台教学を学んだ。さらに道邃から大乗菩薩戒を受け、翛然《しゅくねん》から禅、順暁《じゅんぎょう》から密教を相承した。これを「四種相承」（円・禅・戒・密）というが、そのうち密教は不十分な相承に過ぎず、それ故帰国後、同時期に入唐し正式な灌頂を受けた空海の教えを受けることになった。

さて、最澄は、滞在わずか九ヶ月程で帰途についた。帰国当時、最澄の最大の理解者であった桓武天皇は病床にあり、最澄は宮中で天皇の病気平癒の祈祷を行った。病気平癒の祈祷は仏教伝来当初より行われており、このころも盛んに行われていた。また、最澄は勅によって高雄山で灌頂を行なった（日本初の密教灌頂）。これらのことが物語っているように、平安時代の仏教は、奈良時代から引き続いて、その儀礼的呪術力によって、現世安穏を達成することを期待されていた。特に、最澄や空海によって本格的に導入された密教の加持祈祷は、壮大な思想体系に裏付けられた儀礼の新奇さや荘厳さによって、天皇や皇族、貴族の心を捉えた。

帰国翌年の大同元年（八〇六）、四〇歳の時、最澄は、自らの奉じる天台宗が新たな宗派として公認されるよう盛んに運動した。その一環として、各宗の年間出家公認数である年分度者の割り当て数を、天台宗を加えて変更することを求め上表した。この請願は、一ヶ月もたたないうちに異例の早さで認められ、天台業二人（止観業［天台］一人、遮那業［密教］一人）が割り当てられることとなった。これをもって日本天台宗の開宗とする。しかし、その直後、最大の後ろ盾であった桓武天皇が崩御し、これまで順調だった最澄の将来に、暗雲がたちこめるようになった。太政官符により認められたにも関わらず、年分度者を四年間出すことができず、八一〇年に四年分ということで八人が出家したが、そのうち一人は亡くなり、あとの六人は、奈良に具足戒を受けに行ったきり戻らず、法相宗などに転向してしまい、結局、天台宗に残ったのはたった一人だった。この苦い体験は、最澄に、南都戒壇からの独立の必要性を痛感させ、後の大乗戒壇設立運動のひとつの契機となったと考えられている。

先述のように最澄は、自分が不十分なかたちでしか中国で学べなかった密教を、帰国後に空海から学んだ。最澄は、次々に経典を空海より借覧して熱心に密教を学び、弟子の泰範らとともに金剛界灌頂と胎蔵（界）灌頂を受けた。最澄は、最高の灌頂である伝法灌頂をも受けることを求めたが、空海は、実践がともなっておらず動機が不明であると許さなかった。空海が密教を最高のものとして顕教に優越させる立場であったのに対して、最澄の方は、あくまで天台教学を中心としつつそこに密教を取り込もうという立場を堅持し、密教の位置付けの点で両者は相容れなかったのである。密教理解をめぐって大きく食い違う両者の交流は、長くは続かず、最澄が密教を学ばせるために空海の下に派遣した弟子泰範が最澄に離反して空海の弟子になってしまった事件（八一三年）などもあって、最終的には絶交するに至った。

三一権実論争

最澄と法相宗の学僧である会津の徳一《とくいつ》とは、一乗思想と三乗思想のどちらが真実の教えかをめぐって、三一権実《さんいちごんじつ》論争を戦わせた。「三」とは三乗、「一」とは一乗を、「権」とは仮、「実」とは真実を表す。三乗とは、声聞乗、縁覚乗、菩薩乗であり、このうち声聞乗とは釈迦の説法を聞いて悟る弟子であり、縁覚乗とは単独で修行して悟る弟子であり、両者ともに大乗の立場からは、利他を欠いた小乗である。それに対して菩薩乗とは大乗の利他精神に基づく修行者である。『法華経』によると、仏の教えは三乗に分かれているが、これはあくまでも多様な機根の人々をそれぞれに導くための方便であって、それなりの存在意義はあるものの、最終的には、一乗の教えに帰す。この『法華経』の教えを唯一絶対の真実として、一切のものが一乗真実に帰し、成仏可能であると捉えるのが天台宗の立場である。それに対して法相宗は、五性（姓）各別を説き、声聞定性、縁覚定性、菩薩定性、不定性（まだどの性になるのか決まってない者）、無性（救いに全く与ることのできない悪人）はそれぞれ別のものであり、『法華経』の一乗説は、せいぜい不定性のものを導く方便（権）であるに過ぎないし、また、声聞乗と縁覚乗とは不成仏であると主張する。
『法華経』の一乗思想を宣揚して、すべての人が成仏し得ると主張する最澄にとっては、生まれ付き成仏不可能な者がいると説く徳一の説は、到底容認できるものではなかった。論争では、まず、徳一が『仏性抄』を著して最澄を論難し、最澄は『守護国界章』『法華秀句』などを著し徳一を批判し、結局は決着が付かなかった。このような三乗と一乗をめぐる法相宗と天台宗の争いは、すでに中国においても盛んに行なわれており、徳一と最澄はそれを日本において再現したことになる。

大乗戒壇設立運動

三一権実論争と並んで、最澄の思想として注目されるのが、その単受大乗戒の主張である。弘仁九年（八一八）、最澄は、大乗戒壇設立を目指し、自ら具足戒の破棄を宣言し、比叡山に大乗戒壇を建立する決意を表明した。そして、それに引き続いて『山家学生式《さんげがくしょうしき》』を定めて、「菩薩僧」の受戒や修行の在り方を規定した。そのうちの「八条式」に次のように言う。

凡そ、此の宗、得業《とくごう》の者、得度の年、即ち大戒を受けしむ。大戒を受け竟《おわ》らば、一十二年、山門を出でず、勤めて修学せしめん。（中略）草庵を房と為し、竹葉を座と為し、生を軽んじ、法を重んじ、法をして久住せしめ、国家を守護せん。

ここでは、天台宗で修学する者には、得度の年に大乗菩薩戒を受けさせ、その後は一二年間比叡山に籠らせて、清貧の内に修行、学問をさせると規定されている。なお、「六条式」では、一二年間の籠山修行が終わると、その成果によって国宝、国師、国用の菩薩僧に分かれ、それぞれに大乗の行に励むべきとされた。[1]

さて、最澄が主張している大乗戒について補足しておこう。当時、大乗仏教においても、出家にあたっては小乗仏教以来の具足戒（二五〇戒など）を、「三師七証」と呼ばれる一〇人の僧侶の前で誓って出家することになっていた。それは、インドから南アジア、東アジアへと仏教が広まったどの地域でも共通であった。大乗仏教が成立すると、大乗の精神に基づいた大乗（菩薩）戒も考案されたが、それにしても大小兼受であった。具足戒が僧侶の修行生活を細かに規定する具体的規範であったのに対して、大乗戒は、具体的規範を網羅したものではなく、抽象的な精神を説いた条項も多く、大乗戒だけでは僧侶の禁欲的修行生活を規制できなかったのである。

そのような中で、最澄は単受大乗戒、すなわち、具足戒を受けずに大乗菩薩戒だけを受ければよいと主張した。このような主張は、極めて異例のものである。それ故、南都仏教側からの大きな批判を呼び、激しい論争が繰り広げられた。最澄生涯の悲願である大乗戒壇設立は、弘仁一三年、最澄の没後七日目に勅許された。日本では、この後、単受大乗戒が、天台宗のみならず広まっていった。その意味で、最澄は日本仏教の方向性を決めたといえよう。（最澄においては、単受大乗戒は一二年間の清貧に徹した修行とセットになっており、当初それが守られているうちは、問題はなかったが、後には、大きな弊害を生むことになった。）

さて、以上のように、最澄は単受大乗戒の菩薩僧育成をめざしたが、これは南都仏教からの独立をも意味していた。単受大乗戒の方式を取ることで、これまでのように僧綱（僧を管理する僧官、僧正、僧都、律師で法相宗・三論宗の僧が就任）を経ずに天台宗の側から直接に国に対して得度、受戒を請願することが可能となった。さらに、天台宗の僧は、これまでのように民部省所轄の俗人の戸籍から治部省所轄の僧籍へと戸籍を移すのではなく、民部省所轄の俗籍に「仏子」とのみ書き込むことにした。これにより、天台宗の年分度者の枠で得度授戒した僧侶が、他宗へ転じることが不可能になった（僧籍がなければ他宗への転向は不可能）。以上のような方法で、天台宗では南都仏教からの独立を果たしたのである。

さて、思想的最盛期を他宗との論争の中に過ごした最澄は、著した書物も基本的には論争の書ばかりであり、空海の『十住心論』、道元の『正法眼蔵』、法然の『選択本願念仏集』、親鸞の『教行信証』などのような深い思索を体系化した著作はない。それは空海が真言宗の体系を完成させ、空海以後は、わずかに念仏との習合が付け加わったにすぎないのとは対照的である。そして、その体系的完成度の高さ故に、空海以後、大きな教学的展開がなかった真言宗に比べて、最澄が「四種相承」の上に四種三昧として念仏をも取り入れ総合的仏教を目指しつつも、教学の体系化が叶わなかった天台宗の方は、その後、源信、法然、親鸞、道元、日蓮などさまざまな祖師が比叡山に登り、その学問的伝統を母胎として自らの独自の仏教を切り拓いていったのである。

3．空海の生涯と思想

山林修行と留学

真言宗の開祖である空海（七七四～八三五）は、讃岐国多度郡の生まれ、豪族佐伯氏の出身である。一五歳の時、母方の伯父阿刀大足《あとのおおたし》に従って上京し、最初は官僚を目指して大学明経科に入るが、途中で仏教に心を惹かれ中退し、虚空蔵求聞持法《こくうぞうぐもんじほう》などを学び、伊予、土佐など各地の山岳で修行を積んだと伝えられている。前述の最澄と同様に、空海もまた、日本の宗教伝統である山岳信仰の下で、山林修行を行っていたものと思われる。延暦一六年（七九七）、空海は、自らの思想遍歴をもとに、四六駢儷体《しろくべんれいたい》（四字句、六字句を基に対句や典故を多用する華美な文体）で『三教指帰《さんごうしいき》』（『聾瞽指帰《ろうこしいき》』）を著した。本書は、仏教・儒教・道教の優劣を対話形式で検討する比較思想の書であり、大乗仏教が最も優れていると結論付ける。

空海は、当時、日本に散発的に入っていた密教の教えを学んだ。密教とは、大日如来が説いたといわれる深密秘奥の教えであり、インド土着の現世利益的呪術を取り入れつつ、大乗仏教の哲学に基づき即身成仏を説く教えでもある。密教の奥義を本場で極めるために、延暦二三年（八〇四）、空海は、二〇年滞在予定の留学生として遣唐使に加わった。ちなみにその時の遣唐使には最澄も参加していたが、立場も異なり、また乗った船も異なっているので、留学中には両者の面識はなかったとされている。最澄は官僧であり、通訳も連れ、桓武天皇の外護を受けた恵まれた立場での短期留学であったのに対して、空海は入唐直前に東大寺で具足戒を受けたとはいえ、長い期間を私度僧として過ごしてきた無名の僧に過ぎないという、対照的な立場であった。彼らはともに山林修行を長年行ってきているが、最澄が比叡山に籠り続けたのに対して、空海は各地を遊行し民衆とも直接交流を行っていたものと考えられる。（後年、民衆の間に空海に対する弘法大師信仰が盛んになり、空海の事跡を巡る四国八十八ヶ所巡礼が盛んになったり、各地に弘法大師にまつわる伝説が残されたりしているが、これも空海と民衆との深い結びつきに端を発していると言えよう。）

長安に到着した空海は、当代随一の真言密教の学僧であった青竜寺《せいりゅうじ》の恵果阿闍梨《けいかあじゃり》から、その才能を認められ、伝法潅頂《かんじょう》を受け密教の奥義を授かった。空海は、密教関連の多くの経論に加え、密教儀礼に必要な法具や各種曼荼羅なども入手すると、二〇年の留学予定を二年に短縮して大同元年（八〇六）に帰国した。帰国にあたっては、長安の僧や文人らと離別の詩を交換しており、空海の幅広い交友と文学的才能が窺われる。

帰国後の活躍

帰国後の空海は、密教を日本に根付かせるために活躍した。嵯峨天皇の厚い信任を受けて、弘仁七年（八一六）、四三歳の時に高野山金剛峯寺に真言密教の根拠地を築き、修行の根本道場とするとともに、弘仁一四年（八二三）、五〇歳の時には東寺（教王護国寺）を勅賜され、鎮護国家の根本道場とした。晩年には大僧都にまで昇り、宮中に開創した真言院では、後七日御修法《ごしちにちのみしほ》（毎年正月八日～一四日に玉体安穏・国家隆昌・五穀豊穣・万民豊楽を祈願する儀礼、現在は東寺灌頂院で行われる）を行い、真言密教を鎮護国家仏教として確立した。

また東大寺別当を兼ね、日本初の庶民の教育機関である綜芸種智院《しゅげいしゅちいん》の創設や、讃岐の満濃池の修築などの社会事業を行い、『性霊集』『文鏡秘府論』などの漢詩集、詩論集を著し、書では嵯峨天皇、橘 逸勢《たちばなのはやなり》とともに三筆として知られるなど、多方面に才能を発揮し、承和二年（八三五）、高野山奥の院にて入定した。没年には、年分度者三名も獲得して、真言宗の地位を盤石なものにした。

即身成仏と曼荼羅の思想

空海の思想の中でもとりわけ重要な、即身成仏と曼荼羅の思想について説明しておこう。

即身成仏とは、この身のままで究極の悟りを得ることである。これは、顕教（密教以外の教え）が、何度も生まれ変わり修行し続けた末にようやく成仏できるという、三劫成仏を説くのとは対照的であるとされる。即身成仏にあたっては、三密修行といって身口意における修行が重視される。三密とは、本来、仏の身口意の働きを指すが（無相の三密）、修行者がそれを自らの身口意において顕現するとされた（有相の三密）。そのために修行者は、手に印契を結び、口に真言（マントラ）を唱え、心に本尊を念ずる必要がある。それらの三密修行を通じて、仏と衆生は感応道交し、一体のものとなり、現世において父母所生のこの身のままで成仏できる。そして、即身成仏を遂げた者は、仏として衆生教化、救済を行うことになる。密教は、呪術的な儀礼によって知られているが、このような儀礼が最終的に目指すものは、生きとし生けるものすべての幸福なのである。

次に、空海の即身成仏思想について、その著『即身成仏義』の有名な一節を取り上げて、さらに詳しく見ておこう。

六大無礙にして常に喩伽なり。／四種曼荼各離れず。／三密加持すれば速疾に顕わる。／重重帝網なるを即身と名づく。

この四句を通じて、空海は、即身成仏する真言の行者の身について説明している。空海は、まず、衆生を成立せしめる、六大という構成要素（地・水・火・風・空・識）によって、真理世界も成り立っているとする。つまり、真理世界とは、衆生にとって遠くはるかな、今ここを断絶した世界ではなくて、自ら身心を転換すればすぐに成就できる世界なのである。

そして、そのような真理世界を象徴的に表したものが曼荼羅である。曼荼羅には、本尊の尊容を描く大曼荼羅、諸尊の誓願を象徴する法具を描く三昧耶曼荼羅、諸仏を象徴する梵字を描く法曼荼羅、諸仏の行為を描く羯磨曼荼羅の四種類があり、それぞれが、真理の世界を具現したものとなっている。

この真理の表現である曼荼羅を介して、行者が、三密加持（行者の三密が仏の三密と一体化すること）を行うと、速やかに真理世界が現れる。帝釈天の宮殿に張り巡らされた網に付いている無数の珠が、互いに互いを際限なく映し合っているように、三密加持において、自己と世界の諸事物が相互相依しつつ関係しあう。「即身」とは、自分のこの身であると同時に、世界全体と相互相依し合い、自他不二、一体となっているという意味で、世界大の身でもあるのだ。真理世界の構成要素と自己の身心の構成要素とが同じであるということは、この身がすでに本来的に全世界の全存在と関係し合い、一体となっているということを意味する。その本来的世界を基盤として、行者が三密修行をなして、本来的世界を自覚的に顕現するのである。ここには、本来あるところものを回帰的に成就するという、日本仏教の基本構造が見て取れるのである。

さて、曼荼（陀）羅とは、仏の悟りの世界を、仏菩薩を体系的に配置することで、視覚的に表わしたものである。中央には、真言密教の本尊であり、諸仏諸菩薩をすべて包含する大日如来がいる。曼荼羅はインドでは、数重の土壇に諸尊を配置した立体的なものであったが、中国や日本では、平面的な図にして、修行や儀式の際に道場に掛けたり敷いたりされた。曼荼羅の中では、すべての仏菩薩が大日如来を中心として結びつき、密接に相互相依しつつ調和的に統合されている。それは、大乗仏教の根幹である空—縁起の世界を色あざやかな象徴的世界として示したものである。曼荼羅には仏菩薩以外にも天や悪鬼（荼吉尼天《だきにてん》）までも描かれ、すべてのものがその本来性において肯定され、場を与えられるという考え方を表わしている。

このように、あらゆる存在を否定せず、究極的立場から肯定するという、空海の曼陀羅的思惟をよく示すのが、他教や他宗に対する位置付けである。空海は、その処女作『三教指帰』においては、儒教や道教に対する仏教の優越性を、『弁顕密二教論』においては、密教の顕教に対する優越性を、また主著である『十住心論』においては、儒教、道教、小乗仏教、諸々の大乗仏教に対する密教の優越性を説いたのであるが、空海は密教以外の教えを全否定したわけではない。それぞれの限界を認めつつそれぞれを、密教を頂点とする思想体系の中に位置付けており、それは、あらゆるものがその存在意義を肯定され場を与えられる「曼荼羅」的な思惟方法を示していると考えられる。

『十住心論』の中で空海は、人間の心の発展段階を、「異生羝羊心《いしょうていようしん》」（煩悩のままに生きる段階）から「秘密荘厳心」（即身成仏を実現する真言宗の段階）まで、一〇段階に分けて説明する。これに関して、後代の弟子たちは空海の真意を現わさんとして種々の解釈を行ったが、中でも代表的な解釈によれば、この諸段階の関係はまず、「九顕一密」と考えられる。つまり第一段階から第九段階までは顕教であり、それらすべての上に密教があるとする立場である。その上でより高次の解釈として「九顕十密」が主張される。つまり、第一〇段階のみが密教なのではなくて、より深い立場から見れば、それ以前の段階のすべてに既に密教の真理世界がそなわっており、そのままで密教の悟りを表わしているという。このような考え方からすれば、世俗世界の中に既に真理世界があらわれているということになる。これは、現実を絶対肯定する思想でもある。

空海によって開かれた密教は東密と呼ばれ、天台宗の中で発達した密教である台密と並んで、中世の宗教的世界の正統派たる、いわゆる顕密仏教を形作った。そこでは王法（世俗）と仏法の相即が主張され、世俗世界も真理の現れとして肯定される。このような顕密仏教は、そもそも仏教がもっていた現世否定的傾向とは明らかに違う方向性を示しているが、聖徳太子以来、仏教の真理の現実世界における実現を重視した日本においては、抵抗なく根付いていったのである。

注

1　言葉も実践も優れた最も卓越した天台宗の菩薩僧である「国宝」については、最澄の「一隅を照す（照于一隅）、此れ則ち国宝なり」という言葉が有名であるが、近年、最澄の真筆に即するならば「千を照らし一隅（を守る）（照千一隅）」すなわち、「広く千里を照らして四隅の一つ一つを守る」ではないかとの説が唱えられている。確かに、典拠的にも「照千一隅」の方が自然である。ただし、現在一般に知られているように「一隅を照す」と読み、「どのように非力な人間でも、自分が今いる場所で力を尽くすことで自分なりに社会や他人の為になることができる」という解釈も、最澄が説いた、あらゆる人が成仏できるという「法華一乗」の教えに沿ったものと言える。その意味で、このような読み替えがまったく無意味であるとはいえず、むしろ、選ばれたエリート修行僧が千里を照らすというよりも、本来の一乗の教えに沿ったものという理解も可能と言えよう。

学習課題

○最澄と空海の思想の特徴とその後世への影響を、戒律思想や曼荼羅的思惟などを手掛かりとして検討する。

参考文献

大久保良峻『伝教大師　最澄』（法藏館、二〇二一）
高木訷元『空海入門　本源への回帰』（新装版、法藏館、二〇一五）
竹内信夫『空海の思想』（ちくま新書、筑摩書房、二〇一四）
福永光司編『最澄・空海』（日本の名著3、中公バックス、中央公論社、一九八三）
松長有慶『密教』（岩波新書、岩波書店、一九九一）
宮坂宥勝、福田亮成『空海コレクション　1〜4』（ちくま学芸文庫、筑摩書房、二〇〇四、二〇一三）
師　茂樹『最澄と徳一　仏教史上最大の対決』（岩波新書、岩波書店、二〇二一）
頼富本宏『密教とマンダラ』（講談社学術文庫、講談社、二〇一四）
渡辺照宏、宮坂宥勝『沙門空海』（筑摩叢書、筑摩書房、一九六七／ちくま学芸文庫、筑摩書房、一九九三）

5　古代④　歌と物語の世界

《学習のポイント》　日本の伝統的な思想を考えるにあたっては、宗教者や思想家が自らの教えを記した文章と並んで文学作品が重要な意味を持つ。本章においては、文学作品の中でも歌と物語を取り上げて、そこから読み取れる日本人の伝統的な生き方やものの見方について検討する。

《キーワード》　『万葉集』、額田王、柿本人麻呂、大伴家持、無常観と無常感

1.『万葉集』の世界

歌の発生

文学を含めて芸術の発生については、古代の祭祀がその重要な場であったとする見方が有力である。たとえば、祭祀においては、神が自らの来歴、すなわち神が神である所以《ゆえん》を語り、また、共同体の人々に対して諭しを与える。他方、神に対して、人々は、共同体の繁栄と除災を祈願し、捧げものをしたり、踊ったり歌ったりして神の心を和らげ恵みを引き出そうとする。後に、文学や芸能・芸術に分化し、独自に発展しそれぞれ独立していく、その大元にあるのがまさにこの祭祀なのである。

神の来歴を告げ人々を諭す言葉も、人々が神に捧げる言葉も、両者ともに、日常の言葉とは違う、一定のリズムや旋律、押韻、対語、繰り返し等を持った言葉である。このような神が人に与えたり、人が神に奏上したりする言葉としては、現在、「のりと」（祝詞）が知られている。「のりと」の語源は、「宣《の》る」（祭祀的に重大なことを言う）から派生した「のり」と「言《こと》」（言葉）、または「のり」と「戸」（呪的な事柄につける接尾語）であるとされている。

「のりと」には、宣命体と奏上体があり、宣命体が、神が人に対して「のる」のに対して、奏上体は、人が神に対して申し上げる形となる。また、神への奏上の詞章としては「よごと」があり、「よごと」は、よきことであり、よき言葉を発すればよき事が起こると古代人は考えていた。「こと」（言）と「こと」（事）とが一致するというこのような考え方を、「言霊」信仰という。古代日本人は、言葉には霊力が宿っていて、言葉に表現したことは、言葉に宿る霊力の働きによって、現実に実現すると考えていた。とりわけ、祭祀儀礼の際に、このような言霊信仰が発揮された。このような考え方は、古代だけではなくて現在でも見ることができる（忌み詞など）。

さて、沖縄や先島諸島の祭りでは、祭司が、神の一人称で「村立て」（共同体の創建）の神謡を歌う習わしがある。たとえば、宮古島狩俣の「祓《はら》い声《ぐい》」では、神が良い井戸を求めてさまよい、最後によい「シとぅギみず、いノイみず」（しとぎ水、祈り水：神事に使う水）を得られる磯井を発見しそこに「村立て」をしたという故事が歌われる。この神謡は、神という共同体の外部から降臨する存在によって、村落共同体がアイデンティティを与えられることを語っている。（ちなみに、この磯井の水は現在でも祭礼に使われており、儀礼において始原の水に回帰する。）

沖縄に限らず、本土でも、神が外部からやってきて村を作ったり、村を祝福したりする神話や伝説、昔話が数多く伝承されている。村落共同体が一つの内部として成り立つためには、外部の存在が降臨する必要がある。構造として示すならば、これは、神の降臨によって、共同体の内部と外部とが分節化するということである。事実としては、たとえば、良井の周りに何時とはなしに人々が棲みついたということだったのかもしれないが、そのようにしてできた集団は、他の集団との接触等を通じて、「われわれ」という一つのまとまりであることを必要とする段階が来る。この段階において、原初の神が外部に要請されるのである。このような外部からやってくる神のことを、日本の民俗学の確立者の一人である折口信夫は、「まれびと」の神と呼んでいる。「まれびと」とは、客人のことで、山の彼方、海の彼方、空の彼方などの他界から、人々の暮らすこの世界に降臨する神を意味する。狩俣では、外部からやってきた神は、まず神として名乗り、定型的なリズムとメロディに乗せて「村立て」、すなわち、共同体の確立を宣言するのである。

原初においてあったとされる神の降臨を、定期的に繰り返し再現するこのような儀礼において、神から人間に与えられる言葉は、日常生活で使用するのとは違う技巧的な言葉であり――たとえば、繰り返し、対句、押韻、枕詞、序詞など（繰り返していくうちに神がかる）――であり、また、神に対して申し上げる言葉も、また、同様の非日常的な言葉であった。そして、このような非日常的言葉によって保存される原初の記憶が、共同体としてのアイデンティティの支えとなる。

神から下された言葉も、神に捧げた言葉も、神の出現と願いに応じて与えられた恵みの記憶として共同体内において代々伝えられ、祭祀儀礼の中で反芻され、整えられつつ繰り返されていく。このような伝承こそが後の和歌の母胎になったということができるだろう。

共同体内に伝えられていたこのような韻文の歌謡（神謡）は、その後、古代の貴族社会の中に吸い上げられ、宮中をはじめ各種の儀礼や宴会などで歌われるようになった。その過程で、新作が作られるようになるとともに、皇族、貴族、官僚層によって、自己の内面の個的な感情や感慨を吐露するために歌が作られるようになっていった。つまり、特定の作者のいない、共同体内で口承によって伝えられ共有される歌謡から、創作意図に基づいて特定の作者によって書かれる歌（短歌／和歌）へと、脱皮がはかられたということができる。

このような歌の個人化、個性化、内面化の背景としては、当時の社会的な状況がまず考えられるだろう。当時の日本社会は、村落共同体を核とする氏族社会から、天皇を中心とした中央集権的国家の確立へという大きな変化の過程にあった。村落共同体の中では、自己と共同体とは分裂しておらず、共同体の繁栄が自己の幸福に直結していた。そこで歌われる歌謡は、特定の作者を持たない、共同体全体で伝承、保持するものであった。

他方、中国にならって建てられた律令制国家においては、村落共同体は国家の統治体制に組み込まれ、一人一人は戸籍によって管理されることになった。都が作られ、そこで暮らす貴族たちは、村落共同体の生活、すなわち、自然と密接な関係をもった生活からは離れて、自然と相対的に距離をおいた人工的な都市環境の中で、外来の文化を享受した。外来文化の中には、個としての感覚や感情を歌う漢詩があり、また人間を、個を単位とした因果応報の連鎖の中で捉えた上で、個としての救済を説く仏教の教えがあった。これらの影響の下で、人は、共同体とは距離をもった存在としての、そして、固有の感覚や感情を持つ一回的な存在としての「われ」、共同体からはみ出る個性としての「われ」を発見し、それを歌という、伝承された定型によって表現しはじめたということができるだろう。

わが国現存最古の歌集である『万葉集』は、まさに、集団的な歌謡が、個性の表現としての歌へと発展し、共同体から相対的に独立した自己による個的感情の表現が開始されるその過程を示す、その意味で民族がただ一回だけ持つことのできた稀有な作品ということができる。次節では、『万葉集』の歌を手がかりとして、その過程についてさらに検討してみたい。

『万葉集』について

『万葉集』は、全二〇巻の中に、四五〇〇余首の歌を収める。七世紀の宮廷社会に起こった短歌（五七五七七）を中心として、主に宮廷儀礼に用いられた長歌（五七五七……五七七）の他に旋頭歌（五七七五七七）や仏足石歌（五七五七七七）をはじめ多様な形式が見られ、いずれも、漢字の音訓を国語に当てはめた万葉仮名によって表記されている。作品の年代は、伝承歌の時代とされる雄略天皇や仁徳天皇の時代を別にすれば、舒明天皇時代（在位六二九〜六四一）からはじまり、万葉集の最終歌である大伴家持の歌が詠まれた天平宝字三年（七五九）までの約一三〇年に渡る。序などがないことから、編纂の過程について正確なことは分かっていないが、一説に、最初に「原万葉集」とでもいうべき巻一、二が持統天皇の意向を受けて編纂され、その後、何回かに渡って増補され、大伴家持が最終段階の編纂に何らかの形で関わったのではないかとも推測されている。

共同体に共有され特定の作者のいないものであった歌謡が、この時期に、一回的な個性の表現になり、作品世界として自立していった背景としては、一つには中国の漢詩の影響がまず挙げられる。とりわけ、歌が次第に五音と七音から構成されるように定着した背後には、五言、七言からなる漢詩の存在があったものとされている。

先述のように、歌の誕生の時代は、国家統一の時代でもあり、また、中国文化摂取の時代でもあった。「礼楽」が儒教の中で根本的な規範とされ、孔子が編纂したとされる五経の中に詩経があることからも分かるように、中国では、古来、音楽を、調和と節度を表わして人心を感化するものとして尊重し、国家の重要儀礼においては、音楽を演奏し歌を歌った。日本が中国の諸制度を取り入れて国作りをする過程において、各共同体に古くから伝えられている歌謡を利用して国家の祭祀儀礼を生み出したことは想像に難くない。このことに関して、『万葉集』の歌にそって具体的に考えて見よう。

国見の歌

万葉集の巻一の二番目の歌は、舒明天皇（在位六二九～六四一、天智天皇・天武天皇の父親）が天《あめ(あま)》の香具山《かぐやま》に登った時に詠んだ御製《ぎょせい》と伝えられる以下のような歌である。

天皇、香具山に登りて望国《くにみ》したまふ時の御製歌《おほみうた》
大和には　群山《むらやま》あれど　とりよろふ　天の香具山　登り立ち　国見をすれば　国原は　煙立ち立つ
海原は　鴎《かまめ》立ち立つ　うまし国ぞ　蜻蛉島《あきづしま》　大和の国は（万葉集巻一・二）

国見とは、天皇や豪族の長など、共同体の首長が、神聖な小高い山に登り高所から自分の領土を望み見る儀礼のことであり、もともとは、春の農事のはじめにその年の豊作を祈願する、村落共同体の予祝儀礼であったとされる。現在でも、「春山入り」の一環として、高台に登って水田を見渡

す民俗行事が行われている地方もある。

「国原は　煙立ち立つ　海原は　鴎立ち立つ」という、対句、対語による繰り返し表現は、この歌の出自が儀礼において歌われた神謡であることを示している。「国原から煙が立つ」の解釈としては、仁徳天皇の「民の竈」の故事のように、人々の家の竈から炊事の煙が立ち、何不自由のない豊かな生活を送っているという解釈もあり、また、大地から霊的な力が立ち昇っているというイメージを読み込む解釈もあるが、どちらにしても国原（国土）を寿ぐ言葉である。また、「海原から鴎が立つ」に関しては、藤原京からは海は見えないので、想像の光景ということになる（一説に海原は池を表わすという）。海原に鴎が集まり飛び立っているということは、そこには魚がいるということで、豊漁を表わしているとも解釈できるし、当時は、鳥が霊魂を運ぶ神秘的な存在であると考えられていたことを踏まえれば、海原からも霊的な力が立ち昇っているという意味にもなる。

このように、「国原は　煙立ち立つ　海原は　鴎立ち立つ」という言葉は、実際に天の香具山から見た実景というよりも、言霊信仰に基づいて、国原においても海原においても、つまりこの国の陸でも海でも霊的な力によって豊饒が達成されるようにという呪的な祈願の言葉ということになる。天皇がこのような言葉を口にすることで、実際に豊饒と繁栄が、天皇を頂点とする共同体にもたらされると考えられていたのである。

額田王の歌

次に、初期万葉を代表する宮廷歌人である額田王《ぬかたのおおきみ》を取り上げてみよう。額田王は天武天皇の妃の一人で、十市皇女《とおちのひめみこ》の母である。出自について詳細は不明であるが、宮廷において宗教的な役割を担った家系だったという説もある。額田王の歌は「万葉集」に一一首残されており、それらは歌が集団的、儀礼的な歌謡から個人の内面の表現へと移行する過程を示唆している。ここでは、額田王の代表作から何首か取り上げて検討してみよう。

熟田津《にきたつ》に　船乗りせむと　月待てば　潮もかなひぬ　今は漕《こ》ぎ出《い》でな（巻一・八）

この歌は、斉明天皇七年（六六一）に、額田王が、熟田津（愛媛県松山市道後付近の港）で詠んだものである。当時、斉明天皇を奉じる大船団が、唐・新羅の連合軍と戦う百済を救援するために出兵すべく熟田津で船泊りしており、船団に同行した額田王が詠んだこの歌は、月も出て潮も具合がいいと、筑紫への船出を言祝いでいる。この歌は、額田王の個人的な感情を歌っているのではなくて、軍団を率いる斉明天皇に代わって、軍団を鼓舞し、航海に先立ってその成功を予祝する、集団的かつ儀礼的な性質を持つということができる。このような歌を作ることは、宮廷歌人としての額田王の重要な使命であった。この場合、額田王は、国の命運をかけての船出を予祝する神の代理として歌っていることにもなるだろう。

また、額田王の歌といえば、『万葉集』の恋愛歌のうちでも、その繊細さにおいて出色とされる、次のような歌が知られている。

君待つと　我《あ》が恋ひ居れば　我が屋戸の　簾《すだれ》動かし　秋の風吹く（巻四・四八八、巻八・一六〇六）

第四句の「簾動かし」は、中国六朝期の恋愛詩集『玉台新詠』巻二に収録されている閨怨詩《けいえんし》（家に戻らない夫を恨む詩）の「清風動帷簾」（爽やかな風が几帳や簾を動かす）という句の影響を受けていると指摘されている。ただし、単なる翻案には留まらない、当時の女性の内面的生活に根ざした情感豊かな作品になっている。この時代は、妻問婚であり、男女は自由な恋愛によって結ばれ、結婚しても同居せず、男性が女性を夜に訪れることになっていた。結婚に至る過程でも、男性が女性を夜間に訪れていた。この歌では、男性の訪れを待つ女性の期待、簾の動きによる期待の成就の一瞬の喜び、それが思い違いだったことが分かった時の落胆という時間の流れと心の動きが、短い詩句の中に巧みにはめ込まれている。風が簾を揺り動かして吹き抜けるという外界の一瞬の出来事が、待ち人の来ない女性の孤独な内面を浮き彫りにする。第五句は「秋の風吹く」で結ばれ、男性を待つ女性が、秋風にゆらゆらと動く簾を空しく見つめている様子が、繊細に歌い上げられる。

折口信夫の説くところによれば、古代の村落共同体の生活において、女性は皆、神に仕える巫女的性格を持っていたという（『最古日本の女性生活の根柢』）。この文脈からこの歌を読み解くとすれば、風がすだれを動かして吹いてくることは、神の訪れを意味することになる。しかし、額田王が歌っているのは、そのような村落共同体の共同性から「離陸」した段階における抒情である。額田王が待っているのは、神ではなくて人間の男性であり、簾を動かして吹く風は、もはや神の訪れではない。それは、待ち人が来ない自己の孤独を、身に沁みて感じさせる自然現象にすぎない。額田王のこのような孤独な「われ」の表現は、歌の表現の意識が、集団的なものから個的、内面的なものへと変化しつつあったことを物語っている。村落共同体における「われ」と「われわれ」の渾融から、「われわれ」には解消されない「われ」に基づく創作が始まり、それが『万葉集』という一つの作品世界として構築されようとしていたと言えるだろう。

柿本人麻呂の歌

『万葉集』における最大の歌人であり、後世、「歌の聖」（古今集仮名序での言及）、「和歌の神」（人麻呂の絵姿を礼拝する人丸影供《ひとまるえいぐ》の普及）として神格化されたのが柿本人麻呂（七世紀中葉〜八世紀初頭？）である。天武天皇、持統天皇、文武天皇に仕え、宮廷歌人として活躍したとされるが、当時の史書にはその名の記載がないことから、下級官吏だったのではないかとも言われている。とりわけ長歌を得意とし、重厚な修辞と神話的なイメージを駆使して、「大君は神にしませば」と天皇の神聖さを謳い上げたことで知られる。人麻呂が活動したのは、壬申の乱の勝利により即位した天武天皇とその皇后であった持統天皇の治世下であり、古代において天皇の権威が最も高まった安定的な時代であった。また、この時代は、中国の制度や文化を積極的に受容した時代であるが、その反面、中国文化に対抗して、独立した国家としてのアイデンティティを示すべく、自前の律令や建国神話、歴史を構築するとともに、漢文学とは違う我が国の文学としての歌への期待が高まった時代でもあった。

このような時代の期待に応えたのが、人麻呂だった。共同体の中で口伝えによって、集団的に継承される歌謡から、一人の作者が自らの構想に基づいて、枕詞や対句などの修辞技法を駆使して作品を完成する、文字テクストとしての歌へというターニングポイントに、人麻呂は位置している。日本語の表現の歴史上、一大画期をなしたと言えるだろう。

ここでは、数ある人麻呂の歌の中から「軽皇子、安騎の野に宿ります時に、柿本朝臣人麻呂の作る歌」という題詞の下に連作された短歌四首を検討してみよう。

安騎《あき》の野に　宿る旅人　うち靡き　寐《い》も寝《ぬ》らめやも　いにしへ思ふに（巻一・四六）
ま草刈る　荒野にはあれど　黄葉の　過ぎにし君が　形見とぞ来し（巻一・四七）
東《ひむがし》の　野にかぎろひの　立つ見えて　かへり見すれば　月かたぶきぬ（巻一・四八）
日並しの　皇子の命《みこと》の　馬なめて　御狩立たしし　時は来向ふ（巻一・四九）

題詞にあるように、これらは、軽皇子（六八三〜七〇七）の一行が、安騎野を訪れた時に、人麻呂が、今は亡き草壁皇子を偲んで詠んだものである。軽皇子は（当時一〇歳程）、後の文武天皇のことで、草壁皇子（六六二〜六八九）の嫡子である。草壁皇子は、天武天皇と持統天皇の息子で、即位を目前にして早世している。当時の朝廷においては、天武天皇と持統天皇の直系に当る軽皇子の即位が期待されていた。そのような期待が、これらの連作の底流にあることを、まず確認しておこう。

連作の舞台となる安騎野は、奈良県宇陀郡大宇陀町一帯の野で、古くから朝廷の行事としての薬猟が行われた聖地であり、また、壬申の乱の故地として、天武直系の子孫にとって特別なゆかりのある地であった。

この四首の連作の前には長歌があり、そこでは、「高照らす　日の皇子　神ながら　神さびせす」と、軽皇子が日嗣の皇子であり、天武系の正統な後継者であることを表明した上で、軽皇子一行が、都を朝に出発し、険しい山道を辿って、夕方に雪の降る安騎野に到着し、「いにしへおもひ」つつ、仮の宿りをすると続ける。

ここで言う「いにしへ」とは、この地で、軽皇子の父の草壁皇子がかつて遊猟したというばかりではなく、壬申の乱の故地であったことにも関わる。この長歌と短歌連作は、軽皇子が立派に成長し、天武天皇の偉業を継ぐ資格を持つことを表現しようとしている。その意味で、これらの歌は、成年式の儀礼的空間を、作品世界としてフィクショナルに構築したということができるだろう（神野志隆光『柿本人麻呂研究』）。

改めて連作を見てみよう。第一首では、長歌から引き続いて、「いにしへ」を思い、それ故に眠れない軽皇子一行の姿が描かれ、第二首では、ここが、草壁皇子、ひいては天武天皇の故地であることが確認される。そして、『万葉集』中、屈指の名歌とされる第三首では、眠れないままに夜が更け、東の空が明るんできて、振り返れば月が沈もうとしていると歌われる。東の空に差し込む朝の光は、まさに、立派に成長し、必ずや天武直系として即位する軽皇子を象徴しているだろう。雪が積もった神聖な野を挟んで東に昇る太陽と、西に沈む月を配した壮大な構図は、まさに人麻呂ならではのものである。

そして、第四首において、第一首から第三首の流れる一夜の時間が断ち切られ、過去の時間が、軽皇子の未来を予祝するかのように甦る。「日並しの皇子」とは、文字通りには、「日と並ぶような存在」つまり「皇統を継承する日の御子」であり、草壁皇子の別名である。

夜明けの光の中で、神聖な野において、亡き草壁皇子が馬に乗って狩りに出発する雄姿が立ち現われると人麻呂は歌う。騎乗する草壁皇子の姿は、壬申の乱の時に安騎野を発つ天武天皇の姿に重なる。天武・持統朝にとっての始原の時間がここで甦ったといってもいいだろう。ここでは、祭祀儀礼によって始原へと回帰するのではなくて、文学的な構想力により始原への回帰が成就しているといえよう。

大伴家持の歌

『万葉集』中、最多の四七三首の歌を入集し、その成立にも大きな役割を果したとされる大伴家持（?〜七八五）は、中国文学や仏教思想など、外来文化の影響の強い筑紫歌壇で学び、外界と内面、自然と自己の微妙な異和を、孤独感や疎外感を漂わせた抒情的な作品世界に昇華させた。自然や人生の哀歓を繊細優美に歌う洗練された歌風は、後の王朝和歌の先駆けとして高く評価されている。とりわけ、上述のような特徴が顕著に見られる歌をとりあげてみよう。

うらうらに　照れる春日に　雲雀《ひばり》あがり　情《こころ》悲しも　独りし思へば（巻一九・四二九二）

この歌が、『万葉集』を代表する名歌として「発見」されたのは、近代になってからであり、折口信夫や萩原朔太郎らによって、その憂愁が、近代的自我の孤独感と重ねられて高く評価された。この歌は、その直前の二首、「春の野に　霞たなびき　うら悲し　この夕影に　鶯鳴くも」「我が屋戸の　いささ群竹　ふく風の　音のかそけき　この夕べかも」と併せて「春愁三首」と呼ばれている。これら一連の歌では、春の麗らかな景色と鶯や雲雀の鳥のさえずり、それにもかかわらず独り鬱屈して楽しまない心（「うら悲し」「情悲しも」「独りし思へば」）、そのような心に響く、家の外の笹を渡る風のかすかな葉擦れの音（「音のかそけき」）などが交響し、普遍的な抒情と幽玄美の世界が構築されている。

当時、政界では藤原仲麻呂が権力を掌握し、家持を長とする大伴氏は古代からの名族であるにも関わらず、政治的には凋落の一途を辿っていた。家持の悲しみの一半は、もちろんそこにあったのであろうが、しかし、ここで歌われている悲しみは、個人的事情に発するそれには留まらない。時間的にも空間的にも有限で在らざるを得ない人間存在が根源的にもつ悲しみが表現されていると言っていいだろう。

改めて、上掲の「春愁三首」第三首を見てみよう。雲雀は野原に巣を作りそこから高く飛び上がり縄張りを主張し、また異性を呼ぶために高く明るい声で鳴き続ける習性を持つ。ここで、家持は屋外に出て、物皆新しく生まれる春の野の光景を目にし、雲雀の声を聴くが、心は一向に楽しまず、独り憂愁に閉ざされている。『万葉集』においては、外界と内面、自然と自己とは調和的な関係を取るのが通常であるが、この歌では、両者は乖離し、それ故に家持は孤独な状況にある。自然と自己とのこの乖離こそが、外界や他者から疎外された近代的自我との重なりを生み出す。

「春愁三首」第一首に付された題詞には、「興に依りて」これらの歌を作ったことが明示されている。『万葉集』の歌は、儀礼のためや贈答のため、また唱和のためというように、他者とともにする場のために作った歌が多いが、「興によりて」という言葉は、家持が、他者と場をともにすることを想定せず、ただ自らの憂愁を晴らすためだけに歌を作ったことを明らかに示している。独りある自己の悲しみを作品世界として定着することによってのみ、わずかに心が慰められるというのである。もちろん、家持は儀礼のための長歌や宴会の際に皆と楽しむ為の歌も数多く作っているが、それだけではなく、作品世界を作り、そこに心を遊ばせることによって孤独を慰める、そのような営為としての歌を作ったところに、近代の「芸術のための芸術」にも通じるような家持の新しさと、人間存在を見つめる根源性、普遍性とがあったと言えよう。

さて、このような家持の人間存在に根ざした孤独を歌う姿勢には、先駆的な作品があった。それは父親の大伴旅人や山上憶良らによる「筑紫歌壇」の作品群である。彼らは「世間虚仮」「世間無常」の仏教思想を教養として身に着けた上で、生老病死や貧窮などの人の世の苦しみに接することで、それらの思想を自らのものとした。大伴旅人が亡妻を偲んで詠んだ「世の中は　空しきものと知る時し　いよよますます　悲かりけり」（第五・七九三）、山上憶良の「世間《よのなか》を　憂しとやさしと思へども　飛び立ちかねつ　鳥にしあらねば」（巻五・八九三）、という歌がそのことを示しているだろう。また、大伴旅人の従者による、人間存在の根源的不安という実存感覚を表現した歌として名高い「家にても　たゆたふ命　波の上に　浮きてし居れば　奥処《おくか》知らずも」（巻一七・三八九六）などは、前代からの遊離魂を鎮めるという呪術的信仰を基層に置きつつも、自らの命の果てが見通せないという内省の言葉は、仏教の思想圏内でこそ成立する表現であろう。仏教は、俗世での生を相対化することで、個々人の生のリアリティを、共同体から引き剥がし、この世の役割には収まり切らない自己を浮かび上がらせた。家持自身も「世間無常」について繰り返し歌っていることからも分かるように（巻一九　四一六〇〜四一六二、四二一六など）、その内省的な孤独感には、仏教思想の洗礼が認められると言えよう。

2. 物語の世界

「無常」の文学

前章では、共同体的な神謡から個の一回的な内面を歌う短歌の成立の過程を見て来た。そして、いわゆる筑紫歌壇において、仏教の無常観を基盤にした、個を掘り下げる作品が見られたことを説明した。本節では、物語文学における無常観について考えてみたい。

まず、文学における「無常」について見ておこう。無常とは、万物は消滅流転し、永遠不変のものは何もないという考え方である。たとえば、「いろはにほへと」ではじまる「いろは歌」は、空海の作と伝えられ（実際はその死後、平安中期の作）、現在でも広く知られているが、これは、『涅槃経』第一四聖行品をはじめとして仏典にたびたび出てくる「諸行無常　是生滅法　生滅滅已　寂滅為楽」という偈を邦訳したものである。

この歌には、すべてのものは生滅変化するという仏教的な無常の理が読み込まれている。この無常の理は、単なる世界の見方に留まらず、人の生き方や価値観、道徳、美意識にも大きな影響をあたえた。無常の理を踏まえることによって、人々はものごとに執着しない生き方に対して目を開かされ、また、同じく無常な生を生きるすべての者に対する共感を学び、また、移りゆく自然の美を改めて自覚したのである。このような歌が、手習いの手本とされ、伝統的に児童教育の最初の場面で使われたことひとつ取ってみても、仏教がわが国民の感性、精神性の涵養のために大きな役割を果たしたことがうかがえるだろう。

さて、このような無常観は、本来、この世ははかないものであるから、この世に執着せずに、仏道に専念するという信仰的実践へとつながっていくべきものであった。たとえば、仏教の開祖である釈迦の出家の動機は、老、病、死に代表されるような人間やこの世の無常に悩み、それを乗り越えたいというものであり、そこから生涯をかけての仏道修行がはじまったと伝えられる。しかし、多くの日本人の場合には、無常観がむしろ、無常感とでもいうべきものとして、美的感性の中で受け止められた点に特徴がある。それは文学において特に顕著であった。つまり、日本文学においては、「無常」は、四季の変化を敏感に受け止め、うつろいゆくもののなかに自己の運命を読み取る感性として捉えられたのである。

物語と「無常」

日本古典文学の最高峰で世界的名作といわれる『源氏物語』の中にも、無常観／感は、通奏低音として鳴り響き続けている。たとえば、王朝的世界の中心軸ともいうべき皇統の「もののまぎれ」による空洞化は、この世界の頼み難さ、空虚さを如実に表しているだろう。「もののまぎれ」とは、光源氏が、実父桐壺帝の中宮、藤壺と密通し生まれた不義の子が、何も知らない桐壺帝に実子として可愛がられ、即位して冷泉帝となった事件のことである。源氏物語における「もののまぎれ」には、他にも光源氏の正妻の女三宮が柏木と密通して不義の子薫を生んだ事件、浮舟が薫と誤解して匂宮を迎えてしまう事件があり、そのどれもが、この世と男女関係の果敢なさ、虚しさを表している。

また、王朝人の理想を体現し、栄華を極める光源氏から最も愛された妻であり、この世の浄土にもなぞらえられる六条院の女主人である紫の上は、次々に女性遍歴を重ねる光源氏との関係の中でこの世のはかなさ、人の心の頼み難さを身にしみて知り、この世を離脱し出家することを望む。しかし、光源氏がそれを許さず、病の床で最後まで出家を望みながらこの世を去っていく。「御法」や「幻」の巻に描かれた、紫の上亡き後の源氏の姿は最愛の者との死別の悲しみをあますところなく示しており哀切きわまりない。

さらに、物語の終結部、宇治十帖のヒロインである浮舟は、上述の「もののまぎれ」の結果、薫と匂宮との間で悩み最後は川に身を投げてしまう。この世の定め難さが、浮舟においては、二人の男性のうちのどちらにも自己の身を預けられない拠り所のなさというかたちで形象化されており、彼女は最後には、自分を助け上げてくれた横川の僧都（源信をモデルにしたと伝えられる）のもとで出家する道を選ぶ。

源氏物語以外の物語文学も無常観／感を基調にしているものが目立つ。たとえば、平家物語冒頭のよく知られた次のような一文である。

祇園精舎の鐘の声、諸行無常の響きあり。沙羅双樹の花の色、盛者必衰の理をあらわす。おごれる人も久しからず。ただ春の夜の夢のごとし。猛き者もつひには滅びぬ。ひとへに風の前の塵に同じ。

この文章は、低い身分の出身でありながら、才覚と運とにめぐまれて異例の出世を遂げ、ついには娘を入内させて天皇の外戚にまで昇りつめた平清盛とその一族の栄光と没落を語る物語、つまり、どのように栄華を極めた者であろうといずれは滅びざるを得ないと語る物語の語りはじめとしてふさわしい。

ここで言う「祇園精舎」とは、釈迦が在世中に弟子たちと修行に励んだ道場である。祇園精舎には病気になった僧が入る無常堂があって、容体が悪化して亡くなると堂の四隅の鐘を鳴らすと伝えられていた。『平家物語』冒頭の鐘の音は、戦いの中で死んでいった平家一門の供養のためのものであるとともに、無常を人々に伝えるものでもある。「沙羅双樹の花」に関しては、死に瀕した釈迦が二本の沙羅の木の間にその身を横たえた時、釈迦の死を悲しんで沙羅の花も葉も枯れて白色に変わってしまったという伝説を踏まえている。鐘の音も花の色も、世のはかなさと人の命のもろさを表しているのである。

学習課題

○共同体的な文学から個の内面を表現する文学へという過程を、万葉集の歌にそって検討する。

参考文献

上野　誠『万葉文化論』（ミネルヴァ書房、二〇一九）
折口信夫『古代研究』第一部民俗学篇第一（大岡山書店、一九二九／角川ソフィア文庫、二〇一六）
唐木順三『無常』（筑摩書房、一九六四／ちくま学芸文庫、一九九八）
神野志隆光『柿本人麻呂研究　古代和歌文学の成立』（塙書房、一九九二）
多田一臣『万葉集全解』（全七巻、筑摩書房、二〇〇九～二〇一〇）
中西　進『万葉集全訳注原文付』（全四巻別巻一、講談社文庫、一九七八～一九八五）
三谷邦明『源氏物語の方法〈もののまぎれ〉の極北』（翰林書房、二〇〇七）

6　中世①　浄土の思想と文化

《学習のポイント》　中世思想の重要な軸の一つである浄土信仰について、まず、前提となる浄土信仰の成り立ちについて取り上げ、インドから中国、そして日本へと展開された歴史を説明する。その上で、源信、法然、親鸞、一遍を取り上げてその生涯と思想を解説する。
《キーワード》　阿弥陀仏、観想念仏、口称念仏、法蔵菩薩（法蔵比丘）、『往生要集』、専修念仏、『選択本願念仏集』、二種深信、二種廻向、自然法爾、踊り念仏

1. 浄土信仰の歴史

浄土信仰の源流

浄土教とは、阿弥陀仏を信仰し、念仏により死後に西方極楽浄土に往生することを説く仏教の一派である。阿弥陀仏は、西方十万億の世界を越えた所にある極楽浄土の教主であり、その名の「阿弥陀」は、インドの古代語であるサンスクリット語アミタの音写で「無量」（無限）の意味であり、アミターユス（無量寿）とアミターバ（無量光）はその性質を示すことから、「無量寿仏」「無量光仏」とも呼ばれる。

根本経典である『無量寿経』は、インドで紀元一〇〇年頃、成立したと推定されている。『無量

寿経』は次のように語る。遠い過去に、法蔵菩薩（法蔵比丘《びく》）が、世自在王仏の教えを受け王位を捨て出家した。悟りを開き、仏となって一切衆生を救済するため、法蔵菩薩は、本願として四十八願を立てた。その中心となる第十八願は、念仏する一切衆生がみな浄土に往生できるまでは、自分はあえて成仏しないというものであった。そして、長い間修行を重ねて本願を成就し、いまから十《じっ》劫《こう》という遥か遠い昔に阿弥陀仏（無量寿仏・無量光仏）となり、現に西方浄土に住して説法しているのである。つまり、念仏する一切衆生が浄土往生できるまで自分は成仏しない、という誓いを立てた法蔵菩薩が既に阿弥陀仏として成仏しているのであるから、念仏する衆生は必ず浄土に往生できるというのである。これが、念仏により阿弥陀仏の浄土に往生できるという信仰の核心になる。

中国における浄土信仰

インドで誕生したこの信仰は、その後、中国に伝わり、中国では伝来初期から『無量寿経』をはじめとする各種の浄土経典の翻訳が行われ、多くの優れた浄土思想家が輩出する。

さて、中国に仏教が入ってきたのは紀元前後であるといわれている。伝来の初期から浄土経関係の経典が翻訳される。東晋の慧遠（三三四～四一六）は、知識人らを組織して白蓮社などの念仏結社を作り、般舟三昧（諸仏現前三昧、仏立《ぶつりゅう》三昧。精神集中し瞑想することで仏が行者の面前に現れる）を修した。慧遠の思想は、天台智顗が『摩訶止観』で説いた常行三昧に受け継がれる。常行三昧では、口で念仏を唱え、心に阿弥陀仏を思い描き、九〇日間休みなく阿弥陀仏像の周りを歩き続ける修行を行う。その後、曇鸞（四七六～五四二）、道綽（五六二～六四五）、善導（六一三～六八一）をはじめ、優れた浄土思想家が輩出し、易行としての口称念仏による浄土往生という考え方が成立し、後世に大きな影響を与えるとともに、一般民衆にも念仏信仰が広がっていった。

日本における浄土信仰

法隆寺金堂の壁画に「阿弥陀浄土変相図」が描かれたことからも分かるように、日本には浄土信仰が早くから伝来していた。光明皇后の七七忌を期して全国的に『阿弥陀経』の書写が行われ阿弥陀浄土図が作成されたことも、日本の初期の浄土信仰として注目される。平安仏教の最澄は、中国天台宗から四種三昧を学び、その一つである常行三昧を修する常行三昧堂を比叡山に建立することを計画した。その遺志を受けて、最澄の弟子の円仁が常行三昧堂を創建し、みずから中国五台山に留学して学んだ五会念仏（五音の音調にのせて称える念仏。不断念仏とも呼ばれる）を実修した。円仁の入滅後一年の貞観七年（八六五）以降は、円仁の本願によって不断念仏会が行われるようになった。

最澄が当初、構想した般舟三昧による、眼前に仏の顕現を期する念仏は、円仁によって西方浄土往生を願う念仏へと変質せしめられたが、これによって、いわゆる天台浄土教が飛躍的に発展することになった。

天災や戦乱がうち続く中、末法初年とされた永承七年（一〇五二）が近づくにつれて、人々の不安がますます強まり、末世の唯一の救いである阿弥陀仏に帰依しようとする機運が、貴賤を問わず高まった。市聖《いちのひじり》と呼ばれた空也は民衆に踊念仏を布教し、貴族たちは念仏結社を組織し、『日本往生極楽記』などの往生伝も盛んに作成した。このような中で、源信が『往生要集』を著して天台浄土教を確立した。この天台浄土教を母胎として、平安時代末期に法然が画期的な専修念仏の教えを構築し、それが、親鸞、一遍の登場を促す。以下では、源信、法然、親鸞、一遍の生涯と思想について説明しよう。

2．源信の生涯と思想

生涯

源信（九四二～一〇一七）は、主著『往生要集』三巻によって日本浄土教の理論的基礎を築いたことで、日本浄土教の始祖ともいわれている。『往生要集』は、浄土思想に関する要文を各宗の経論から集めたもので、特に地獄の苦しみと浄土の荘厳とを描いて「厭離穢土《えんりえど》、欣求浄土《ごんぐじょうど》」を訴え、浄土往生のためには念仏を行ずべきことを体系的に説いた。『往生要集』は日本のみならず中国でも高く評価され、作者である源信は、中国において「日本の小釈迦、源信如来」とまで言われた。このように浄土思想家として大きな影響を与えた源信であるが、生涯を天台宗の僧侶として過ごし、その念仏思想は、あくまでも天台宗の思想的基礎の上に展開されている。

源信は、大和国当麻《たいま》の卜部《うらべ》氏の出身である。九歳の時に比叡山に入り、天台宗中興の祖と称される良源（元三大師）に師事して顕密二教を修め、一四歳で得度する。学問を究め、世の尊敬を受けるが、名利を嫌って、比叡山寺域の最北に位置する横川《よかわ》に隠棲し、著述と修行に専念する生活を送った。源信は、比叡山で行われていた不断念仏や、師良源の観想念仏の教えを通じて念仏信仰には早くから関心を持っており、永観二年（九八四）、四三歳の時に、『往生要集』を起草し（翌年脱稿）、九八八年には『横川首楞厳院《しゅりょうごんいん》二十五三昧起請』を作り、念仏結社の構成員のための規約を定めた。二十五三昧会とは、源信自身や慶滋保胤《よししげやすたね》が参加していた、浄土での再会を期して結成した念仏結社で、毎月一五日には集まって、法華経講義を聴聞し、そのあと、終夜、不断念仏を行って死後往生を願った。構成員に重病の者がでると往生院に移し手厚く看病して、最期には臨終の正念を助け、共同の廟に埋葬し念仏を行うなど、念仏による、看病・葬送・追善行事を行った。また、源信は、迎講《むかえこう》（迎接会《ごうしょうえ》、練供養《ねりくよう》とも）をはじめたことでも知られている。迎講とは、阿弥陀仏による来迎をヴィジュアル化したもので、当麻寺を例にとると、観音菩薩や勢至菩薩をはじめとする二十五菩薩の扮装をした僧が、本堂（極楽堂）から来迎橋を通って娑婆堂へと練り歩き、娑婆堂で中将姫の像を蓮台に載せてまた本堂へと戻ってくるという儀礼である。この来迎を模した儀礼に結縁しようと多くの民衆が集まったと言われている。

寛弘元年（一〇〇四）に、源信は権少僧都《ごんのしょうそうず》に就任するが翌年には辞退した。その後、最澄・徳一論争以来の天台対南都仏教の三一権実論争に、「一切衆生悉有仏性《いっさいしゅじょうしつうぶっしょう》」の一乗思想の立場から終止符を打たんとした『一乗要決』三巻、『阿弥陀経略記』一巻などを執筆する。生涯の著作は、一説に七〇余部一五〇巻とも言われ（ただし擬撰や真偽未決も多い）、因明から法華教学、念仏信仰などさまざまな分野の著作を精力的に著わした。また、長和二年（一〇一三）正月に作った願文によれば、生涯に念仏を二〇億回、大呪《だいじゅ》百万回（千手呪《せんじゅ》七〇万、尊勝呪三〇万）、不動や阿弥陀仏等への呪少々、大乗経典読誦五万五千五百巻（法華経八千、阿弥陀経一万、般若経三千等）を行った

図６－１　迎講（當麻寺聖衆来迎練供養会式　写真提供朝日新聞社／ユニフォトプレス）

という。寛仁元年（一〇一七）、七六歳で入滅する。臨終に際しては、阿弥陀仏像の手にかけた糸を自分の手に握り、阿弥陀仏の来迎を信じて念仏しつつ、静かに息絶えたと伝えられる。

地獄と極楽

源信が著わした『往生要集』は、その地獄や極楽の描写によって人々に大きな衝撃を与え、信仰分野のみならず、文学、思想、美術、建築等に広範な影響を与えた。その描写の一端を以下に示してみよう。まず、『往生要集』冒頭の大文第一「厭遠離穢土」章における地獄の描写である。

悪鳥あり、身の大きさ象の如し。名づけて閻婆《えんば》と曰ふ。嘴《くちばし》利《と》くして炎を出す。罪人を執《と》りて遥かに空中に上り、東西に遊行《ゆぎょう》し、しかる後これを放つに、石の地に堕つるが如く、砕けて百分となる。砕け已《おわ》ればまた合し、合し已ればまた執る。

この描写は、『往生要集』における地獄の描写のごく一部であり、これ以外にもさまざまな地獄について、諸経典に基づいて、微に入り細に入り、説明が行われている。このような迫真の描写は当時の人々に大きな衝撃を与え、死後の運命に対する恐怖を呼び起こしたものと思われる。この地獄と対照的なのが、すべてのものが美しく清らかな浄土のあり様である。そこは、光に満ち溢れ、天花が舞い散り、良い香りがただよい、池には美しい蓮の花が咲く。中央では阿弥陀仏が教えを説いてくれている。このような浄土の美しさや快さは、単に善人が死後に、善行の報いを享受するためにあるわけではなかった。その美と安楽は、浄土に住まう者たちの修行を促進して、成仏を実現させるためのものなのである。浄土とは、教行証（仏教の教え・修行・さとり）のうちの行も証も不可能である末法の世では実現され得ない、修行と悟りの成就をする場なのである。浄土で阿弥陀仏に見《まみ》え、親しくその導きを受けて修行して成仏するというのが、死後に浄土に往き生まれた往生者の願いだったのである。

往生の業としての念仏

さて、このような浄土往生の手段は、念仏である。源信が地獄の苦しみと浄土の安楽とを示したのは、まさに念仏による浄土往生を勧めるためであった。大文第五助念の方法に「往生の業には念仏を本となす。」とあるように、念仏により往生は可能となる。行者が往生を願い、念仏という善を行った「因」と、阿弥陀仏が衆生を救済しようと願い、諸菩薩がそれを助けようとする「縁」とがあいまって往生できるのである。ただし、源信が最も重要なものと想定していた念仏は、観想念仏（観念）である。それは、精神集中した三昧の境地の中で、仏の姿を細部にわたるまでありありと思い浮かべる行である。インドで起こり中国に伝えられて興隆した念仏信仰の主流は、観想念仏であり、阿弥陀仏の名を称える口称念仏は、補助的な行、劣悪の者のための行とされていた。源信においても、その基本的枠組みは受け継がれている。『往生要集』では、世親『浄土論』による五念門（礼拝・讃歎・作願《さがん》・観察《かんざつ》・廻向《えこう》）に基づいて叙述がなされるが、このうちでも特に、「観察」が中心的テーマとされている。観察とは阿弥陀仏に思いを凝らし、その姿形を思い浮かべることであり、観想念仏である。観察としては、別相観、総相観、雑略観《ぞうりゃくかん》が挙げられ、それぞれ仏の三十二相、総身、白毫《びゃくごう》（仏の眉間にあって光明を発する白い旋毛）を観想する。中でも白毫の観想は行じやすい観想行として提示されたが、それすらもできず、観想念仏という難しい修行が不可能な劣った機根の信者に対して、源信は口称念仏を積極的に勧めた。源信は次のように言う。

もし相好を観念するに堪へざるものあらば、或は帰命（阿弥陀仏への帰依）の想に依り、或は引摂（阿弥陀仏による救済）の想に依り、或は往生の想に依りて、応に一心に称念すべし。行住坐臥、語黙作々に、常にこの念を以て胸の中に在くこと、飢ゑて食を念ふが如く、渇して水を追ふが如くせよ。或は頭を低れ手を挙げ、或は声を挙げ名を称へ、外儀は異るといへども、心の念は常に存せよ。念々に相続して、寤寐《ごび》に忘るることなかれ。

「もし相好を観念するに堪へざるものあらば、……応に一心に称念すべし。」とあるように、源信は、口称念仏を、観想念仏のできない人間でも実践可能である重要な行と捉えていた。それ故、専修念仏を説いた法然もその弟子である親鸞も、源信を先覚者として仰いでおり、法然は『往生要集』の注釈書を著し、親鸞は七高僧の一人に源信を挙げているのである。（ただし、先述のように、源信における口称念仏はあくまでも補助的な手段に留まっていた。）

3．法然の生涯と思想

生涯

浄土宗の開祖であり、いわゆる「鎌倉新仏教」の先駆者である法然（一一三三～一二一二）は、美作《みまさか》国久米南条稲岡荘で生まれた。父である押領使の漆間時国は、荘園支配を巡る内紛から夜討にあい亡くなる。臨終の際に父が遺した「今度のことは前世の因縁とあきらめ、菩提を弔うために出家してほしい」との言葉に従って、九歳で僧となることを決意したと伝えられる。一五歳（一説に一三歳）の時、比叡山延暦寺に入り、学問に励むが、一八歳の時遁世し、念仏信仰の拠点であった西塔黒谷別所に寄寓し、法然房源空と称した。法然は、黒谷で師叡空より浄土信仰を学ぶとともに、叡空の伝持した天台の円頓菩薩戒を相承し、自分自身、清僧として、生涯、厳しく戒律を持するとともに、戒師として多くの人に戒を授け、その戒脈は黒谷流の円頓戒として知られた。法然は、専修念仏と授戒とを矛盾するものとしては捉えていなかったのである。

その後、各宗派を広く学びつつ浄土教学の研鑽に励んだ。特に、口称念仏を重視する永観や珍海らを輩出した三論宗の念仏信仰に触れたことは、法然の浄土思想の形成に大きな影響を与えた。また、この時期、叡山黒谷の報恩蔵に籠もり一切経を五回通読したと伝えられる。これらの体験を通じて、末世の凡夫の救いを説く時機相応の仏教としての念仏の教えに、一層傾斜していった。

四三歳の時、唐の善導著『観無量寿経疏』「散善義」の一節に触れて、専修念仏に目覚めた。専修念仏とは、従来の浄土教で第一のものとされてきた観想念仏を不要とし、口称念仏のみを勧める教えである。法然は、生涯にわたり「偏依善導」（ひとえに善導による）を貫く。この後は、比叡山を去り東山大谷に移り住み、そこで称名念仏と諸経典の習学に励みつつ、人々に専修念仏の教えを説き始めた。浄土宗では、この年をもって立教開宗を遂げたとする。法然の教えは道俗貴賤に広まり、庶民や武士だけではなくて、関白太政大臣九条兼実もその教えに深く帰依した。また、この頃より、初期浄土宗諸派の始祖となった証空（西山義）、弁長（鎮西義）、親鸞（大谷門徒）らが入門した。

建久九年（一一九八）、念仏により三昧境に入り、極楽の様相を観得し、三昧発得《さんまいほっとく》の己証を得た。法然は、善導が三昧発得者であったことを重視しており、この体験により、称名の真正なることを確信したという。専修念仏が、三昧と両立するものとして、法然において捉えられていたことは、注目される。同年、主著『選択本願念仏集』を著した。専修念仏の要義を一六章に分けて説き、経論の要文を引用して私釈を加え、一切衆生の救済のために阿弥陀仏が選択したのが口称念仏であり、念仏は阿弥陀仏のすべての功徳を収め、しかも誰でも修することのできる易行であると主張した。

しかし、救済のためには念仏以外のあらゆる行は不要であるとするなど、既成仏教の枠組には収まらない法然の教えは危険視され、延暦寺や興福寺の衆徒からの圧迫を重ねて受けた（元久の法難・建永の法難）。最終的には、専修念仏禁止の命令が発令され、建永二年（一二〇七）、法然は、七五歳の老齢で、俗名藤井元彦と改名させられ流罪になった。法然は、このような苦難に直面して、弟子に「われたとひ死刑にをこなは（行）るとも、この事（専修念仏）いはずばあるべからず。」「（流刑によって）辺鄙におもむきて、田夫野人を（念仏に）進めん事年来の本意なり。」と言ったと伝えられている。流罪の地に赴く途中で、遊女や漁師を教化したというエピソードも有名である。その後、許され京都に戻って八〇歳で亡くなった。死の床で書いた「一枚《いちまい》起《き》請文《しょうもん》」は、一枚の紙に専修念仏の教えの要義を書いたものである。臨終の際、法然は円頓戒の嫡流を示す慈覚大師の袈裟を着し、頭北面にして「光明遍照　十方世界　念仏衆生　摂取不捨」と観経の文を称えたと伝えられている。

思想

念仏の選択

いわゆる「鎌倉新仏教」の大きな特徴として、「選択《せんちゃく（じゃく）》」ということが挙げられる。つまり、「鎌倉新仏教」の祖師たちの多くが学んだ比叡山の天台宗が、「円（天台）・密（台密）・禅・戒」の四種相承に基づく総合的な仏教であったのに対して、「鎌倉新仏教」の祖師たちが、法然、親鸞、一遍らは念仏を、道元は坐禅を、日蓮は『法華経』をというかたちで、選択を行い、それに基づいて、自らの実践と思想とを確立している。その先駆けとなったのが、法然である。法然の主張する阿弥陀仏による選択の内実をよくあらわしているのが、法然が主著『選択本願念仏集』の末尾に記した結文である。それは、一書の内容を原文にして八一字に、簡明にまとめているところから「略選択」といわれている。

計《おもんみ》ればそれ速やかに生死を離れんと欲せば、二種の勝法の中には、且《しばら》く聖道門を閣《さしお》いて、選んで浄土門に入れ。浄土門に入らんと欲せば、正雑二行の中には、且く諸《もろもろ》の雑行を抛《なげう》って、選んで正行に帰すべし。正行を修せんと欲せば、正助二業の中には、なお助業を傍《かたわら》にし、選んで正定を専らにすべし。正定の業とは、すなわちこれ仏名を称するなり。名を称すれば、必ず生ずることを得。仏の本願に依るが故なり。

ここでは、（1）仏の教えを浄土門とそれ以外の聖道門とに分け、聖道門を「閣」き、浄土門に入ることを勧め、（2）さらに浄土門を正行（読誦・観察・礼拝・称名・讃歎供養）とそれ以外の雑行に分け、雑行を「抛」て正行を修することを勧め、(3)正行の中でも、助業である読誦・観察・礼拝・讃歎供養を「傍」らに置いて、阿弥陀仏の本願に応じた称名念仏を、正定の業として修するようにと、述べられている。これらは、三回の選択を重ねることから、「三重の選択」とも呼ばれる。法然は、「五濁悪世」の末法の世を生きる凡夫が救われるにはどうしたらよいかという、機と時の観点から、全仏教を見直し、浄土門に拠るしかないとする。末法の世は、仏の教えだけはかろうじて残るものの、それに則った修行も悟りも不可能な悪世であるから、自力修行を説く聖道門では救われず、また、阿弥陀仏が念仏を「選択」して、念仏する衆生をすべて救おうという誓願を立てたのであるから、救われるためには、口称念仏することが不可欠である、という法然の主張が、この三選の文には込められている。(ただし法然は、善導にならって、誓願に出てくる「念」を、思い起こすという原意を離れ、名を称えると読み替えている。)そして、念仏は易行かつ勝行であり、「南無阿弥陀仏」と口称念仏のみをひたすら唱えれば、凡夫は凡夫のままで往生でき、他のさまざまな行は不要だとした。このような教えは、造寺造像などの功徳を積んだり、複雑な修行や学問をしたりする余裕のない一般庶民にも広く受け入れられた。さらに、法然は、念仏を多く繰り返せと説く。たとえ一回の念仏でも救われるが、一回称えればよいということではなく、それを繰り返し一生涯称えることに意義があるとした。ちなみに、法然自身は日に六万遍称え、弟子たちにもそのように勧めていたと伝えられる。

法然の専修念仏の教えは、多様な機根を持つ衆生を、末世を生きる劣機として平等に捉えるとともに、それらの衆生に阿弥陀仏の本願に即した口称念仏を実践させて、一挙に全て救済しようというものである。一挙に全てを救済しようとする点において、法然の専修念仏の教えは、一切衆生の

「共同成仏」を目指す大乗仏教の極北と言うこともできるだろう。

4．親鸞の生涯と思想

生涯

日野氏の出身と伝えられる親鸞（一一七三〜一二六二）は、九歳の時に、天台座主慈円の下で出家し、二〇年間を比叡山で過ごした、この時期に、堂僧をつとめ天台浄土教を学んだものと考えられる。建仁元年（一二〇一）、二九歳の時、比叡山を下り、法然の教団に加入した。自らの生涯を決定したこの出来事について、親鸞自身は、主著『教行信証』後序において「建仁辛《かのと》の酉《とり》の暦《れき》、雑行《ぞうぎょう》をすてて本願に帰す。」と簡潔に述べている。比叡山の念仏行において行われていた観想念仏（心の中に阿弥陀仏や浄土の素晴らしい有様をありありと思い浮かべる修行）等の自力の念仏を捨てて、阿弥陀仏の本願をひたすら信じて念仏を称えるのみという法然の専修念仏の教えに親鸞は帰依したのである。

法然門下に転じた親鸞は、入門から四年目の元久二年（一二〇五）には、『選択本願念仏集』を授かり、法然真影の図画を許された。これは、法然の教えを正しく受け継いだと認められた弟子にのみ許されたことであった。しかし、このころ、法然の教えに対する、旧仏教側からの弾圧は激しさを増し、承元の法難（建永の法難）の際には、親鸞も、藤井善信《よしざね》と改名させられ越後に流された。この後、親鸞は、自己自身を「非僧非俗」と規定し、生涯、仏道に生きつつ国から公認された正式な僧侶ではないというあり方を貫いた。

建暦元年（一二一一）に親鸞は赦免されるが、そのまま東国に留まった。このころまでに恵信尼と結婚したと推定される。東国布教の結果、東国各地に有力門弟を核とした小集団が形成されていった。六二、三歳ごろに、親鸞は、京都に戻る。京都に戻ってからも、東国の弟子たちと密接な関係を維持していたが、一二五〇年ごろから、造悪無碍《むげ》、専修賢善、即身成仏などの異端説が横行し混乱が起こった。特に、悪行を積極的に勧める造悪無碍説は、社会道徳を乱すものとして、為政者側からの念仏弾圧を招く恐れがあった。当時、親鸞は八〇代であったが、教団の危機的状況を前にして、異端説に与した実子善鸞を義絶し、多数の著作を執筆して正しい念仏信仰への理解を促すなどして、事態の収拾を図った。弘長二年（一二六二）、親鸞は九〇歳で入滅した。主著『教行信証』をはじめ多くの著作が残る。『歎異抄』は、東国在住の弟子唯円による親鸞の言行録で、明治以降広く読まれるようになり、日本近代における親鸞像形成の拠り所となった。

絶対他力――二種深信・二種廻向・弥勒等同

親鸞の思想体系の中心に位置する概念は、「他力」である。親鸞の全思想は、この「他」なる力の直覚を出発点としていたと言えようし、また、その著作のすべての叙述は、この絶対的な「他力」を明らかにしようとしたものとも言える。

親鸞は、自らの信も自力で起こしたのではなくて、他力に促されたものであると言う。この信は、二種深信といい、自分は罪悪深重の凡夫であって自力では決して救われないものであると信じることと（機の深信）、また、そのような凡夫を念仏させて救うのが他力であり、阿弥陀仏の絶対他力によってのみ凡夫は救われると信じること（法の深信）の二つの信である。このような信心が基盤となって、他力廻向によって念仏も往生も可能になるのである、阿弥陀仏の他力廻向によって、穢土から浄土へ往生することを往相廻向といい、反対に、浄土に往生した者が、そのまま浄土にとどまるのではなくて、穢土で苦しむ衆生を救済するために、再び浄土から穢土へと戻ってくることを、還相廻向という。親鸞にとっては、自分に教えを授けてくれた法然もまた善導も、還相の仏として捉えられていた。

また、信心決定して、この世の生を終え、次に浄土に生まれ変わることが確定した者は、弥勒菩薩に等しい存在であるという意味で「弥勒等同」だとされる。弥勒菩薩とは、五六億七千万年後に下生するため、現在、兜率天で待機していると考えられていた。煩悩深重の凡夫はこの世においては成仏できないが、次生において往生し、往生したら即成仏できるのであり、次生で成仏できるという点で、弥勒菩薩に等しい存在だとされるのである。

自然法爾

さて、「他力」については、一応は、阿弥陀仏という仏が宿す力と理解されるが、より本質的には、先在するのは、力そのものであり、その力が具体的な姿をとったのが阿弥陀仏であると考えることができる。この力は、大乗仏教の術語で言い換えるならば、「空―縁起」なる場において、その場そのものを実現していく力、つまり「空が空じていく力」であるということもできるだろう。この場合、「空―縁起」なる力とは、すべてを関係的に成立させる力であるから、執着によって「我」を生み出し苦しむ衆生に働きかけて、空なる場に還帰させることこそが、仏の衆生への「慈悲」である。衆生が、その力の中に自分がすでにいたことを自覚できるように、その力は、自らを阿弥陀仏として具現化し、種々の方便を設けて働きかけ導いて行くのである。このことを親鸞は、

『唯信鈔文意』において、次のように述べている。

法身はいろもなし、かたちもましまさず。しかれば、こころもおよばれず。ことばもたえたり。この一如よりかたちをあらわして、方便法身ともうす御すがたをしめして、法蔵比丘となのりたまいて、不可思議の大誓願をおこして、あらわれたまう御かたちをば、世親菩薩は、尽十方無礙光如来となづけたてまつりたまえり。（中略）しかれば阿弥陀仏は、光明なり。光明は智慧のかたちなりとしるべし。

ここでいう「一如」なる「法身」とは、色形を越えた仏の本質であり、親鸞においては、衆生を救う絶対他力そのものである。阿弥陀仏という人格的存在者がいて、その存在者に衆生を救済する力が宿っているというのではなく、根源的にあるのは、「空―縁起」なる「場」とそこに働く力であり、「空―縁起」なる力の場それ自体が自己展開して、自らを具体化するその一つの形が「阿弥陀仏」（「方便法身」「法蔵比丘」「尽十方無礙光如来」）であり、さらに、その阿弥陀仏から、種々様々な具体的な仏が展開してくるのである。そして、このような自己展開する力としての他力について、親鸞は、「自然法爾」としている。

「自然法爾」とは自力ではなくて、絶対他力によってということであり、自然法爾によって阿弥陀仏という形があらわれる。親鸞にとって阿弥陀仏は、光そのもの、いのちそのものであり、さらには、無限の慈悲と智慧であったのだ。

5. 一遍の生涯と思想

踊り念仏で知られる一遍（一二三九～一二八九）は、伊予国の豪族の河野氏の出身である。一〇歳で出家し、法然の高弟、西山義の証空の弟子にあたる太宰府の聖達の下で学んだ。西山義は、自力の諸行を頼みとしない「白木の念仏」を証空が主張したことからも分かるように、法然門下の諸流の中でも念仏を重視する一派であり、また、叡山の天台本覚思想の影響を受けて、一念の信において阿弥陀と一体となって成仏することを強調した。（田村芳朗「天台本覚思想概説」、『天台本覚論』）一遍が二五歳の時、父が亡くなり家督を継ぐために還俗するが、一族の争いに巻き込まれ、三二歳の時、再び出家し、各地を遍歴する。

文永一一年（一二七四）、当時阿弥陀の浄土と信じられていた熊野本宮に向かう途中、一人の僧に出会い、「一念の信を起こし、南無阿弥陀仏と称えて、この念仏札を受けよ」と勧めるが、僧は「一念の信が起きないから、念仏札を受けられない」と拒否した。とりあえず、僧には念仏札を渡したが、一遍はこのことについて思い悩み、熊野本宮証誠殿に参籠し、神慮をうかがった。すると、宮の中から白髪の山伏の姿で熊野権現（本地は阿弥陀仏）が現れ、「融通念仏を勧める僧よ。」と呼びかけ、さらに「お前の勧めによってはじめて、一切衆生が往生するのではなくて、阿弥陀仏（法蔵菩薩）が十劫の昔に開悟成道したときに、すでに一切衆生の往生は定まっているのだ。だから、信不信を選ばず、浄不浄を嫌わず、念仏札を配布せよ。」と告げた。また、このとき一遍は、それぞれの句の最初の文字をとって「六十万人頌」と呼ばれる、「六字名号一遍法　十界依正一遍体　万行離念一遍証　人中上々妙好華」という頌を感得し、この偈に因んで「一遍」と名乗るようになり、念仏札に「決定往生六十万人」という言葉を追加したという。後に成立した時宗教団では、この神勅拝受をもって時宗の開宗としている。

その後も、一遍は、寺も教団も持たず、「一所不住」「無所有」「本来無一物」の念仏勧進の遊行を行い、南は九州、北は東北まで、自然と集まってきた弟子たちとともに漂泊の旅を続け貴賤男女を問わず、会う人ごとに念仏札を配った（賦算）。「浄不浄を嫌わず」という宗旨から、その一行には非人も交じっていたとされる。

弘安二年（一二七九）、一遍は、信濃国伴野（長野県佐久市）またはその近くの小田切の里で踊り念仏を始める。これは、尊敬する市聖空也に習ったもので、念仏を唱え鉦鼓等を叩きながら、僧俗一体となって集団で踊る行であり、集団的エクスタシーの中で自他融合の悟りの境地を体感することを目指していた。伴野の地は、一遍の伯父通末が承久の乱後に配流され亡くなった場所でもあった。また、一二八〇年には、陸奥国江刺郡（岩手県北上市）にある祖父通信の墓に詣でている。『一遍聖絵』（一遍の伝記絵巻、国宝）では一遍の一行が墓の周りで不遇の中で亡くなった通信の墓を拝んでいる場面が描かれているが、この時も、踊り念仏が行われたものと考えられる。

このように、不遇のまま他郷で死んでいった親族にちなんだ地を一遍が訪問して、そこで踊り念仏をしているということは、踊

図6－2　祖父の墓を参る一遍とその一行（「一遍聖絵」巻5　国立国会図書館所蔵）

り念仏が鎮魂の意味をもっていたと言い得る。自他不二の恍惚境において、死者も生者も一つになり、この世を超えた超越的な次元が体感される。苦しむ死者の孤独な魂は、呼び起され他の魂と融合し、浄化されることで、救済され鎮魂されていったのである。一遍は、一六年間、一所不住の旅を続け、正応二年（一二八九）、尊敬する教信沙弥の墓のある播磨印南野の教信寺へ向かう途中、入滅した。一遍は、「わが門弟においては、葬礼の儀式をととのうべからず。野にすてて獣にほどこすべし。」と遺言し、また、臨終を前にして、阿弥陀経を誦しつつ、一切の経典や書籍を焼き捨ててしまい、「一代聖教皆尽きて、南無阿弥陀仏になりはてぬ」と言ったという。まさに「捨聖」に相応しい最期であった。

さて、一遍の思想は、一元論的傾向が強いことで知られている。普通、浄土信仰においては、現世は救いのない罪と迷いに満ちた末世であり、それゆえに死後に浄土に往生してそこで成仏すると考える。つまり、現世と死後赴く浄土とは、質的にも全く断絶したものとして二元論的に捉えられる。しかし、一遍の場合は、念仏する衆生は、今、ここですでに救われており、現世がすでに浄土であるという。仏と衆生とは、本来、一体のものであり、すべてを捨てきって阿弥陀仏に帰依して「南無阿弥陀仏」と口称念仏することで、現世において救済され、現世がそのまま浄土になるとされた。『一遍上人語録』の以下の言葉は、一遍のすべてを捨て果てた境地をよく表しているだろう。

又云。「生きながら死して静に来迎を待べし」と云云。万事にいろはず、一切を捨離して、孤独独一なるを、死するとはいふなり。生ぜしも独なり。死するも独なり。されば人と共に住するも独なり、そいはつべき人なき故なり。又、わがなくして念仏申が死するにてあるなり。

このように、家族・地位・名誉・財産など俗世のすべてを捨て果てて「孤独独一」に徹するとは、単に孤立し自分に閉じ籠ることではない。それは、「(一切を捨てて念仏し) かやうに打あげ打あげとなふれば、仏もなく我もなく……よろづ生とし生けるもの、山河草木、ふく風、たつ浪の音までも、念仏ならずといふことなし。」(興願僧都、念仏の安心を尋ね申されけるに、書きてしめしたまふ御返事) と言われる世界、すなわち、自と他、善と悪、さらには仏と我という区別すら捨て果てて、山川草木、生きとし生けるものの称える念仏の声が交響する世界に自ら身を置くことに他ならなかったのである。

学習課題

○源信、法然、親鸞、一遍の思想の特徴を、共通点と相違点に着目して検討する。

参考文献

川崎庸之編『源信』(日本の名著4、中公バックス、一九八三)
中村元『往生要集を読む』(講談社学術文庫、二〇一三)
阿満利麿『法然の衝撃——日本仏教のラディカル』(人文書院一九八九/ちくま学芸文庫、二〇〇五)
大橋俊雄『法然入門』(春秋社、一九八九)
石田瑞麿編『親鸞』(日本の名著六、中公バックス、一九八三)
佐藤正英『親鸞入門』(ちくま新書、一九九八)

末木文美士『親鸞　主上臣下、法に背く』（ミネルヴァ日本評伝選、二〇一六）
武内義範『教行信証の哲学』（法蔵館、二〇〇二）
長澤昌幸『一遍　念仏聖の姿、信仰のかたち』（構築された仏教思想、佼成出版社、二〇二一）
末木文美士『浄土思想論』（春秋社、二〇一三）
峰島旭雄監修『浄土教の事典――法然・親鸞・一遍の世界――』（東京堂出版、二〇一一）
多田厚隆・大久保良順・田村芳朗・浅井円道校注『天台本覚論』（日本思想大系、岩波書店、一九七三／新装版、一九九五）

7　中世②　禅の思想文化と『法華経』信仰

《学習のポイント》　禅の歴史について説明した上で、「日本思想史上、最高の思想家」ともいわれる道元の生涯と思想について、道元の著作を手がかりとして解説する。禅が日本文化に与えた影響についても、茶道などの具体的な例を挙げながら検討する。また、日蓮の生涯と思想についても説明する。

《キーワード》　『正法眼蔵』、天台本覚思想、わび茶、『開目抄』

1．道元の生涯と思想

禅とは何か―伝説的系譜と歴史

禅という言葉の源は、サンスクリット語（古代インドの雅語）のディヤーナ Dhyāna であり、精神の安定と統一を意味していた。この言葉が中国に伝わって音写され「禅那」と呼ばれ、また、意味をとって訳されて「定《じょう》」とも呼ばれた。この「禅那」と「定」を合わせて「禅定」という言葉もできた。これらの言葉は、坐禅瞑想による精神集中を意味しており、仏教の開祖である釈尊も、この坐禅瞑想によって開悟成道したと言われる。伝説によれば、二九歳で皇太子という地位を捨て出家した釈尊は、三五歳の時、ブッダガヤーの菩提樹の下で一晩中坐禅瞑想をし、明けの明星が光ったのをみて開悟成道を遂げた。今から二千数百年前の出来事と言われる。禅はその源を、遠く釈尊の菩提樹下の開悟成道にまで遡るとされている。

さて、禅宗が宗派として実際に成立したのは、唐の時代であると言われているが、初期の禅者たちは、禅宗の起源を南北朝時代に中国にやってきたインド僧菩提達磨に求めた。彼らの主張によれば、釈尊が霊鷲山での説法にあたって、一言も発せずに沈黙のうちに花を弟子たちに示したところ、摩訶迦葉《まかかしょう》だけが釈尊の真意を理解して破顔微笑《はがんみしょう》して応えたので、釈尊は摩訶迦葉に正法眼蔵、つまり仏法の真髄を伝えた。摩訶迦葉を初祖として、インドで代々、「不立文字」「以心伝心」「教外別伝」にて、心から心へと、文字の教えを介さずに、仏陀の心（真理）がダイレクトに伝わって、二八代目の菩提達磨がそれを中国に伝えたというのである。この系譜が、禅宗立宗の基礎となっている。

禅宗では、経典を含めて何物にもとらわれない自由な境地を、坐禅による開悟成道、見性成仏を通じて体感し、それを日常生活の中で活用していくことを目指した。真理は、書物の中にあるのではなくて、現実を生き、他者と問答を交わしながら交流する中に現れてくると主張したのである。

従来、中国では、主に上層階級の帰依によって学問仏教の諸宗が栄えたが、これらは、度重なる仏教弾圧や唐末五代の社会変動によって次第に衰微していき、それに代わって、新興の士大夫層と結び付いた禅宗が、臨済・潙仰《いぎょう》・曹洞・雲門・法眼の五派に分かれて隆盛した。さらに臨済宗は黄龍・楊岐の二派に分かれて、あわせて五家七宗と称した。

日本には、飛鳥時代に入唐して法相宗を伝えた道昭（六二九〜七〇〇）が、二祖慧可の法孫慧満のもとで禅法を習学し、八年間の在唐の後、斉明天皇六年（六六〇）に帰国し、将来した玄奘訳の法相学関係の経論とあわせて禅籍をも、元興寺（飛鳥寺）境内の東南隅に建立した禅院に安置し、法相学とともに禅法をも広めた。これが日本への禅宗の初伝となる。その後は、延暦二三年（八〇四）、最澄が入唐して牛頭禅を受け、ついで、馬祖の流れの義空が来日して南宗禅を伝え、天台宗の覚阿（一一四三～?）が入宋して、臨済宗楊岐派の瞎堂慧遠から禅法を受けた。ただし、これらは法系が途絶えてしまった。三宝寺の大日能忍（?～一一九四／一一九五）は、独学により開悟成道し、その悟境を記した偈を弟子に託して入宋させ阿育王山の拙庵徳光から印可証明を受けて達磨宗（日本達磨宗）を開宗したが、比叡山の弾圧により衰滅し、弟子たちは道元教団に帰投した。本格的に禅を日本に根付かせたのは、栄西（一一四一～一二一五）である。栄西は、入宋して臨済宗黄龍派の禅を学び、帰国の後は京都に建仁寺《けんにんじ》、鎌倉に寿福寺を開いた。そして、この栄西の開いた建仁寺で学び、入宋して天童如浄から印可証明を受けて、曹洞宗を日本に伝えたのが道元である。

その後、宋朝禅の諸派が伝わり、日本に根付いていった。宋朝禅とともに、朱子学などの宋学をはじめ、文学、美術、建築などの禅文化も伝わり、日本の中世文化の発展に寄与した。江戸時代の初め来日した隠元隆琦《いんげんりゅうき》（一五九二～一六七三）は、明代に盛んであった念仏禅を伝えて黄檗宗の開祖となった。江戸時代には、鈴木正三（一五七九～一六五五）、盤珪永琢《ばんけいようたく》（一六二二～一六九三）、白隠慧鶴《はくいんえかく》（一六八五～一七六八）らが出て、現世における活動を仏行と捉え家職に励むことを勧めるなど、世俗化が進んだ江戸の社会に適合した禅の教えを広く説き、庶民教化に励んだ。

次項では、以上挙げた日本の禅の展開の中でも画期をなした道元の生涯と思想について説明する。道元は、中国で発展した曹洞宗を日本に伝え日本曹洞宗の開祖となったが、道元の思想的意義はそれには留まらない。和辻哲郎の「沙門道元」以来、宗門外の道元研究も盛んに行われ、国外では主著『正法眼蔵』の英訳数種類が公刊され、仏訳、独訳、中国語訳等も相次いで刊行されていることが端的に示しているように、「日本思想史上最高の哲人」とも言われる道元の思想と表現は、人間や世界の普遍的構造に鋭く迫っており、それ故、広く注目を集めているのである。

道元の生涯

道元（一二〇〇～一二五三）は、源通具《みちとも》（一説に通親《みちちか》）の子として京都の上級貴族の家に生まれ、一四歳の時に、比叡山延暦寺戒壇院において天台座主公円（一一六八～一二三五）に就いて大乗菩薩戒を受け出家するが、当時の比叡山の教学に飽き足らず山を下りた。そのきっかけは、本来仏性《ぶっしょう》を持っているのならなぜ修行する必要があるのかという、天台本覚思想に対する疑問だったと伝えられる。天台本覚思想とは、不二・絶対の理を究明し、そこから現実のありとあらゆる事物を本来の覚性（本覚）の現われとして肯定する考え方であり、これに依るならば、すべては真理の現れであり、衆生はすでに悟っているのであるから、修行する必要はないという結論になる。道元は、この結論に納得せず天台宗を去り、栄西が開創した建仁寺に、三井寺の公胤の指示に従って入った。さらに、禅を本場で深く学ぶために、栄西の高弟であり、建仁寺で道元を指導した明全とともに入宋した。道元の思想的展開は、この入宋から始まる。

道元は、遍歴の末に曹洞宗の天童如浄に入門し、その指導下で坐禅に励み身心脱落、すなわち身も心も執着を離れ解脱した。嘉禄三年（一二二七）、二八歳で帰国した道元は、新たに将来した純禅の教えを広めるために『普勧坐禅儀《ふかんざぜんぎ》』を著し、自分自身が中国の禅院で身をもって体験した坐禅の意義と方法とを説いた。天福元年（一二三三年）、三四歳の時には、正覚尼や九条教家の寄進によって、京都深草に日本初の本格的禅院である観音導利院《かんのんどうりいん》興聖《こうしょう》宝林禅寺《ほうりんぜんじ》（興聖寺）を開き道俗の教化につとめた。このころ、孤雲懐奘《こうんえじょう》、覚禅懐鑑《かくぜんえかん》、徹通義介《てっつうぎかい》ら、達摩宗徒らが合流した。彼らはその後、道元教団の継承者となっていく。

道元は、興聖寺を拠点に一〇年余り、新教団の運営と布教とに励んだが、寛元元年（一二四三）、四四歳の時に京都を去って、幕府の御家人で外護者であった波多野義重の領地がある越前国に下向した。越前下向の理由としては、比叡山からの圧迫があったからとも、道元自身、師である如浄の言いつけに従って俗世を離れる必要性を改めて感じたからとも言われている。

越前下向後しばらくは、吉峰寺《よしみねでら》、禅師峰《やましぶ》の古寺に仮寓したが、寛元二年（一二四四）、永平寺（大仏寺）を開いた。宝治元年（一二四七）には、北条時頼の招きで鎌倉に下ったが、翌年、永平寺に帰った。越前での道元は、新たに建立された永平寺を根拠地として弟子たちの指導に力を尽くし、また、越前下向以前から執筆していた主著『正法眼蔵』の編集と増補を行った。最終巻である「八大人覚」巻の、永平寺二世孤雲懐奘の奥書によれば、従来あった七五巻を編集し（七五巻本）、さらに新たに書き足し全百巻で完成させる目論見があったが、一二巻書いたところで（一二巻本）病を得て果たせなかったとある。建長五年（一二五三）病勢の募った道元は、永平寺住職の座を孤雲懐奘に託し、病気療養のため上洛したが五四歳で入滅した。死を迎えるにあたっては、かねがね信奉していた『法華経』如来神力品の、あらゆる場所がそこで仏が悟り、説法し、般涅槃（完全な悟り＝入滅）する場所であると説く一節を口ずさみつつ経行《きんひん》し、柱にその経文を書き付け、さらに「妙法蓮華経庵」と書き留めたと伝えられている。また、遺偈《ゆいげ》には「五十四年、第一天を照らす。箇の跨跳《ぼっちょう》を打《た》して、大千を触破《そくは》す。咦《いい》。渾身覓《こんしんもと》むるなく、活《い》きながら黄泉《こうせん》に落つ」とあった。

著作としては、『正法眼蔵』『永平広録』『永平清規《えいへいしんぎ》』『学道用心集』『普勧坐禅儀』『宝慶記《ほうきょうき》』『傘松道詠《さんしょうどうえい》』などがある。このうち『永平清規』は、「典座《てんぞ》教訓」「弁道法」「赴粥飯法《ふしゅくはんぽう》」「衆寮箴規《しゅりょうしんぎ》」「対大己五夏闍梨法《たいたいこごげじゃりほう》」「知事清規」の六編からなり、教団の秩序を守り修行生活を律するための生活規則をまとめたものである。『永平広録』は、弟子たちが編集した道元一代の言行録であり、漢文で書かれ禅僧としての正式の記録になる。

自己の探究

道元の思想の基本には、「現成公案」つまり、真理は、自分とは関係のない遠いどこかにあるのではなくて、今、ここ、この私に顕現しているという考え方がある。道元の主著『正法眼蔵』の第一巻は、まさに「現成公案」と題されている。これは『正法眼蔵』のうちの最初期の執筆であり、奥書によれば、俗弟子に与えられている。まず、『正法眼蔵』全巻の冒頭に道元が据えた「現成公案」巻の次のような言葉から考えてみよう。

仏道をならふといふは、自己をならふ也。
自己をならふといふは自己をわするるなり。

仏道修行というのは「己事究明《こじきゅうめい》」であると言われる。それは、自分が何であるのかを追及するということである。これは、仏教のもつ基本的な問いである。道元は、「自分とは何であるのか」を追求することは、「本当の自分は～である」というような一義的な答えを得ることなどではない、と考える。道元は、仏道修行をすることは、「自分とは何か」を探求することであるが、それは、実は、「自分を忘れる」ことであると言う。これはどういう意味であろうか。上に挙げた一節に続く道元の言葉を続けて見ていこう。

自己をわするるといふは、万法に証せらるるなり。
万法に証せらるるといふは、自己の身心および他己の身心をして脱落せしむるなり。

「自分を忘れる」とは、「自分に対するこだわり、執着がなくなる」ということである。「自分とは何であるのか」を追い求めていたはずなのに、追い求めて行った果てに、もう自分にはこだわらないという境地に達するというのである。なぜそうなるのかということは、次の「万法に証せらるるなり」という言葉があらわしている。

「万法」というのは、ありとあらゆる存在という意味である。「証する」であるが、仏教用語としては「証」は「悟り」であるから、「悟る」という意味である。つまり、自分は万物によって悟らせられているから、自分に対する執着がないといっているのである。そして、それは、万物によって悟らせられることだと言われる。そして、そのことは、さらに、「自己の身心および他己の身心をして脱落せしむる」ということであると展開する。「他己」という言葉が意味するのは次のような事柄である。「他」とは単なる独立した「他」ではなくて「己」と深い関係をもった「他」であり、自他も別個のものではなく密接に関わっている。この場合の「他」とは、他人だけではなくて、山川草木、生きとし生けるものすべてを指す。

「脱落せしむる」とは「解脱させる」ということである。「解脱」とは、仏教の目指す「悟り」の別の言い方であり、いっさいの執着がなくなることである。

つまり、「ありとあらゆる存在によって悟らせられる」ということは、自分とそれ以外のものとが別々のものではなく、互いに互いを成り立たせつつ、このようなものとして存在しているということを意味している。「自分とは何であるのか」ということを追い求めていって、他から切り離されたかたちで存在する「自分」、何によっても影響されない「本当の自分」などというものはどこにもないということが分かるのである。

その時、はじめて、「自分」だけをことさら取り出して問題にするような思考方法から解放され、自分に対する執着、こだわりが消滅する。自分とは、他との関係のうちで刻々と姿をかえつつ、そのつど、「今、ここ、この私」として立ち現われているにすぎない。このような自分のあり方を、心底、自覚し、そのことによって自分に対する執着がなくなることを、仏教の言葉では、「煩悩」の消滅による「悟り」と言い、「解脱」と言うのである。

世界のあらゆる存在は、つながり合いはたらき合いつつ、互いを成り立たせている。自分は、それ自身として独立に存在しているのではなく、関係の中で成立している。独立自存の排他的自己ではないことを、仏教の用語では「無我」や「空」と呼び、関係の中でそのものとして成立することを「縁起」と呼ぶ。そして、「空」において、つまり、つながり合い、はたらき合いの中で行われる行為とは、自分への因われを脱し、他の存在とのつながりを自覚しつつなされる行為である。その時、人は、自分自身が真の自由を得るとともに、他者をも自由にする。道元の主張する「さとり」とはこのようなものなのだ。

修証一等

以上説明したような「悟り」を成り立たせているものとして、「修証一等《しゅしょういっとう》」の考え方がある。次にこの問題を考えてみたい。

「修証一等」とは、悟りと修行とを等しいもの（一等）として捉えるということで、これは、両者の関係を、修行によって悟りを得るというような目的―手段関係とはしないということである。もちろん、或る一人の人間に即すれば、修行して悟るという過程があり、その限りでは、とりあえず、修行が悟りに先行するということは言えるのではあるが、しかし、本質的な意味においては、「修証一等」であると道元は主張する。「修証一等」については、『正法眼蔵』に先立って執筆された「弁道話」で以下のように言われているのが参考になる。

仏法には、修証これ一等なり。いまも証上の修なるがゆへに、初心の辦道すなはち本証の全体なり。かるがゆゑに、修行の用心をさづくるにも、修のほかに証をまつおもひなかれとをしふ。

ここでいわれているように、道元にとって修行とは、悟りを基盤として成り立っているものである。これは、本来的には、修行者がすでに悟りを得ているということである。修行の発端においてはその実感はないが、修行中のある特権的な瞬間において、つまり、悟りの瞬間において、修行者は「空」と出会う。そのときはじめて、修行者は、自分が修行を開始した時点からすでに、「空」の次元に身をおいていたことに気づく。ここには、本来の自己に還帰するという循環構造がある。目的の実現は、その目的自体を基盤として可能となっているのである。

すでに「空」の次元にある者が、「空」を顕現することが修行なのである。そうであるとしたら、修行することにおいて、「空」の体得それ自体、すなわち悟りという修行の目的が実現されていることになる。つまり、修行と悟りとが等しいということになるのである。

そして、悟りとは、一度手に入れればその後何もしないでもずっと保持できるというようなものではない。修行以外に悟りはないのだとすれば、修行し続ける以外に、悟りを保持する方法はないことになる。修行をする一瞬一瞬こそが、悟りが顕現される一瞬、一瞬なのである

普通に考えれば、修行のはじめと「悟り」とはまったく違う状態のように思える。もちろん、表面的にはそうである。しかし、深層の構造としてみれば両者は等しいというのが、「修証一等」の考え方である。つまり、本来あったものを自覚するという循環構造が、ここにはある。悟ることで、何か特別なことが起こるのではない。自己がすでに真理の中にいた、つまり、あらゆるものとつながり合い、はたらき合いつつ、今、ここに、このようなものとしてあるのだということに、心と体で実感として気付き自覚するだけなのである。

2. 禅と日本文化

禅語と日本語

日本文化伝統の形成にあたって、仏教の果たした役割は多大なものである。中でも、禅宗の与えた影響は顕著である。そのことは、日本語の語彙の中に、多くの禅宗用語が取り入れられていることからもうかがえる。ほんの一例を挙げれば、「挨拶」「以心伝心」「向上」「端的」「滅却」「毛頭」「行脚」「看経」「一得一失」「主眼」「自粛」「体得」「打開」「単刀直入」「門外漢」「老婆心」、その

他多数の禅宗に由来する言葉が日常的に使用されている。

鈴木大拙の『禅と日本文化』も指摘するように、禅の精神、すなわち、形式主義を否定し、俗世の価値観を否定し、孤高と無執着を求める精神は、日本の文化に大きな影響を与えた。たとえば、禅の「さとり」の境地を象徴的に表現した石庭（枯山水）や、京都の禅寺の画僧、雪舟等楊（一四二〇～一五〇六）によって大成された日本の水墨画も、最小限に切り詰めた象徴的表現の中に、無限の精神的豊かさと自由を見出していこうとする点において、禅の精神を体現している。

また、武士道も禅の思想の大きな影響を受けている。武士は戦場において自己の命に対する執着を捨てて、主君のために、また自己の家の存続のために戦わなければならない。禅宗の理想とする無執着の境地を修行によって体得することで、武士は自己のつとめをよりよく果たせると考えた。鎌倉幕府が禅宗を保護して、多くの禅寺を建立したのは、禅の精神が、生死を越えて戦わなければならない武士たちの心の糧となり得たということも一因である。

千利休の「わび茶」と禅

中国に留学した日本臨済宗の開祖である栄西は、粉末にした茶葉を飲用する抹茶法を日本に伝えた。伝来当初、茶は、禅の修行の際に眠気を覚ます薬として用いられたり、仏前に献じられたりしていたが、鎌倉時代後期になると茶会（茶寄合）が流行するようになり、室町時代には、喫茶の作法の中に精神性や思想性が盛り込まれるようになった。茶をたてて客にふるまう中に、自己の精神修養と他者との「一期一会」の出会いと精神的交流を求めるようになったのである。「わび茶」の創始者と呼ばれる村田珠光（一四二三～一五〇二）は、風狂の禅僧、一休宗純（一三九四～一四八一）の弟子であったと伝えられ、禅の精神を茶の湯に生かした。そして、その系譜を引く千利休（一五二二〜一五九一）によって、茶禅一味の「わび茶」が完成した。

千利休は、堺の商人出身で、茶の湯を村田珠光の弟子である武野紹鷗（一五〇二〜一五五五）に学び、禅については大徳寺の古渓宗陳《こけいそうちん》に参じて開悟の印可証明を得ている。利休は、天下一の茶匠の名をほしいままにし、織田信長、豊臣秀吉の茶頭（貴人に仕える茶道指南役）をつとめ、秀吉の北野大茶会を主催するなど活躍したが、後に秀吉の怒りにふれ切腹した。

さて、千利休の完成した「わび茶」は、当時流行していた、立派な茶室の中で中国から輸入した高価な道具を使って行う、豪華、華麗な書院茶に対して、草庵茶と呼ばれており、簡素な庵で素朴な道具を使って行われるものであった。秀吉の作った黄金の茶室のように物質的豊かさをストレートに誇示するのではなくて、簡素で素朴な中に、洗練された美と「和敬清寂」の精神的価値を求めた。それは、利休作と伝えられる茶室待庵（日本最古の茶室で数奇屋造の原型とされる。京都府乙訓郡大山崎町妙喜庵内。国宝）のたった二畳の空間や、完全な左右対称ではなく歪んだ茶わんに象徴されるような、閑寂、幽玄なものであった。待庵は、現存する唯一の利休作の茶室と言われており、利休のわび茶の精神をよく伝える。たとえば、にじり口と呼ばれる出入り口は、人ひとりがかがんでようやく出入りできる高さと幅に定められており、武士であっても刀は茶室内には

図７　茶室待庵のにじり口（妙喜庵　画像提供便利堂）

持ち込めないことになっている。これは、茶室の中に入れば世俗的な身分を離れて、精神的な交流を行うということの象徴でもある。

ところで、「わび茶」の「わび」とは、古語「わびし」の語幹、または、「わぶ」の連用形からできた言葉であると考えられている。もともとは、さびしいとか心細いなどの消極的な意味しか持たなかったが、中世になり禅に基づく美意識が発達するにつれて、飾りやおごりを捨てた、欲望に囚われない、静かで落ち着いた枯淡な味わいという積極的な意味を持つようになってきた。禅の、執着を断ち切り絶対的自由を求める姿勢が、このような「わび」をよしとする。簡素に切り詰めていく「わび」の中にこそ、無限の精神的豊かさ、執着を離れた自由さが見出されるのであり、禅の求めた境地と重なるのである。

3. 日蓮の生涯と思想

生涯

日蓮宗の開祖である日蓮（一二二二～一二八二）は、生涯に渡り、一切衆生の成仏と永遠の仏としての釈尊を説く『法華経』を奉じ、『法華経』に基づく現実変革を説いた。時の権力者たちを『法華経』の教えに背く者として激しく弾劾し改心を迫ったために、厳しい弾圧を受け、死罪の宣告まで受けたが、自らの信念を貫き通した。

よく知られているように、インドの初期仏教では、「国王は、つまるところ人民の財を取り上げる盗賊であるから、なるべく関わるな」と説き、現実社会と距離をとりつつ修行に励むことを勧めた。また、インドでは、中央集権的な権力機構が長続きせず、国家権力が相対的に弱体であったが、それとは対照的に、中国では、国家権力が強大であり、そのため、鎮護国家仏教が発達した。鎮護国家仏教では、仏教と国家とは相互依存的な関係を取り結び、仏教が国家安康を祈願し、国家権力が仏教を保護した。中国仏教の影響下で発展した日本仏教においても、仏教と国家との関係は基本的に相互依存的関係であり、両者の密接な関係は車の両輪、鳥の両翼に喩えられた。

　このような中にあって、日蓮は、『法華経』を第一義のものとして立て、現実社会と厳しく対峙し、現実社会を、そして日蓮からは、誤った現実社会を補完する邪教と見えた既成仏教を、厳しく批判した。このような激しい現実批判と社会改革への意欲は、日本仏教においては異例ではあるが、日蓮の思想的系譜からは、不受不施派をはじめ、近代の牧口常三郎など、社会との対立を恐れず信仰を貫く日蓮信奉者を輩出した。また、国柱会の田中智学や満州国を建設した石原莞爾、二二六事件の北一輝、明治期の文芸評論家の高山樗牛、仏教精神に基づく独自の童話や詩で知られる宮沢賢治など、日蓮の、そして『法華経』の信奉者は多岐に渡っている。

　さて、日蓮は、安房《あわ》国長狭《ながさ》郡東条郷方海《かたうみ》に有力漁民の子として生まれた。一二歳の時に、故郷に近い清澄山《きよすみやま》の清澄寺《せいちょうじ》で出家し、その後、比叡山をはじめ京都、奈良、鎌倉、高野山の諸寺で研鑽を積む中で、『法華経』の重要性に目覚めた。日蓮は、一乗思想の下で万人の成仏を説く『法華経』こそが、現実変革、衆生救済の要であるとし、「妙法蓮華経」という経題の五字に、釈尊の教えの真髄である『法華経』の内容のすべてが凝縮されているから、それを称えることで功徳に与ることができると主張した。日蓮は、『法華経』の題目を唱えることは、『法華経』に開示され、かつ、自己の身心に潜在する「真理」発動への働きかけであるとし、さらに、最高の教えである『法華経』を中心とした新たな社会を建設すべく、現実世界を改革すべきだと考えたのである。

このような確信の下に、建長五年（一二五三）、故郷に戻った日蓮は、清澄山頂で「南無妙法蓮華経」の題目を高唱した。これをもって日蓮宗の開宗としている。

その後、日蓮は、鎌倉に移り布教を始め、『立正安国論』を著し、近来うち続く天変地異と社会不安は、人々が『法華経』に背き、法然の専修念仏などの邪義に赴いた結果、国を守護する善神が日本を捨ててしまったからであると厳しく批判した。そして、もしこのまま、『法華経』を蔑ろにするならば、他国の侵略や自国内の謀叛の「二難」は免れられないだろうと警告した。

『立正安国論』は、前執権で幕府の実力者、北条時頼に献じられたが、その進言は用いられなかった。しかし、日蓮は「国主諫暁《こくしゅかんぎょう》」の失敗にもひるむことなく、後の「念仏無間・禅天魔・真言亡国・律国賊」という四箇格言《しかかくげん》に端的に表れているように、激しい他宗批判を繰り返した。『法華経』を奉じ命懸けで折伏《しゃくぶく》する日蓮にとっては、念仏以外を捨て去ることを説く専修念仏の教えや、開悟成道を目指し坐禅や公案に専念することを説く禅宗は、まさに邪義でしかなかったのである。

日蓮の過激な主張は、幕府の弾圧を招き、四〇歳の時には、伊豆に配流された。五〇歳の時の龍ノ口の法難では、斬罪に処せられそうになったが、危ういところで免れて佐渡に流された。佐渡では三年に渡り困難な生活を送りつつも布教に励んで熱心な信者を得、また、最も重要な著作とされる『開目抄』『観心本尊抄』を著した。

赦免の後は身延山《みのぶさん》に隠棲し、著作活動を行いつつ布教に努めた。丁度このころ文永・弘安の役が起こり、蒙古軍が来襲する。このことを日蓮は、自らの予言の成就であると捉えた。日蓮は、邪義に心を惑わされたことがこのような事態を招いたことを自覚して『法華経』に帰依せよ、と人々に説き、幕府が蒙古軍調伏の祈祷を真言宗に行わせたことを激しく非難した。しかし、真言宗による加持祈祷がかなって吹いたと当時の人々が考えた「神風」によって蒙古軍が敗退し、日蓮の日本再生へむけての構想は挫折してしまった。そして、弘安の役（一二八一年）の翌年、年来の胃腸の持病が悪化した日蓮は、常陸の温泉に療養に向かう途中、信者の池上宗仲の屋敷（今の東京池上本門寺）で入滅した。世寿、六一歳であった。

上行菩薩の自覚

日蓮は、自らを「地涌の菩薩」、とりわけその筆頭である「上行菩薩」になぞらえていた。地涌の菩薩とは、『法華経』によれば、釈尊が『法華経』を説くにあたって大地から涌出し、末世に『法華経』を広めることを付嘱された者である。日蓮は、自らを上行菩薩として、「娑婆即寂光」として現実を仏国土化すること、つまり日本の国を、『法華経』を通じて仏国土にすることを使命とし、自ら、忍難殉教の菩薩行に励んだのである。なお、日蓮が他のどの宗派にもまして法然の専修念仏を批判したのは、まさにこの点に関わっている。現実世界を浄土化すべく現実変革を訴える日蓮の立場からは、厭離穢土、欣求浄土を称える浄土信仰の二元論的志向は、決して認められないものだったのである。（このような日蓮の批判に対して、念仏信仰の側からは、口称念仏は経典にその根拠があるが、日蓮の題目にはそれがないという反撃がなされた。）

日蓮の上行菩薩としての自覚は、その著作のさまざまな箇所から窺うことができるが、中でももっとも知られているのは、『開目抄』の次のような言葉であろう。

詮ずるところは、天もすて給へ。諸難にもあへ。身命を期とせん。（中略）善に付け悪に付け、法華経をすつるは、地獄の業なるべし。大願を立てん。日本国の位をゆづらむ、法華経をすて、観経等について後生を期せよ。父母の頸を刎ねん、念仏申さずは。なんどの種々の大難出来すとも、智者に我が義やぶられずば用ゐじとなり。その外の大難、風の前の塵なるべし。我日本の柱とならむ、我日本の眼目とならむ、我日本の大船とならむ、等とちかひし願、やぶるべからず。

ここで日蓮は、たとえどのような迫害にあおうとも自分は『法華経』を宣布して唱題を勧め、そのことによって日本の国を支え守っていこうという誓いを立てている。日蓮は、他のどの仏教思想家にもまして、この日本という地に密着した救いを追求した人であった。そこは、まさに地涌の菩薩がそこから涌いてくる大地であり、仏国土を建設すべき場所であったのだ。

学習課題

○道元と日蓮のそれぞれの思想の特徴をまとめ、共通点と相違点を検討する。

参考文献

石井清純『道元　仏であるがゆえに坐す』（構築された仏教思想、佼成出版社、二〇一六）
倉澤幸久『道元思想の展開』（春秋社、二〇〇〇）
玉城康四郎『道元』（日本の名著7、中公バックス、中央公論社、一九八三）

角田泰隆『道元入門』（角川ソフィア文庫、二〇一二）
辻口雄一郎『正法眼蔵の思想的研究』（北樹出版、二〇一二）
水野弥穂子校注『正法眼蔵』全四巻（岩波文庫、一九九〇〜一九九三）
水野弥穂子訳『正法眼蔵随聞記』（ちくま学芸文庫、一九九二）
南直哉『『正法眼蔵』を読む　存在するとはどういうことか』（講談社選書メチエ、講談社、二〇〇八）
頼住光子『正法眼蔵入門』（角川ソフィア文庫、二〇一四）紀野一義編『日蓮』（日本の名著8、中公バックス、中央公論社、一九八三）
久保田正文『日蓮　その生涯と思想』（講談社現代新書、講談社、一九六七）
佐藤弘夫『日蓮　われ日本の柱とならむ』（ミネルヴァ日本評伝選、ミネルヴァ書房、二〇〇三）
末木文美士『増補　日蓮入門　現世を撃つ思想』（ちくま学芸文庫、筑摩書房、二〇一〇）
中尾堯『日蓮』（歴史文化ライブラリー、吉川弘文館、二〇〇一）

8 中世③ 伝統芸能の思想

謡曲をめぐって

《学習のポイント》 能を中心とした日本の伝統芸能の思想について解説する。とくに能の台本である謡曲を取り上げて、そこに見られる日本人の死生観、世界観などの伝統的なものの考え方を検討する。

《キーワード》 世阿弥、複式夢幻能、シテとワキ、諸国一見の僧、「弓八幡」、「鵜」

1．能とは何か

能の演じ手

能は、歌舞伎や人形浄瑠璃とならぶ日本の代表的な古典芸能である。現在上演されている中では世界最古の演劇とも言われており、歌、セリフ、所作、舞、囃子、面、装束などからなる総合的な芸術である。そのうちの謡曲とは、能の脚本のことであり『伊勢物語』『源氏物語』『平家物語』などの古典文学や和歌に典拠を持つ詞章を懸け言葉で綴り合せつつ用い、独自の文体によって、幽玄な世界を展開している。

能の主要な登場人物としては、シテ、ワキ、アイなどがいる。シテは主人公で、人間だけではなくて、神仏や霊的存在、鬼、草花の精など多様である。シテは、その役にふさわしい面を付けることになっている。また中入りをはさんで、前シテと後《のち》シテに分かれることもあるが、その場合でも、同じ演者がつとめることになっている。シテの一人称の語りは、物語を進行させる主軸になっていく。

ワキは、旅の僧、神主、天皇の臣下などで、歌枕などの名所、古跡、古戦場など、由緒やいわれのある場所を巡っており、その場所で、シテ――多くの場合、かつてその場所で生き思いを残して亡くなったシテと出会い、その演技を引き出すことになっている。シテが神仏や亡霊の役を演じることも多いのに対して、ワキは、現実の男性を直面《ひためん》（素顔）で演じ、舞を舞うこともない。

アイは、前場《まえば》と後場《のちば》の間に登場する里人（「所の者」）などであり、シテに関する物語や背景を、第三者的な立場から語る。アイは、いわば村落共同体内部の人間である。

地謡《じうたい》は合唱隊であり、情景や登場人物の心理を説明したり、シテやワキなどの登場人物と掛け合いをしたりする。詞章は、七五調で書かれた一二文字を一まとまりとして、八拍子で歌われることが多い。囃子方は、笛、小鼓、大鼓、太鼓の四種類の楽器を用いて演奏をし、劇を進行させていく。これらさまざまな役割を担う人々によって、能舞台の「幽玄」と「花」（舞台上の魅力や感動）は成り立っているのである。

世阿弥と能の歴史

現在まで続く能の大成者は観阿弥、世阿弥親子であるが、能が完成するまでには、長い前史がある。能の源流としてまず挙げられるのは、中古から中世にかけて盛んだった猿楽である。猿楽は、わが国古来のこっけいな「わざおぎ」に、奈良時代に唐から伝わった散楽が加わった物まね芸（物語や歴史上の人物の再現）であり、散楽が訛って「猿楽」となった。鎌倉時代、猿楽は寺院や神社の法会や祭礼の際に演じられ人気を博し、南北朝時代には、大和四座《やまとしざ》の他、近江、摂津、山城、伊勢など、各地に猿楽を演じる者たちの専門的集団が形成された。その中でも大和の結崎座《ゆうざきざ》の観阿弥と世阿弥の親子は、当時流行していた他の芸能の特徴を積極的に取り入れながら、より洗練された優美な世界を舞台上に表現し、現在につながる能を確立した。特に世阿弥は、幻想的で優雅な舞とシテの一人称の語りを主軸に、現在と過去を交錯させる複式夢幻能という様式を完成させた。また、世阿弥は、『風姿花伝』など多くの理論書を著し、後継者に残そうとした。これら一連の能芸論書は、日本の代表的な芸術論として高く評価されている。

　観阿弥・世阿弥親子の後ろ盾となったのが室町幕府の三代将軍足利義満であった。世阿弥は、義満の庇護下で教養を磨き、上流階級の指向に合う、優美で深遠な能を作り演じて支持を得た。また、世阿弥は、当時の最上流社会に身を置きつつも、自分自身は、固定した生活の場をもたず、自身の技能や芸事によって世を渡る非定住者である芸能民の出身であった。[1] 周囲とのこのような身分的な落差は、いわばアウトサイダーとしての世阿弥自身の人間に対する観察眼を否応なしに研ぎ澄ませたであろう。世阿弥の能作品では、透徹した観察眼による人間理解を核として、古典文学に対する広範な教養に裏打ちされた、優艶な詞章、所作、歌舞、ストーリーのそれぞれが有機的に結びつき、観客を深い感動へと導くのである。

　さて、義満や義持の時代、世阿弥は、観世大夫（観世一門の総師）として、能作品の創作と上演、能芸論の執筆、後継者の養成と、順調に活動を展開したが、義持の死後、世阿弥と競合する音《おん》阿弥《あみ》を贔屓にしていた義教が足利将軍に就任すると、世阿弥の人生は暗転する。義教は、すでに七〇代に達していた世阿弥を佐渡流刑に処し、その後の世阿弥の消息は不明である。世阿弥以降、観世大夫を継いだのが音阿弥の系統であり、足利将軍家から重用され、また戦国大名からも支持を得た。江戸時代になると、能楽は武家の式楽（儀式用の芸能）となり隆盛をみた。いわゆる「神男女狂鬼《しんなんにょきょうき》」の五番立て[2]が確立したのも江戸時代である。印刷文化の隆盛に伴い庶民にも謡本《うたいぼん》（能の詞章に節付を示す譜を傍記したもの）が普及し、素謡《すうたい》が流行した。明治維新で武家が没落するとともに能楽も一時衰微するが、わが国古来の伝統の保護の観点から、政府や新興財閥が後援し再興がかない現在に至っている。

以下では、世阿弥作の謡曲「弓八幡」と「鵺」を取り上げて、そこから読み取れる世阿弥の世界観について検討してみたい。

2．「弓八幡」から読み取る謡曲の世界観

「弓八幡」の筋立て

「弓八幡《ゆみやわた》」は、世阿弥作の脇能である。脇能とは五番立てでいうと一番目物に当たり、神が出現し、天下泰平と国土安穏を寿ぐという祝言の能であり、本作は、「高砂」とともに脇能の中でも最も格式の高い「真の神舞物」である。

弓八幡の登場人物をまず挙げておくと、前シテに神の化身の老翁、後シテが高良の神（「かわらのしん」と謡う）、ワキが天皇の臣下、アイが石清水八幡宮の鎮座する山の麓に住む里人である。また、前シテの従者であるツレと、ワキの従者二人（ワキツレ）も登場する。この作品も、前場と

後場でシテが変わる複式夢幻能の形式をとる。

物語が展開される場は、古来、伊勢に次ぐ第二の宗廟として皇室からも、公家や武家からも篤く尊信されてきた石清水八幡宮である。

まず、舞台にワキが登場し、自分は、後宇多院に仕える臣下であると名乗り、石清水八幡宮の如月初卯《きさらぎはつう》の神事に陪従（天皇の側近）として参詣するように命じられたと説明し、八幡宮にやってくる。すると、そこには弓を収めた錦の袋を持った老翁が待ち受けており、自分は、長年、八幡宮に仕えている者で、神託によって、この弓を天皇に捧げたく、それを取り次いでくれる臣下を待ち受けていたのだと説明し、弓を袋に収める謂われや八幡宮の由緒を詳しく語り、最後に自分は高良の神で、天皇を守るために出現したと正体を明かし、姿を消す。

前シテが舞台から姿を消し「中入り」となると、アイが現れて、もう一度、八幡宮のいわれをワキに向かって語りなおす。そして後場は、如月初卯の神事である夜神楽の場面となる。美しい音楽と芳香とともに、若々しい青年の姿をとった高良の神が現れ、舞を舞って八幡宮の神徳を讃えるとともに、御代の栄を寿ぐ。

ワキと前シテの登場

作品の冒頭で、ワキである御宇多院の臣下と、ワキツレであるその従者二人とが「御代も栄ゆく男山。名高き神に参らん。」と第一声を発する。これは、御宇多院の御代を寿ぐ言葉である。御代を寿ぐとは、天皇によって統治される秩序空間が、常に安寧で、その中で人々が穏やかに安楽な暮らしができるよう予祝するということである。そして、そのような暮らしを可能にする力を持つ存在が、この謡曲の中では、「男山」(石清水八幡宮のある山の名前)に鎮座する「名高き神」、八幡神である。八幡神は、神功皇后の故事(八幡神を祭祀し神の加護を得て渡海遠征した)で知られるように、皇室や日本の国の存立を左右する神である。この神に対する石清水八幡宮での数々の祭祀の中でも最も重要なものの一つが、如月初卯の神事で、祭り当日は、夜を徹して神楽が催される。ワキは、後宇多院の「陪従の参詣仕れ」との宣旨によって、神楽などの如月初卯の神事を、いわば天皇の代理として見届けるために参加するという設定である。

さて、八幡宮に到着したワキとワキツレの前に現れたのが、前シテとツレの二人である。二人は「君が代は千世に八千代にさざれ石の。巌となりて苔のむす。松の葉色も常磐山。」と御代を寿ぐとともに、「君を守りの神国に」「神と君と道すぐに」と、神が天皇を守護することを述べる。前シテの老翁は、自分は、石清水八幡宮に長年仕え、「君安全」を祈る者だと名乗り、弓を入れた錦の袋を天皇へ奉る仲立ちをしてほしいと頼み、さらに、それは「当社の御神託」であり、「神慮」なのだと言う。

袋に収められた弓とは、武力を使わずに天皇が統治する平和な世を象徴している。その弓を天皇に奉ることとは、八幡神をはじめとする神々への祭祀によって、太平の世を実現する天皇への尊崇の表現である。同時に、それには、南北朝合一を達成し、絶大な将軍権力を確立した足利義満による天下泰平への賛美も重ねられる(義満の母は石清水八幡宮検校《けんぎょう》の善法寺通清の娘であり、足利将軍家は石清水八幡宮を篤く信仰していた)。

そして、シテは、神功皇后が、天岩戸の神楽を再現して七日七夜の御神楽を行ったように、石清水八幡宮でも神楽を行っていると述べる。神代のアマテラスの岩戸ごもりを解決した神楽が、神功皇后の渡海遠征の際にも重ねて行われ、さらに、石清水八幡宮でも毎年繰り返されている。その時、その場を、神代の原点へと回帰させる神楽が、この世において奏され続ける、このような世界の在り方がここで示される。

そして、このような歌舞の原点は、世阿弥の演能においても繰り返される。世阿弥にとって、歌舞音曲とは、天下泰平の実現に資するものであり、単なる娯楽ではない。地謡が天の岩戸の神楽について「今も道あるまつりごと。あまねしや神籬の。」と述べているように、神楽は、「道あるまつりごと」の助けになる。歌舞によって神の心に叶い、この世を活性化し、秩序を新たにすることは、「道あるまつりごと」を「あまね」く行きわたらせることなのである。

そして、前場の最後で、シテは「高良の神とはわれなるが。この御代を守らんと。唯今ここに来たりたり。八幡大菩薩の。御神託ぞ疑うな」と正体を明かして姿を消し、中入りとなる。高良の神とは、石清水八幡宮の摂社の高良神社に祀られる神であり、ここでは、石清水八幡宮に祀られる神の「神慮」を伝え、後段では夜神楽を踊って神を祀る存在として描かれる。日本近代の倫理学者である和辻哲郎がその著『日本倫理思想史』の中で述べたように、日本の神には、「祀る神」と「祀られる神」の区別があり、ここで「祀られる神」とは神楽を捧げられる八幡神であり、祀る神が高良の神である。高良の神は、石清水八幡宮の神慮を伝えたり、君の統治する国が栄えるように神楽の舞を舞ったりする。つまり、高良の神は、君と君に統治される国の繁栄を守護し、それをより上位の八幡神に取り次ぐ存在と言っていいだろう。八幡神は、この曲においては最後まで舞台上に姿を見せないが、たびたび言及されており、この曲のいわば、不可視の中心軸ともなっているのである。（なお、和辻の所説によれば、天皇自身も神を祀ることにより尊貴性を帯び、自分自身も祀られる存在＝現人神となる。）

後シテの登場

ここで、中入になり、アイである男山山下《さんげ》の住人が、初卯の神事のいわれなどを語り終わると、後シテの高良の神が、若々しい青年の姿で現れ、天下泰平を守護する八幡神の神慮を讃え、自ら高良の神だと名乗る。地謡が「二月の。初卯の神楽おもしろや。」と引き取り、後シテが「うたえや謡え。日影さすまで。」、つまり「朝日が差すまで謡い舞って夜を明かそう」といって、「神舞」がはじまる。この「神舞」の最後の詞章を見ておこう。

地謡「神の昔は。」
シテ「ひさかたの。」
地謡「月の桂の男山。さやけき影は所から。畜類鳥類鳩吹く松の風までも。皆神体と現れ、げにたのもしき神ごころ。示現大菩薩八幡の、神託ぞ豊かなりける。神託ぞ豊かなりける。」

この詞章においては、まず、「神の昔」、つまり世界の原点が語られる。そこでは、八幡神の鎮座する石清水八幡の威徳の象徴でもあり、救いの光である、さやかな月の光に照らされて、獣も鳥も、さらには松の風までも、皆、神の本質を表すという、世の究極の繁栄と安寧の姿が語られる。それは、すべて「神ごころ」によって成就している世界の姿である。そして、このような世界の姿そのものが「示現大菩薩八幡」であるとされる。八幡神（八幡大菩薩）が出現（「示現」）するとは、世界が原初の理想状態に回帰することである。神託の神、すなわち、言葉を与えることによって世界の秩序を更新し続ける八幡神の威徳は偉大なものであるとほめたたえて神舞は結ばれるのである。

3.「鵺」から読み取る謡曲の世界観

「鵺」の筋立て

前項では、天下泰平を実現する歌舞としての「弓八幡」について検討してきた。本項では、「弓八幡」と同様に世阿弥作ではあるものの、「弓八幡」とは対極的な世界を描き出す、五番目物、鬼畜物である「鵺《ぬえ》」を取り上げる。

「鵺」の本説は、『平家物語』巻四の源頼政の鵺退治の段であるが、『平家物語』が退治する側の源頼政の側から語っているのに対して、本作品は退治される側の鵺を主人公にしているところに大きな特徴がある。この作品において鵺は、単なる弱者、敗者ではなくて、秩序を脅かす外部、さらには、秩序が成り立つために疎外される外部を意味していると考えられる。

まず、物語の筋立てを簡単に説明しておこう。この作品でも、ワキである「諸国一見の僧」が、前シテである不可思議な「舟人」に出会う。会話を交わすうちに、「舟人」は、自分は頼政に退治され、その遺骸をうつほ舟（丸木をくりぬいて作った舟）に押し込められ海へ流された鵺であると正体を明かし、夜の海に消えていく。僧が読経をしていると、後シテとして鵺が現れ、自らが討たれた様を語ったあとで、また再び暗い夜の海に消えていく。この作品も、前場と後場でシテが変わる複式夢幻能の形式をとる。

鵺とは、すすり泣くような不気味な声で鳴くトラツグミのことだとされるが、この作品の鵺は、鳴き声こそトラツグミであるものの、頭は猿、尾は蛇、手足は虎の化け物である。この化け物を退治することで頼政は名を馳せたが、世阿弥は、退治された鵺のみならず、頼政についても別の修羅物の主人公とする。世阿弥作の能「頼政」において、シテである頼政は、戦いで敗死し亡霊となり、諸国一見の僧の前に現れて救済を願う。「弓八幡」などの脇能では、一貫して、この世のめでたさの実現を希求した世阿弥は、これらの作品においては一転して、この世に居場所を持たず、妄執を募らせる存在を主人公として、この世が「めでたい」場所となるために、排除された者に焦点を当てるのだ。

ワキの登場

ワキは、最初に登場した時に、「世を捨人の旅の空」「諸国一見の僧」と名乗る。「世を捨人」という自己規定は、諸国を巡歴する旅の僧侶が、俗世の生活、つまり人々の日常的な秩序から外れた存在であることを物語っている。日常とは、この作品で言えば、アイである村里の住人たちの世界であり、生産をしつつ家族で暮らし、村の長によって治定、管理されている。そして村の長たちもさらに上位の存在から統治されており、さらにその上位の存在も……という階層を繰り返し、最後は天皇にまで行きつく現世の秩序の中で、里人たちは生きているのである。

それに対して「諸国一見の僧」は、さしあたりその秩序のただ中にいるわけではない。いわばその周縁部におり、しかも、一つの村落共同体の周縁部から別の周縁部へと、絶えず移動し続ける存在である。諸国一見の僧は、共同体の中に安住しないが故に、共同体を外れた、共同体の中に居場所所を持たない存在――たとえば鵜――と交流することができるのである。

ワキは、芦屋の里で一夜の宿を里人に乞うが、里人は、外部の人間を村の中に泊めることは禁制になっているから、村はずれの御堂に泊まるようにと勧める。そして、勧めたそばから、そこには、夜な夜な「化け物」が出没すると心配する。それに対してワキの僧は、自分には法力があるから心配するなといって、その御堂に泊まることにする。

ここで、アイの里人とワキの僧との違いがはっきりと浮かび上がる。

アイは、毎夜現れる亡霊を恐れる。アイは現世の秩序の中に、いわば安住しているが、亡霊は現世の秩序の中には収まらない、その意味で、現世の秩序に対する脅威である。亡霊の出没する場所は、現世の中にありながらも、現世を超えた世界と接しており、そこに、現世の秩序がその出没を止められないという意味で、現世を超えた存在が現れる。それは現世の秩序の崩壊をも微かに予想させる、恐怖を呼び起こす存在である。

他方ワキは、そもそも、そのような現世の秩序を超えたものとの出会いを、可能性として孕む場を転々としている。ワキは、現世と他界との接点という、ある意味で特権的な場に居合わせ、亡霊として現世に居場所を持たないシテと語り合うことのできる存在である。「弓八幡」で確認したように、現世は、その存立を不可視の他界によって支えられる一方で、「鵜」のアイが語るように、現世が他界からの存在によって脅かされもする。つまり、他界は、現世の秩序の究極的な根拠とされるが故に、他界の神々によって現世は祝福される反面、他界からやってくる魔によって脅かされもする。神々と魔は、現世を超越し、現世に圧倒的な影響力を与えるという意味においては同質であり（出方は、プラスであったり、マイナスであったりするわけであるが）、現世内の存在であるアイは、共同体内に安住し、日々生産に励み、子を産み家を存続させていくが、現世の秩序に完全に組み込まれているが故に、自分だけで直接に他界からの存在と渡り合えない。（先祖供養や祭祀などの決まった形を媒介として限定的にかかわることはできるが、それとて供養や祭祀を司る宗教者の指導による一定の「かたち」に従うことが必要になる。）それに対して、ワキは、自身が現世と他界の接点にいる存在であるが故に、他界の存在と関わることができる。ワキがそのような存在であることを支えているのは、ワキ自身が、現世内の秩序に安住することを拒み、この世を超えた世界を志向し、この世の秩序を超えて何者かと出会おうとしているからだと言えよう（これを仏教用語で説明すると発心ということになる）。（アイも実はこのような衝動を潜在的に持っており、それ故に、アイも観客も参加しての演劇空間における偽似的な供養が成り立つのである。）

ここで、若干、補足しておきたいのが、先述した「弓八幡」のワキとの共通性についてである。「弓八幡」のワキは天皇の臣下であり、「鵜」のワキは諸国一見の僧であり、表面的にはまったく違う存在であるが、両者とも、現世と他界が接する場にいて他界の存在と交流するという点においては共通している。そもそも「弓八幡」のワキは、天皇の命令で如月初卯の神事に参加するために石清水八幡にやってきている。天皇とは、現世の秩序の頂点であると同時に、最高の神官として、石清水八幡の神をはじめとする神々を祀る存在である。現世の「天下泰平」をもたらす秩序を究極的に支えるのは、他界の神々である。天皇は現世と他界の、いわば「通路」に位置して、祭祀を通じて他界の力を現世に適切に引き込むことを目指す存在である。天皇の臣下は、この営為を適切に補助する使命を帯び、そのために石清水八幡宮の神事に派遣されているのである。天皇から秩序を維持する祭祀を行うために派遣されているか、自主的に秩序を支える祭祀や儀礼の行われる神社仏閣や、かつて他界的存在の顕現に人々が接した記憶の場である歌枕や名所・旧跡、さらには、現世の秩序から疎外された魔の出現する謂れのある場所を回っているかの違いはあるにせよ、どのワキも、他界と現世の接点に訪れ、他界からの存在と交流するという意味で共通性を持つのである。

前シテの登場

里人の勧めに従って、村はずれの海の傍の御堂で一夜を明かすワキの僧の前に、怪士《あやかし》などの面をかぶり黒頭《くろがしら》という黒く長い髪の鬘を被った不気味な姿で、前シテの舟人が現れる。その正体は、死んだ鵺の亡霊である。鵺は、自分は頼政に退治され、その遺骸を舟で流され、今なお暗い海の中を彷徨い続けていると、苦しみを訴え、さらに「こがれて堪えぬいにしへを。偲び果つべき隙ぞなき」と言葉を重ねる。一途に思い焦がれる気持ちを押さえられない「いにしへ」とは何であろうか。筋立てを先取りしていうならば、これは、鵺が「悪心外道の変化《へんげ》となって王法仏法の障りとならん」、つまり、「悪心を持った外道の化け物となって、王法と仏法とを妨げ世を乱れさせよう」として、毎晩丑三つ時に、天皇の住む宮殿の上を飛び回り、「玉体」（天皇の体）を苦しめていたところ、思いがけず頼政の放った矢に射られて命を落とした「いにしへ」、とりわけ、自らの「王法仏法の障りとならん」という企てがあと少しで成功するはずだった「いにしへ」であろう。

改めて鵺という存在について考えてみると、鵺とは、現世的秩序のどこにも居場所のない存在である。鵺は、猿は猿、虎は虎という、意味が一義的に確定される現世の秩序の外の存在である。一義的に確定されないという意味で、秩序の外部に疎外されたカオスをシンボライズするとも言えよう。それ故に、鵺は、現世の秩序そのものである王法と、それを補完し支える仏法とを破壊しようとする。王法の頂点にいる天皇を毎晩苦しめたという鵺の所業がまさに、そのような鵺の意図を語っている。

鵺というカオス的存在が、現世的秩序を破壊する瀬戸際まで来た時に、鵺は頼政の弓矢に撃ち落とされる。なお、本説の『平家物語』にはこの「王法仏法の障りとならん」という一文はなく、世阿弥が補ったものであることは確かである。歌舞音曲を通じてこの世の秩序を確立することをめざす世阿弥にとって、この世の外部、この世をこの世として成り立たせるために疎外された外部について考えることは必須であっただろう。

さて、再び、謡曲本文に戻って、筋立てを辿ってみよう。舟人は、「ささで来にけりうつほ舟」と繰り返し、自分は舟を漕ぐのではなくて、潮の差すままにやってきたと、あてどなく漂い続ける自分の在り方を述べ、さらに、自分は頼政に退治された鵺であると名乗り、これからその時のことを語るから「跡を弔《と》うて給り候へ」と、僧に対して供養を願う。そして、自分が頼政に退治された次第を語り、語り終わると、舟人（シテ）と地謡とが次のようなやり取りをする。

地謡「げに隠れなき世語りの。その一念をひるがへし。浮かむ力となり給へ。」
シテ「浮かむべき。便り渚の浅緑。三角柏《みつのかしわ》にあらばこそ沈むは浮かむ縁ならめ。」

地謡は、ある時はシテやワキの立場から謡うが、ここでは、秩序を破壊するという強い一念をいまだに潜在させている舟人（鵺）に対して慰撫する、すなわち、何とか秩序に取り込もうとする立場からの言葉を発している。地謡は、「まことに、鵺が現世の秩序から疎外され、それを破壊しようとした強い執念は、頼政の鵺退治として、世の中に広く知られている。その執念を翻し、逆にそれを力として、成仏せよ」と言う。「一念を翻して成仏せよ」とは、強い力を持って世を乱す祟り神こそが、それを祀りきることができた時に世を守る大きな力を発揮するという、祟り神祭祀の方式に則った言葉であり、また仏教的な枠組みから言えば、より大きな罪を犯した人ほど、深刻な罪業意識を持ち、それ故に仏の救いに与ることができるという考え方にもなる。

地謡は、世の秩序を守るという立場から、舟人（鵺）に対して一念を翻すことを勧めるが、舟人は、「成仏する手立てはなく、（それが浮かぶか沈むかで占いをする）水際の浅緑色の三角柏であるならば、沈むのは浮かぶ縁となるだろうが、私はそのように浮かぶこと、つまり成仏することなどできないのだ。」と、自分は成仏できないと断言する。舞台に現れた当初、舟人は「法《のり》の力を頼むなり」「跡を弔うて給り候へ」と、執念を抱えたままあてどなく暗い海を漂い続ける状況からの救済を願っていたが、ここで、もう一度頼政に退治された次第を語ることで舟人（鵺）は、高揚し、自らの一念は決して翻すことのできない一念である、と言って、成仏を拒む。そして、波に浮かんだり沈んだりするうつほ舟にのって、不気味な声を立てながら、再び暗い夜の海に帰っていくのである。

後シテの登場

中入りとなり、自分の正体を明かした老人が姿を消すと、アイの里人が再び来て、頼政の鵺退治の次第を語るとともに、僧に対して、読経して鵺の菩提を弔うよう要請する。現世の秩序に従って生きる里人にとっては、秩序破壊の一念をもっていまだに彷徨っている鵺の存在は脅威であり、僧の「法力」により何とか退けてほしいのである。そして、後場は次のような詞章ではじまる。

ワキ「御法の声も浦波も。御法の声も浦波も。みな実相の道広き。法を受けよと夜と共に。この御経を読誦する。この御経を読誦する。一仏成道観見法界、草木国土悉皆成仏。」
シテ「有情非情皆共成仏道。」
ワキ「頼むべし。」
シテ「頼むべしや。」
地謡「五十二類も我同性の。涅槃に引かれて。真如の月の夜汐に浮かみつつこれまで来たれり。ありがたや。」

ここではワキの僧が、「海の波の音も読経の声も皆、同じく真理の顕現した姿であり、それは仏法のあらゆる人を受け容れる広大さを表している。この教えに与りなさいと、今晩、私は読経をするのだ。」と述べて、「一仏成道観見法界、草木国土悉皆成仏」と経を読誦する。[3] この言葉は、「仏が悟りを開き、その悟りの目で世界を真理の顕現した世界として見るならば、その世界のありとあらゆるもの、草木や国土すらもみな真理を顕現するのである」という意味である。つまり、現世の秩序から疎外され、分裂したアイデンティティのままに彷徨っていた鵺の救われ得る世界が、仏教によって示される。それは、仏の真理を体得した目からみれば、この世のあらゆるものは平等に、真理の現れとして存在するという教理の下、鵺も真理の顕現に与り得る世界である。

そして、猿飛《さるとび》出《で》の面、赤頭（または白頭）の鬘などを付けてきらびやかな衣装で登場した後シテの鵺が、ワキの言葉を受けて、「有情非情皆共成仏道」と引き取り、鵺のように心を持つものも、草木のように心を持たないものも、皆ともに仏の悟りを成就し、成仏できると、自分自身のような世俗秩序から疎外された存在すらも救い取る道が、仏道には開かれているということを繰り返す。さらにワキが「仏道を頼みとせよ」と勧めると、鵺は、「頼みとしたいものだ」と答え、『涅槃経』序品に所載の釈迦入滅に当たって、仏弟子をはじめ鳥、獣、虫、魚から毒蛇にいたるまで五二種の生き物が集まって悲しんだという故事に因んで、地謡がシテの心情を代弁して「自分も釈迦入滅（入涅槃）に当たってやってきた五二類の生き物と同じ仲間となって、仏の教えによって救われるのである。自分は、あらゆるものを照らし救う仏道の真理が、月のように夜の海を照らし出すのに引かれて、ここまでやってきたのだ。有難いことだ。」と引き取る。ここでは、真如の月が、あらゆるものを平等に救済するという仏の教えの象徴とされる。それによって、鵺も救済される可能性が示唆され、鵺自身も救いに与ることに、前向きの姿勢を示している。

通常の仏教説話であれば、里人を悩ます化け物を、通りがかりの旅の僧が読経などして調伏し仏法に帰依させることで、化け物によって脅かされた村落共同体の秩序が回復して大団円になるが、世阿弥の作品ではそのような結末にはならない。まず、鵺自身（地謡）に「ありがたや」と言わせた後で、世阿弥は、ワキの僧に「不思議やな目前に浮かみ寄る者を見れば。面は猿、足手は虎、聞きしに変わらぬ変化の姿。あら恐ろしの有様やな」と言わせる。「草木国土悉皆成仏」すなわち、鵺も含めてあらゆるものが、悟りを開いて仏に成ることができるという仏教の教えを説く僧が、目の前に現れた鵺の亡霊に対して、「あら恐ろしの有様やな」という言葉を発する。その時、僧は、秩序の側に立って、その秩序の中に位置付かない、「面は猿、足手は虎」というアイデンティティの分裂した混沌たる存在を、里人と同じ視線で恐ろしがる。仏教の「悉皆成仏」の教えは示されつつも、ここで、その対象から鵺は外されてしまったと読解することが可能であろう。

シテによるキリの舞

そして、ここから、後場の最後のキリの舞が始まり、鵺と地謡によって、もう一度、頼政の鵺退治が語られる。その際、鵺が撃たれる場面、頼政が褒美を賜り見事な「ホトトギス」の歌まで詠んで面目を施す場面、最後に鵺が流されていく場面と、鵺から頼政、そして再び鵺へと、一人のシテが次々に違う場面の主人公となって、激しく舞う。

前場のシテの語りや中入りの後のアイの語りが『平家物語』に沿った、頼政の視点からのものであるのに対して、このキリの舞の時の語りは、一貫して鵺の視点に立つものであり、平家物語にはない、「王法仏法の障りとならん」という言葉によって、鵺の意図が明かされる。さらに、世阿弥独自の語りとして注目したいのは、鵺が頼政に退治されたことについて「頼政が矢先より、君の天罰を当りけるよと今こそ思ひ知られたれ」と述べて、自らが撃たれたのは、天皇を頂点に頂く秩序に歯向かったために天罰に当たったとしているところである。先に、仏教の「悉皆成仏」の教えからも疎外された鵺は、今度は、現世の秩序の側にすり寄ろうとするが、それはもとより、かなわない。現世の秩序にとって、猿でも蛇でも虎でもありつつ、猿でも蛇でも虎でもない存在などそもそも、存在する余地はない。猿は猿、蛇は蛇、虎は虎と分節を固定した上で成り立つ俗世の秩序は、鵺を排除するしかないのである。

鵺から、頼政へと変身したシテは、最後に再び鵺に戻る。その最後の場面を検討してみよう。

地謡「頼政は名をあげて。我は名を流すうつほ舟に。押し入れられて淀川の。よどみつ流れつ行く末の。鵺殿も同じ芦の屋の。浦わの浮洲に流れ留まつて。朽ちながらうつほ舟の。月日も見えず。冥きより冥き道にぞ入りにける。遥かに照せ。山の端の。遥かに照せ。山の端の月と共に。海月も入りにけり。海月と共に入りにけり。」

ここでは、地謡が、舞を舞う鵺の心情を「頼政は鵺退治と和歌で名を挙げ、他方、退治され殺された自分は、悪名を流し、遺骸はうつほ舟に押し込まれて、淀川に流され、芦の名所の鵺殿を通り、ここ芦屋の浦の浮洲に流れ着いた。そこで太陽も月も見えない暗黒の世界に落ち込んでしまった。」と謡い上げる。さらに和泉式部の「暗きより　暗き道にぞ　入りぬべき　遥かに照らせ　山の端の月」という歌を下敷きにして、「自分は暗黒の中に埋もれているが、山の端の月、すなわち、真如の月に照らされることを望んでいた。しかし、月は山の端に沈んでしまい、海面に映っていた月も、同様に沈んでしまい、暗闇だけが残った。私、鵺も海面に映った月が沈むのとともに、暗黒の世界に沈んでいくのだ。」と謡われる。

この作品において、鵺の救いは示されない。たとえば、同じく世阿弥作の「善知鳥」では殺生の報いで地獄の苦しみに責め苛まれる猟師は、作品の最後で「助けて賜べや御僧」と繰り返して姿を消す。また、世阿弥作の修羅物である「忠度」「頼政」「敦盛」「実盛」、鬘物の「松風」「檜垣」でも、最後に僧に供養を頼んで終わる。つまり、諸国一見の僧は、主人公たちの執心を引き出すが、その執心が消えて成仏はしていない。

世阿弥の謡曲は、懺悔の形式として捉えられ得るが、懺悔として貫徹しているわけではない。仏教教団における懺悔の場合、他の僧の前で自己の悪行を告白し、反省することによって罪を滅することができるとされているが、謡曲では執心のもととなった過去の出来事の告白こそ、懺悔と重なるものの、多くの場合、シテは自分で執心を滅することはできずに、僧に助けを求めて終わるのである。世阿弥が作品の中で目指しているのは、執心をなくすことではなくて、むしろ、執心をあらわにさせ、それを舞台上においてはワキと、演劇空間としては観客たちと、共有することである。現世の秩序の中で安住できず放浪するワキだからこそ、シテの執心を引き出せたように、作品を享受することにおいて、観客たちは自らの内なる執心を、シテとワキとによって引き出される。引き出された執心、すなわち、現世の秩序の中では居場所を持ち得ない思いは、作品の中で鵺に投影され表現され浄化される。世阿弥はすぐれた芸能者であったが、それだけにとどまらず、深い人間性の理解者であった。彼にとって、鵺は『平家物語』で語られる化け物ではなく、一人一人の人間が鵺に他ならなかったと言うことも可能だろう。

〉〉注

1　たとえば、朝廷貴族の三条公忠《さんじょうきんただ》は、その日記『後愚昧記』の永和四年（一三七八）六月七日条で、義満が世阿弥を祇園祭の桟敷に同席させ盃を賜ったことに対して、猿楽は「乞食の所行」であり、そのような者を同席させるべきではないと批判している。

2　一日五曲の能を上演するプログラムで、脇能物（神能）、修羅物、鬘《かずら》物（女能）、雑物（物狂能など）、切能物（鬼畜能）から成る。

3　「草木国土悉皆成仏」は謡曲でよく言及される言葉である。「一仏成道観見法界、草木国土悉皆成仏」の用例としては、安然『勘定草木成仏私記』が有名だが、世阿弥に近い時代では、天台宗の僧光宗（一二七六〜一三五〇）

の著した『渓嵐拾葉集』にも「経云。一仏成道観見スルニ法界ヲ。草木国土悉ク皆成仏ト」（大正七六・五四九ｃ）とある。当時は一般に、出典は『中陰経』だとされたが、現存の『中陰経』にこの句はない。なお、義満に仕えた春屋妙葩（一三一一〜一三八八）の『知覚普明国師語録』にも同様の言葉が見られる（大正八〇・六六二ｂ）。

学習課題

○世阿弥作と伝えられる謡曲をとりあげて、その詞章からどのような世界観が読み取れるのか検討する。

参考文献

伊藤正義『謡曲集』上中下（新潮古典集成、一九八三〜一九八八）
西野春雄・羽田昶編『能・狂言事典』（平凡社、一九八七／新訂増補版、一九九九／新版、二〇一一）
上野太祐『花伝う花　世阿弥伝書の思想』（晃洋書房、二〇一七）
相良亨『世阿弥の宇宙』（ぺりかん社、一九九〇）
相良亨・佐藤正英編集『季刊日本思想史　謡曲の思想』（ぺりかん社、一九八四）
西平直『世阿弥の稽古哲学』（東京大学出版会、二〇〇九／増補新装版、二〇二〇）

9 中世④ 隠遁と漂泊の思想

《学習のポイント》 俗世を退き、草庵で自らの理想的な生の実現を目指した隠遁者によって担われた思想・文化について解説する。特に『日本往生極楽記』等の記述をてがかりとしてその背後にある世界観や人間観を検討し、遁世僧としての明恵や叡尊の活動を紹介する。

《キーワード》 『後漢書』逸民列伝、陶淵明、桃源郷、西行、鴨長明、慶滋保胤『日本往生極楽記』、二重出家、

1．隠遁ということ——中国における隠遁者を中心に

多様な隠遁のかたち

隠遁とは、遁世ともいい、俗世を捨てて隠れ住むことである。隠れ住む場所としては山林江海など、俗世と距離を置いた自然の中である場合が多いが、あえて身を市井に置きつつ心は俗世を超える「市隠」や、朝廷に出仕しながら隠逸の生活を送る「朝隠」などもある。

このような世俗生活から逃れ隠れて住むという生活形態は、世界の各地域で見られる。例えば、古代インドには、師を持たずに独りで清貧の修行生活を営み、独力で悟り、他に教えを説かない孤高の聖者が存在していた。それが仏教の文脈に取り入れられると、いわゆる小乗の一角をなす独覚

乗（縁覚乗）となった。また、初期のキリスト教においては、「荒野の教父」と呼ばれる修道士たちがいた。砂漠で孤独な苦行を続けた聖アントニウス（二五一頃〜三五六）に代表される、禁欲主義の隠遁者たちであり、隠修士 eremita、独住修士 anachoreta と呼ばれた。彼らは、俗世を捨てて、エジプト、パレスティナ、シリアの砂漠や荒野などの過酷な自然の中で、衣食住を極限にまで切り詰めて禁欲的な苦行生活を送り、日々、神を求めて瞑想・祈祷・懺悔を行った。

中国の儒教と道教における隠遁思想

中国では、隠遁や隠逸が一つの生き方として伝統的に評価されていた。たとえば、中国の知識人の中には、権謀術数の渦巻く政治的世界に敢えて身を投ぜず、官職に就かずに民間に隠れ、高潔の志を持って名利を離れた清貧の生活を送る人々がいた。彼らは、逸民、隠逸、高士などとも呼ばれた。たとえば、『後漢書』逸民列伝（五世紀成立）に見える向長（字は子平）は、あえて官職につかず、『易経』を愛読しながら静かに暮らし、時の権力者からの招聘も断り、息子に家を継がせると家を出て、五岳（中国の五大霊山で、東岳泰山・南岳衡山・西岳華山・北岳恒山・中岳嵩山。神仙の住処とされた）を自由気ままに遍歴し行方知れずになったと伝えられ、理想的な生を送った人物として描かれている。

儒教の開祖とされる孔子も、正しい政治が行われない時には敢えて仕官を拒んで世を捨てることを主張し、その意味で逸民を高く評価する（ただし、最初から仕官など念頭になく世を捨て去る隠者のことは批判する）。たとえば、『論語』微子篇で、孔子は、悪政を行う王に諫言した上で官職を辞して身を隠した微子や箕子を「仁者」（仁愛の実践者）と呼び、『論語』衛霊公篇では「邦に道有れば則ち仕え、邦に道無ければ則ち巻きてこれを懐にすべし」と述べ、悪政が行われていれば、その中で名声や富を得ることをよしとせず、隠れて清高な生活を営むことを主張した。

儒教国教化を推進し、礼教（儀礼と教化）を重んじた漢帝国の衰退とともに、老荘思想や道教が盛んになり、それらに基づく隠逸の思想が知識人たちの心を捉えた。たとえば、『荘子』逍遥遊《しょうようゆう》篇では、貧富、賢愚、老若、生死など、一切の二元相対的価値判断に縛られず、逍遥遊（物我一体となった「万物斉同」の境地）の世界で、賢らな人為を排して「無為自然」に生きる真人（神人、至人とも）が理想とされた。真人は世俗的な価値のヒエラルキーに拘ることなく、すべてをありのままに受け入れる。このような脱俗の自由人を理想として、中国史上屈指の乱世ともいわれる魏晋南北朝時代の政治的混乱に背を向け、隠遁を志す知識人が数多く登場した。

その象徴的存在が竹林の七賢である。青眼、白眼の故事で知られる阮籍（二一〇～二六三）をはじめとする七人の文人たちが、俗塵を避けて竹林に集まり、酒を酌み交わしつつ清談に耽り、読書や詩作、弾琴を楽しんだという故事は名高く、画題などにも多く取り上げられた。彼らの編み出した、俗世間を逃れて酒や詩書画、琴を嗜み高尚な清談に耽るという高雅な生活スタイルは、後世に大きな影響を与え、多くの後続の隠遁者たちの模範となった。

陶淵明の隠遁の文学

南北朝期の詩人として日本にも大きな影響を与え、「隠遁詩人」「田園詩人」として知られるのが東晋の陶淵明（三六五～四二七）である。「帰りなんいざ、田園まさに蕪《あ》れなんとす、胡《なん》ぞ帰らざる」という冒頭の句で知られる「帰去来の辞」は、陶淵明の代表作であるだけでなく、南北朝時代随一の名文として知られる。陶淵明は、いくつかの官職に就いたが、四一歳の時、自分の心を偽ることの多い役人生活を辞し、故郷に戻った。その時の心境を描いたのが前述の「帰去来の辞」で、そこでは、富や名誉に背を向け、故郷の穏やかな自然と人情を楽しみ、琴を弾き書に親しみつつ、自然の成り行きに逆らわずに、ありのままに生きる隠遁者の生活が表現されている。また、「飲酒」其の五と題された詩には、夏目漱石も小説『草枕』で「暑苦しい世の中をまるで忘れた光景」として言及している、次のようなよく知られた一節がある。

採菊東籬下　　菊を采《と》る　東籬の下《もと》
悠然見南山　　悠然として南山を見る
山気日夕佳　　山気《さんき》、日夕《にっせき》に佳し
飛鳥相与還　　飛鳥、相ひ与《とも》に還る
此中有真意　　此の中《うち》に真意有り
欲弁已忘言　　弁ぜんと欲して已《すで》に言を忘る

この詩では、言葉によって分節し説明することのできない絶対的な真実が、秋の夕暮れの自然の姿として現れていることが述べられている。南山（廬山）も菊の花も鳥も、みな、人為を超えた真実の現れである。このような詩は、人間が勝手に作った、善悪などの二元対立に基づく「差別」の世界を超えて一切を肯定し、自由に何物にもとらわれず自然のままに生きる「無為自然」を主張する老荘思想の下ではじめて成立可能であったと言えるだろう。

さらに、隠逸文学ということで見逃せないのが、陶淵明の「桃花源記」である。ユートピアを「桃源郷」というのは、この詩に由来している。陶淵明はこの作品の中で、次のようなストーリーを語っている。中国が晋の時代だったころ、武陵出身のある漁師が小舟で谷川を遡っていくうちに桃の林の中に迷い込み、その林を進んでいくと山のふもとの洞窟に行き当たった。洞窟の狭い穴を進んでいくと、あたりが開けて平和な村の光景が広がった。村人は迷い込んだ人を歓迎してもてなし、自分たちは、秦の時代、戦乱を避けてここに来て、何百年も外部とは交渉を持たず自足して暮らしていると告げる。その後、漁師は、もと来た道を帰り、その話を聞いた人たちが尋ねていこうとするが誰もそこに行くことはできなかったという。俗世を離れた深山の洞穴の向こうに開けている、皆が楽しく暮らす平和で満ち足りた理想郷というイメージは、俗世を捨てて隠遁する山林のイメージの形成に大きな影響を与えたものと思われる。

陶淵明によって代表されるような、俗世での成功や栄達を捨てて、自然の中で風雅を楽しみ自由に心の赴くまま、満ち足りて生きる隠遁者像を打ち出す山林隠逸の文学は、日本人にも大きな影響を与えることになった。

さらに、世の無常を説き俗世からの離脱を勧める仏教と山林隠逸思想との結び付きも見逃せないものである。たとえば、「香厳撃竹」（禅僧、香厳智閑が武当山に庵を結んでいた時、掃除をしていて掃いた石が竹に当たった音を聞いて開悟した）などの故事でも明らかなように、中国の禅の修行者たちの中には、山林で粗末な庵を結んだり、遊行をしたりして清貧な修行生活を行っていた僧も少なからずおり、また、浄土往生者の生き様を伝える往生伝では、念仏者の山林での隠遁生活について触れられている。このような仏教者たちによる山林修行が、山林隠逸思想に与えた影響も大きなものであり、それらもまた日本に受容された。次節では日本における隠遁の思想を検討してみたい。

2. 日本における山林隠逸の展開

鴨長明と西行

日本における代表的な隠遁者といえば、まず、『方丈記』や『発心集』を著した鴨長明（一一五五？～一二一六）や歌人として有名な西行（一一一八～一一九〇）を挙げることができるだろう。隠遁者とは、前述のように、官位を辞し俗世を捨てて山林などに隠棲する者を指すが、彼らは、どのような経緯で俗世での生活を捨てるに至ったのだろうか。

たとえば、鴨長明の場合は、若いころから和歌と管弦の道に優れ、後鳥羽院が和歌所を再興した際には寄人を命じられ熱心に勤めを果たし、後鳥羽院から、父長継ゆかりの河合社（下賀茂神社の付属社）の禰宜に推挙されるが、一族の中に反対する者がいて実現しなかった。失意の長明は出家し、これ以後、隠遁者として浄土往生を願う草庵生活を日野の山中で開始した。五〇歳の頃であったという。

他方、西行は、俗名を佐藤義清といい、鳥羽院の北面の武士を務め、和歌のみならず蹴鞠や流鏑馬の名手として知られていたが、二三歳の時に世を捨てて出家をした。その後、西行は、吉野山や高野山など各地に草庵を結び、また行脚しつつ、多くの歌を詠んだ。西行の出家の事情については確かなことは分かっていないが、親友の急死で無常を痛感した、高貴な女性への失恋などがあったと伝えられている。また一説には、政争を目の当たりにして厭世観を抱いたためとも言われている。

彼らの隠遁の理由としては、世間無常の意識、地位や名誉に執着し目先の利益を追い求めて奔走する俗世に対する忌避、自らの限界の自覚、そして、それらの否定的側面を逃れた清らかな無限の世界に対する憧憬ということが挙げられるだろう。世を逃れるというと消極的な生き方に一見思えるかもしれないが、そこには、俗世の在り方に対する批判があり、また、それを超えた新たな理想の追究という積極的な姿勢を見て取ることもできるのである。

仏教と隠遁・漂泊

長明や西行に典型的に見られるように、日本の場合、隠遁者は仏教、とりわけ浄土信仰に心を寄せている。西行自身は、高野聖として、高野山蓮華乗院や東大寺再建のための勧進をしつつ遍歴したとされており、真言僧であったが、同時に浄土信仰にも帰依していた。当時、浄土信仰は宗派を超えて受容されており、特に西行の旧主である鳥羽院は、浄土信仰を真言宗に取り入れた覚鑁に深く帰依しており、西行も、真言宗と浄土教の両者を信仰したものと考えられる（そもそも、西行という法名それ自体が、西方浄土への往生を示唆するものである）。

同じく、鴨長明も、『維摩経』所載の維摩居士の住居に倣って、方丈（約三メートル四方）の庵を結び、その中に阿弥陀仏の絵像を懸け、『往生要集』などの経典類を置いたという記述からも分かるように、その隠遁生活の中心には浄土信仰をはじめとする仏教信仰があった。『方丈記』の末尾の「不請阿弥陀仏両三遍申シテヤミヌ」という言葉の解釈については諸説あり一定しないが、宗教的生活が深まるにつれ美的生活との葛藤が激しさを増し、このような言葉が発せられたと理解することも可能だろう。

日本の隠遁思想に大きな影響を与えた中国の場合も、仏教と隠遁思想とは深い関係を持っており、日本でも、仏教との影響下で隠逸思想が発展を遂げたということができるだろう。(もちろん、知識人を中心に老荘思想に基づく隠遁思想も受容されたが、日本の場合、仏教に基づくそれが圧倒的な影響力を持った。)

また、隠遁生活は漂泊の旅とも結びつくことが多い。仏教では開祖である釈尊自身が、三五歳で開悟成道を遂げてから八〇歳で入滅するまで、ゴールを定めない一所不住の旅の生活を続けている。それは、自分自身の悟りの境地をさらに深化させる修行の旅であると同時に、人々に布教を続ける利他行の一環としての旅でもあった。このような漂泊については、日本では西行が注目される。上述のように、西行は、高野山を拠点に勧進(仏教との結縁のために民衆に寄付を募ること)を行い、奥羽、中国、四国などを広く旅をして回った。その旅の途上で、「風になびく　富士の煙の　空に消えて　行方も知らぬ　わが思ひかな」「年たけて　また越ゆべしと　思ひきや　命なりけり　佐夜《さや》の中山」などの名歌が詠まれた。人々に結縁を勧める利他行と、自己の信仰心を磨く修行、さらには歌人としての詩情の深まりを求めて西行は旅をしたと言えるだろう。

山岳信仰と隠遁

日本では隠遁者の多くが山に草庵を結んだ。山は、仏教伝来以前から、日本においては、神々や妖怪、死者たちが住まう他界であり、日常的な世界(里)とは隔絶した超越的な世界であった。宗教者はその山で修行を重ねてカリスマを身に着け、村里の人々の祭儀的、呪術的な要求に答えた。

仏教伝来後、彼らは仏教徒化していき、山は仏教修行の聖地としての意味も重層させてきた。そして、奈良時代になると、中国思想の知識に基づいて山林隠棲の場としても捉えられるようになっていった。日本における中国の隠遁思想の受容の初期形態を示すのが、日本初の漢詩集『懐風藻』(天平勝宝三年〔七五一〕序文)である。そこに収められた詩の中には、竹林の七賢や桃源郷など、中国の老荘思想のみならず、仏教に基づく山林隠棲思想がみられる。

たとえば律令官人である麻田連陽春が作った漢詩「和藤江守詠裨叡《ひえ》山先考之旧禅処柳樹之作」からは、藤原南家の祖、武智麻呂が比叡山に隠遁していたことが窺える。その詩には、「山静かにして俗塵寂とし、谷間《のどか》にして真理専らなり。於《ああ》、穆《うるわ》しき我が先考、独り悟って芳縁を闢《ひら》く。」とあり、陽春が、武智麻呂の次男の仲麻呂になり代わって、亡父武智麻呂が、近江守という地位にありながら、俗塵を避けて比叡山に籠って修禅(坐禅瞑想、仏道修行の基本)をしていたことを述べている。これは前述の「朝隠」を思わせる態度である。もちろん、武智麻呂は(仲麻呂も)、生涯、第一線の政治家であったが、先進的知識である、仏教と結び付いた山林隠棲思想にも造詣が深い開明的知識人であり、その知識に基づいて山林隠遁思想を踏まえた振る舞いをしたものと思われる。比叡山は、最澄が青年期に修行をしたり、後年、延暦寺を開いたりしたことで知られるが、この詩から推察するに、それ以前から、仏道修行の聖地であり、隠遁者の住まう場所であったものと思われる。そこに建立された堂宇は、氏族としての祖先祭祀を行う氏寺でも、信仰を共にする僧たちによって代々維持されていくような性質の寺でも、国家が保護する鎮護国家のための寺でもなく、あくまでも個人の修行用のプライベートなものであり、個が個として生きられる場だったのだ。

慶滋保胤の隠遁思想と『日本往生極楽記』

日本における隠遁思想の展開を考える上で画期をなしたのが、慶滋保胤《よししげのやすたね》（九三三？〜一〇〇二）である。上述の鴨長明は、慶滋保胤よりも二百年ほど後の人であるが、同じく賀茂氏の出身であり、保胤が『池亭記』と『日本往生極楽記』とを著したのに影響され、長明も、同じく自らの住居をテーマに浄土信仰を披歴した随筆『方丈記』と、往生譚や遁世譚、発心譚などの仏教説話を集めた『発心集』とを著したものとされている。

まず、保胤の生涯について簡単に述べておこう。保胤は、一〇世紀後半の文人官僚であり、浄土信仰者としても知られている。保胤は、陰陽道で朝廷に仕える賀茂家の出身であったが、その道には進まず、姓も「賀」の字を「慶」に、「茂」の字を「滋」に変えて、「慶滋」を名乗った。

保胤は、官僚養成機関であった大学寮で文章道《もんじょうどう》（紀伝道）を学び、従五位下、大内記に進み、円融天皇、花山天皇に仕えて詔勅を草する一方、早くから仏教に帰依した。康保元年（九六四）、文章道学生二〇人が比叡山学僧に呼びかけて勧学会を結成した時には、学生側の指導者として活躍した。勧学会では『法華経』をテーマとして、作詩・講義が行われ、念仏が修された。本来、国家統治の術を儒教的理念に従って学ぶことを目的とした大学寮においては、中国儒教の仏教批判を踏襲し、仏教は表立っては扱われることはなかったが、大学寮における教育の中心が、儒教を軸とした明経道から歴史（中国史）や漢文学を学ぶ文章道へと移ったことによって、大学寮の学生や出身官僚の中には仏教に心を寄せる者が目立ってきた。慶滋保胤はその代表的な存在である。

天元年間（九八二年頃）に保胤が著したとされる『池亭記』には、五〇歳を迎えてはじめて得た自分の心に叶う住居の様子、そこでの生活のありさまが描かれる。高位ではないとはいえ朝廷における役職に精勤しつつ、勤務が終われば、自宅に建立した阿弥陀堂で念仏や『法華経』読誦に励み、また書庫では漢籍の読書に耽って、白楽天を師とし竹林の七賢を友とした。これは、前述の「朝隠」の生活そのものである。

しかし保胤は、ほどなく、このような「朝隠」生活にピリオドを打ち、寛和二年（九八六）四月に、かねてから交流のあった比叡山横川《よかわ》の源信の下で出家し、名聞を嫌い隠遁して後世隠棲者の理想とされた増賀に指導を受けたと伝えられる。その後は、諸国を遍歴行脚し、七〇歳ごろに亡くなったとされる。特定の寺に所属せずに仏道修行に励むという、出家後の保胤のあり方は、まさに隠遁というにふさわしいものであったと言えよう。

さて、保胤は、中国の類書を参考に、国史や個人の伝記などから往生者の記録を集めて『日本往生極楽記』をまとめた。本書は、本邦における往生伝の嚆矢であり、これ以降、明治時代に至るまで多くの往生伝が作られた。本書では、聖徳太子、行基からはじまり、比丘（出家男性修行者）、比丘尼（出家女性修行者）、優婆塞（在家男性信者）、優婆夷（在家女性信者）の四衆、合計四五名について、その人となりや念仏信仰（念仏専修ではなくて、『法華経』読誦や真言との兼修）、修行生活や浄土往生の有様を伝え、その中には、千観や増賀など後に隠遁者の手本とされた僧たちの姿を生き生きと描き出している説話も多い。ここでは、隠遁者のある種の典型、理想像を描いたともいえる第二二話を紹介したい。まず原文から見てみよう。

摂津国豊島《てしま》の箕面《みのう》の滝の下に、大きなる松の樹あり。修行の僧あり。この樹の下に寄居せり。八月十五日、夜閑《しずか》にして月明かなり。天上に忽ちに音楽および櫓《ろ》の声あり。樹の上に人ありて曰く、

「我を迎へむと欲するか」といふ。空中より答へて曰く、「今夜は他人のために他所に向ふなり。汝を迎ふべき時は明年の今夜なり」といふ。また、他の語《ことば》なし。音楽漸くに遠ざかりぬ。樹の下の僧、初めて樹の上に人あるを知れり。便ち樹の上の人に問ひて言はく、「これ何《な》ぞの声か」といふ。樹の上の人答へて曰く、「これ四十八大願《だいがん》の筏《いかだ》の声なり」といへり。樹下の僧、竊《ひそか》に明年の八月十五日の夜を相待てり。期日に至りて、果してその語のごとし。微細の音楽、相迎へて去りぬ。

この説話の筋を追ってみよう。現在の大阪府箕面市にある箕面の滝の下方に、大きな松が生えており、その下に一人の修行僧が身を寄せていた。「天下の名瀑」として名高い箕面の滝は、古くから聖地とされ、役行者の山林修行の場と伝える。役行者の後も、多くの聖《ひじり》たちが集まって修行をし、滝の入り口に建立された箕面寺（現・瀧安寺）は修験道の根本道場とされた。聖とは、仏教伝来以前から「日知り」として活動していた民間宗教者が仏教化したもので、十世紀ごろには、仏教の高徳の僧を意味していた「聖」の字を当てるようになった。聖の中には、もともとは正規の既成寺院に所属していたが、そこでの修行に飽き足らず、本寺を離れて別所に入り草庵を結んで隠遁生活に入った僧たちも含まれており（二重出家）、比叡山を下りて独自の専修念仏信仰を鼓吹した法然や親鸞も、この意味では聖であり隠遁者であるということができる。聖たちは山中修行や遍歴行脚を行うとともに、民間布教や勧進を行い、高野聖として勧進活動を行ったとされる西行に典型的であるように、聖と隠遁者との交流は活発であり、その境は曖昧である。

この説話の舞台となる箕面大滝は、諸国を行脚する旅の隠遁者、修行者が集まる拠点の一つであり[1]、その滝の下で僧は修行していた。『日本往生極楽記』の他の僧を主人公とした説話では、ほぼすべて僧の名を銘記しており、それらの僧の実在は各種の記録によって裏付けられているが、この箕面の大滝の松の木の下で修行していた僧に関しては、名が記録されていない。それ故に、その出家の経緯は不明であり、先述のように本寺から二重出家した僧であるかもしれず、また、俗人が出家したものかもしれないが、どちらにしても、山林修行に励んでいたと言える。

この僧は「樹の下に寄居せり」とある。これは、十二頭陀の一つの「樹下坐」(寺院に定住せずに大樹の下で瞑想修行の生活を送る)を実践しているものと思われる。十二頭陀とは、インドの初期仏教以来、熱心な修行者が守るべき衣食住に関する決まり事のことである。この僧も、大きな松の木の下に住んで修行に明け暮れる日々を送っていたものと思われる。[2]

ちょうど中秋にあたる八月一五日、満月が明るく照らす静かな晩、天から音楽と船をこぐ櫓の音が聞こえてきた。この天から聞こえる音楽というのは、臨終来迎の時に聞こえる音楽を意味している。臨終来迎とは、浄土願生者の一生のクライマックスであり、念仏を行う信者の願いに応えて、臨終時に、阿弥陀仏が浄土からこの世界に信者を迎えに来てくれ、浄土へと導いてくれるという信仰である。『日本往生極楽記』の諸説話においては、阿弥陀仏が来迎する兆候として、美しい音楽や芳香、紫雲などが現れるとされており、この時聞こえた音楽とはまさに来迎を暗示している。また、櫓の音は、後段で「四十八大願の筏の声」と言い換えられていることからも分かるように、阿弥陀仏が念仏する衆生を一人残さず、此岸(穢土)から彼岸(浄土)へと筏船で渡すように導き救ってくれるという、その筏船の櫓の音である。

その音楽と櫓の音に続いて、樹の上からは「私を迎えに来てくれたのか」と言う声が聞こえ、それに対して、空中から「今夜は別の人の来迎である。あなたの来迎は来年の今夜だ」と声が聞こえ、その後、音楽が遠ざかっていった。樹の下の僧は、それまで樹の上に人が住んでいるとは全く気付かなかったのである。そして、樹の上の僧に「あの音は何だったのか」と尋ねたところ、「阿弥陀仏が四十八の誓願を筏船として、衆生を彼岸へと救い導いてくれる筏船の音である」と教えられたのである。

松の木の上と下で修行しながらも、下の僧は自分の修行に静かに集中していたので、上に僧がいることに気付かなかった。隠遁者たちは、自然の中で修行し自然に親しむ存在として語られることが多いが、この樹の上の僧は、まさに松の木と一体になっているから下の僧に気付かれなかったということができるだろう。中国の禅僧の鳥窠道林は、樹に巣を作ってそこに住みつく鳥のように松の木の上で坐禅し続けたところからその名が付いたとされるが、この樹上の僧も、鳥窠和尚と同様に樹と一つになっていたのである。[3]

そして、次の年の同じ八月一五日の晩、樹下の僧が期待していた通りに、樹上の僧は美しい音楽とともに来迎を受け浄土往生したのである。『日本往生極楽記』の中には、円仁や増命など、天台座主をつとめるなどした著名な仏教者たちの説話も多いが、この二人の名もない僧の説話は、それらの僧たちの説話に勝るとも劣らない、『日本往生極楽記』の中でも屈指の印象的な話である。互いの存在に気付かないくらいひたすらに修行に専念し、浄土に心を懸けた結果、自然と一つになり人間としての気配すら消失させてしまった二人が、樹の上と下でそれぞれに修行をしている。そして、明るい月の晩に、天上から妙なる音楽と船をこぐ櫓の音が響いてくる。それはまさに阿弥陀仏が来臨した証であった。そして、その時、天上から聞こえてきた言葉通りに、翌年の八月一五日の月の満月の晩、樹上の僧は往生する。自己が浄土に往生することは、自利であるが、その事実を樹下の僧に伝え共有することで、樹上の僧は、他者の浄土往生信仰を強化するという利他をも果たしたことになる。古来、神聖なものとされた箕面の大滝の下、月夜の晩に繰り広げられる、この美しい世界は、まさに隠遁者の一つの理想を生き生きと伝えているのである。

遁世僧という生き方

隠遁者には先に述べたように、在家から出家して、草庵を結んだり遍歴行脚したりする隠遁僧になる場合と、すでに寺院において出家してその寺院の構成員として特権を付与されていながらも、そこでの修行に満たされないものを感じたり、寺院が世俗同様に名利を求める世界となってしまっていることに失望するなどして寺院から出てしまう、つまり、俗世を出て寺院に入り、さらにその寺院からも出てしまう場合とがある。後者の場合の隠遁者たちは、同じように寺院を去った僧たちが庵を結んでいた別所（横川など）に入って修行に励んだ。これは、すでに本寺で出家しているにも関わらずに、さらにそこを出て遁世僧となるということから、二重出家と呼ばれている。二重出家とは、国家によって認可され、課役の免除などの特権を与えられた官僧であることを自ら放棄することでもあった。官僧とは、国家の承認の下で東大寺の戒壇や延暦寺の大乗戒壇で戒律遵守を誓って正式に出家した、僧位・僧官を有する僧侶のことで、鎮護国家、玉体安穏などの祈祷を行い、国家的法会（二会・四灌頂・三講など）に出仕することを重要な役割としていた。彼らは、いわゆる南都六宗（法相宗、三論宗、倶舎宗、成実宗、華厳宗、律宗）と平安二宗（天台宗、真言宗）に属する、顕密仏教の正統な担い手たちであった。

それに対して二重出家を遂げて、本寺から出た僧侶は周縁的で傍流的な存在であり、平安時代末期から鎌倉時代において生まれた新たな仏教の推進者が、この中から生まれた。たとえば、それまでの浄土教の主流であった観想念仏を退けて専修念仏を説いた法然や親鸞である。法然は比叡山で受戒して出家したが、当時の比叡山が、権力者との結び付きを深め、他寺や他宗派と激しく争うなど、名利を求める俗世と異ならない場所になってしまっていることを憂い、また、浄土信仰を極めるために、聖や隠遁者が集まって住んでいた比叡山五別所の一つである黒谷別所に入り、さらに、比叡山を下りて東山の吉水に草庵を結び、専修念仏の布教をはじめた。法然の弟子である親鸞も、最初は比叡山で受戒し、妻恵信尼の消息の記述に従えば、常行三昧堂で一日中念仏を称えながら本尊阿弥陀仏を周回する「堂僧」を二〇年間つとめていた。しかし、親鸞は、自力念仏の教えに満足できず、比叡山を下りて、法然を吉水の草庵に訪ね、弟子入りしたのであった。また、道元にしても日蓮にしても、比叡山で受戒し修学したのであるが、そこでの修学に飽き足らずに山を下りて、独自の教えを説くに至った。

以上挙げたような、いわゆる「鎌倉新仏教」の祖師たちは、僧位僧官を持ち国家的祈祷や法会に出仕する官僧の道を歩まずに、いわば二重出家をしている。彼らのような黒衣をまとった遁世僧は、世に隠れて住み、他者と没交渉でいたわけではなく、むしろ自らの教えを積極的に世に広めたという意味で、隠れて住む隠遁者たちとは違う道を選んでいるともいえるが、名利を捨て自らの信念に従って仏道に励んだという点では、隠れて住んだ僧たちと軌を一にしていると言える。

また、これまで「鎌倉旧仏教」の祖師として「鎌倉新仏教」の祖師たちとは対立的に扱われてきた叡尊（一二〇一～一二九〇）や明恵（一一七三～一二三二）も、この官僧‐遁世僧という枠組みを使って捉えるならば、法然、親鸞、道元、日蓮らと同様に「遁世僧」であり、「鎌倉新仏教」の祖師たちと同様に、鎮護国家の祈祷のように既成の秩序の強化に資するのではなくて、個人の救済を目指したという点で共通しているということもできるのである（松尾剛次氏の説による）。

叡尊と明恵

以下、遁世僧としての叡尊と明恵との活動について、かいつまんで紹介しておこう。

叡尊は、真言宗を学びつつ、当時の仏教界において戒律がないがしろにされている現状に批判を抱いて、戒律の復興を目指して真言律宗を確立した。諸寺を再興し、戒律研究、僧俗への授戒、蒙古軍撃退の祈祷など多岐に渡る活動の中で、とりわけ注目されるのは、当時、穢れた者として差別されていた非人やハンセン病（いわゆる癩病）患者たちに食事を与え、戒を授け、文殊菩薩を供養させたことである。戒とは、仏教徒として守るべき規範である。それを授け、遵守を誓わせることで仏教信仰へと導いたのである。非人やハンセン病患者たちは穢れた存在とされたが故に、国家的儀礼に参加する官僧は接触することができなかったが、他方、遁世僧として叡尊は、慈悲行として彼らを救済へと導いたのである。また、叡尊の文殊菩薩信仰も注目される。『文殊師利般涅槃経』には、文殊菩薩は、自分を信仰する人に、貧しく身寄りのない人として姿を現すが故に、彼らに対して慈悲行をなすべきことが説かれる。つまり、叡尊の非人救済事業とは単に世俗的ヒエラルキーの最下層にいる弱者への救済というだけではなくて、自身も、遁世僧という世俗的ヒエラルキーから解放された自由な立場に立って、世俗的ヒエラルキーの相対化、否定という宗教のもつ力を発揮し、非人やハンセン病患者を文殊菩薩の化身とした上で、慈悲行を行ったということができるだろう。

明恵は、華厳宗中興の祖と言われ、真言密教や禅、戒律、悉曇にも通じ、純粋な求道心と高潔な行いで知られる。釈迦への信仰を軸として、光明真言、文殊信仰、戒律復興など当時のさまざまな思潮を組み込みつつ、華厳経を基盤とする新たな仏教の樹立を目ざし、僧としての「あるべきよう」を厳しい持戒と修行の生活の中に実現した。朝廷・貴族からも篤い帰依を受けたが、生涯の大半を僧位僧官とは無縁の遁世聖として過した。一九歳の頃から亡くなる前年まで、約四〇年にわたって自分の見た夢を記録した『夢記《ゆめのき》』は、明恵の宗教的境地の深まりを如実に示している。法諱（ほうき、僧として受戒した時の正式名）は高弁で（最初は成弁）、栂尾上人とも呼ばれている。

明恵は、幼い頃に両親を失い、高雄山神護寺に入り、文治四年（一一八八）には東大寺で具足戒を受けた。真言密教や華厳宗、法相宗さらには新来の禅宗を栄西から学び、若いながら学徳を備え、周囲からは官僧としての栄達を期待されていた。二一歳の頃、東大寺の弁暁の要請で、公請《くじょう》（講義や法会に朝廷から召し出されること）への出仕のために東大寺に通い住するが、寺内の権力争いに嫌気がさし、以前のように文殊菩薩を師として修行しようと思い真如観（仏の法身と衆生身との平等一体を自覚する観法）を修すると、夢に真如の覚と不覚の相を見て、生涯山林に住んで修行に専念することを決意したと伝えられる。『仮名行状』に「惣テ我身ヲカヘリ見ルニ、サラニ人中ニマシハラム事ヲ思ハス……形ノ如ク仏法ノ所作ヲワキマヘナハ、イカナラム山林深谷ノ中ニモスミテ、一行ヲ専シテ偏ニ文殊普賢等ニ祈請シテ、現身ニ仏ヲモ見、仏智ヲモヒラキ、聖果ヲモ証スヘシ……ソノ肝要ヲサクリエテ後ハ、終ニ必人間ヲ遁レ出ム事ヲノミ思キ」とあるように、明恵自身は、周囲の思惑に反して、官僧としての栄達には何の興味もなく、遁世し仏道修行に励むことを望んでいたのである。

その望み通り、明恵は、二三歳の時、少数の弟子を連れて高雄山を去って故郷の紀州に戻り、有田郡白上に遁世し、白上山に小さな庵を結んだ。この草庵において明恵は、人並み優れた姿形を損なって修行の妨げを除くために、母と慕う仏眼仏母如来の前で右耳を切り落とし、その時空中に文殊菩薩を見たと伝えられる。その後、明恵は、父と慕う釈尊への思慕からインド巡礼を思い立つが春日明神の託宣により果たせず、建永元年（一二〇六）、後鳥羽上皇の院宣を受けて、神護寺の子院の古寺を復興して高山寺とし、厳密《ごんみつ》（華厳宗と密教とを融合した教え）の確立を図った。明恵のよく知られた和歌「あかあかや　あかあかあかや　あかあかや　あかあかあかや　あかあかや月」は、まさに厳密の修行によって達成された、真如の月と自己とが一体となった境地、つまり、月も自己もなくなり、ただ月の光の明るさだけが満ち溢れる状態を示していると言えるだろう。

また、明恵が非人救済に対して関心をもっていたことは、たとえば、人肉がハンセン病に効くと聞いて、ハンセン病者に自分の肉を与えようとしたという説話が弟子によって伝えられていることからも窺い知ることができる。明恵は釈迦がその前世において捨身行によって衆生の苦しみを救ったという事跡にならおうとし、穢れていると差別されていたハンセン病者を、身をもって救おうとした。前述のようにこのような行いは、穢れを避ける必要のない遁世僧だからこそ可能なことであったのだ。

また、明恵自身が「非人」を自称していたことも注目される。明恵が青年時代に、東大寺から借り出して写した華厳の章疏の奥書には、例えば「当山第一之非人成弁之本也」（『五教指事』中末）などと書かれている。若い時から僧侶としての栄達を周囲から期待されていた明恵は、自ら名利を好む心を断ち切るためにこのような名乗りをしたものと思われるが、それは同時に、俗世のヒエラルキーからの解放でもあり、それが後日の紀州における草庵生活へとつながっていったということができるのである。

注

1 『梁塵秘抄』に収録された今様の中に、「聖の住所は何処何処ぞ、大峰・葛城・石の槌、箕面よ勝尾よ、播磨の書写の山、南は熊野の那智新宮」とあり、箕面が聖たちの一大聖地となっていたことが分かる。

2 なお、能舞台に松が描かれたり、正月に松を飾ったりする風習にも端的に表れているように、松のような常緑樹は、古来、神の宿る聖なる木として信仰の対象となっており、ここで、その下で修行する樹木として松が選ばれているのは偶然ではないと思われる。

3 類話に、釈尊の前生譚（ジャータカ）の一つとして知られる、ジャージュバリン仙人（尚闍梨仙人、釈尊の前世の姿）が樹下で坐禅中に、その螺髻（螺旋状のマゲ）に鳥が卵を産み付け、鳥を驚かせないように仙人は、鳥が巣立つまで坐禅を続けたというものがある（『大智度論』巻四、大正二五・八九b参照）。この話は仙人の鳥に対する慈悲を物語るとともに、仙人が坐禅において人間的執着を離れ木と一体化していたことを示唆していると言えるだろう。

学習課題

○隠遁とはどのような人間観や世界観に基づく営為であるのか、個々の思想家や文学者に即しつつ検討する。

参考文献

大隅和雄『信心の世界、遁世者の心』（中央公論新社、二〇〇二）
神楽岡昌俊『隠逸の思想』（ぺりかん社、二〇〇〇）
小林昇『中国・日本における歴史観と隠逸思想』（早稲田大学出版部、一九八三）
桜井好朗『日本の隠者』（塙新書、一九六九）
佐藤正英『隠遁の思想　西行をめぐって』（東京大学出版会、一九七七／ちくま学芸文庫、二〇〇一）
松尾剛次『鎌倉新仏教の誕生　勧進・穢れ・破戒の中世』（講談社現代新書、一九九五）
前川健一『明恵の思想史的研究―思想構造と諸実践の展開―』（法藏館、二〇一二）

10 中世⑤ 中世思想の諸相

神道の展開と歴史思想

《学習のポイント》 応仁期に仏教からの独立を果たした吉田神道をはじめ、中世の多様な神道思想について解説する。さらに中世に発達した歴史思想についても、原典にそって検討する。

《キーワード》 本地垂迹、神道五部書、吉田神道、『唯一神道名法要集』、『愚管抄』、『神皇正統記』

1. 中世神道とは何か

中世神道と中世日本紀

日本では、有史以前から民族的な神祇信仰が育まれてきた。国内の中央集権化を推進した天武朝においては、諸部族や天皇家に伝わった諸神話が再編成され、天皇の統治の根源を、皇祖神である天照大神を頂点とする神々の系譜に求めるべく、『古事記』『日本書紀』が編纂され、記紀神話が生み出された。さらに神話を現実の世界に再現するために、神話に基づく祭祀も行われるようになった（大嘗祭など）。

さて、仏教が、社会的にも思想的にも圧倒的な力をもった中世になると、記紀神話に対する関わり方も大きく変容する。仏教、それ以外にも宋学、陰陽五行説などの中国思想の影響の下で、神話の解釈が行われるようになるのである。とりわけ、日本の最初の正史とされ、日本という国家の骨格を定めた『日本書紀』に対して、本地垂迹説や、神儒仏の三教一致説の立場から、牽強付会にも見える独自の解釈が行われた。そして、それらの解釈を取り込みつつ、中世においては、仏教を主体として習合した両部神道や山王神道、神道を主体として習合した伊勢神道、さらに神道を主体とする教義体系を確立することを目指した、吉田神道などの諸神道説が成立したのである。

『日本書紀』に対する独自の解釈の一例を挙げてみよう。たとえば、一条兼良（一四〇二～一四八一）が『日本書紀』神代巻に注釈を施した『日本書紀纂疏』（一四五五～一四五七成立）における三種の神器の解釈である。兼良は、一条家の当主で摂政・関白をも務めた大貴族であり、「日本無双の才人」と評され、仏教、儒教の教理や老荘、易など漢籍にも通じ、日本の古典、神典の知識も豊富な当代一の知識人である。卜部氏とも交流があり、吉田神道の創設者である吉田兼倶にも大きな影響を与えたと言われている。

兼良は、『日本書紀』第九段第一の一書に「天照大神、乃ち天津彦彦火瓊瓊杵尊《あまつひこひこほのににぎのみこと》に、八尺瓊曲玉《やさかにのまがたま》及び八咫鏡《やたのかがみ》・草薙剣《くさなぎのつるぎ》、三種《みくさ》の宝物《たから》を賜ふ」とあるのを取り上げて、神々の世界である高天原から、地上の国である葦原の中つ国に天孫降臨する際に、天照大神から天孫へと与えられた鏡、玉、剣の三種の神器について独自の解釈を施す。兼良は、神儒仏の三教一致説に基づき神道に儒仏を習合させる。兼良は、三光（日月星）、儒教（智仁勇）、仏教（法身、報身、応化身）の視座から、鏡は、太陽、智、報身を表し、玉は、月、仁、法身を表し、剣は、星、勇、応化身を表すと述べる。そして、これらの三つの要素は、一にして三、三にして一であるとし、最終的には「一心」に収斂すると捉える。一心とは、仏教的に言えば「一心一切法」であって、世界のあらゆる存在の根源にある真理である。朝廷を代表する貴族である兼良は、律令国家、王朝国家の衰退という事態を受けて、三種の神器を手がかりとして、王権の正統性を、儒教や仏教を援用しつつ、三教が収斂する一なる原理によって基礎付けようとしたということができよう。

中世日本紀の再評価

兼良の『日本書紀纂疏』に代表されるような中世日本紀は、近代の実証的な学問の立場からは、根拠のない荒唐無稽な空理空論であり、『日本書紀』研究に対して何ら貢献しないと断罪された。しかし、近年、『日本書紀』をめぐる中世における多様なテクストの生成や流通は、新たな世界観、論理の構築という点で意義があり、近代の実証的な学問の立場からその試みを一方的に否定すべきではないという考え方が提唱され、主流を占めるようになっている。三教一致や神仏習合などの多様な説を駆使しながら、それら多様な現象の根底にある「一」なる理を求めることにおいて、中世日本紀は、日本の思想史の流れにおいて大きな意義をもったということができるだろう。

さらに、中世においては、『日本書紀』のみならず、『古今集』や『伊勢物語』『源氏物語』をはじめとする日本古典にも、独自の論理による解釈が施された。一条兼良が、世阿弥の娘婿である金春禅竹と交流を持ち、その能芸論に影響を与えたことなどからも分かるように、中世における多様な古典解釈は、文芸や芸能の世界に裾野広く受容されたということができるだろう。

2．中世における神道説

両部神道と山王神道

中世になると、仏教思想の影響などにより平安時代以来の神仏習合が進行すると同時に、神道を理論化する傾向も強まった。真言密教の影響下にあった両部神道においては、伊勢神宮内宮に祀られる天照大神を金剛界の大日如来とし、外宮の豊受大神を胎蔵界の大日如来として両宮の一致を説いた。他方、天台密教の影響下にあった山王神道においては、延暦寺の鎮守である山王権現（日吉神社）を釈尊の垂迹として諸神の最上位に置き、また、山の字は縦三本線と横一本線、王の字は縦一本線と横三本線から成ることから、山王の二字に「三諦即一」（一切の存在は固定的実体ではないとする空諦と一切の存在は仮に存在するという仮諦とこの二つの諦は一体であるとする中諦という三つの真理（諦）が一体であること）、「一心三観」（天台宗の観想法。一心において同時に、前掲の三諦を観じ証得すること）を表すとした。日蓮宗の法華神道では、天照大神をはじめとする三〇柱の神々が、毎日交代で法華経を守護するという三〇番神説を説く「番神問答記」などが著された。いわゆる鎌倉新仏教の浄土宗、浄土真宗、時宗、禅宗からも、旧仏教の明恵、叡尊らなどからも特色のある神道観が示された。

伊勢神道

両部神道や山王神道は仏主神従の本地垂迹説に基づくが、これに対して、真言密教やそこから派生した両部神道の影響下、儒、道、陰陽道をおりまぜながら、神主仏従の反本地垂迹説をたてたのが、伊勢神道である。これは、伊勢神宮外宮神官の度会《わたらい》氏が提唱したことから度会神道とも呼ばれる。伊勢神道では、根本聖典としていわゆる神道五部書が著され、外宮の主祭神である豊受大神は、内宮の主祭神である天照大神に先立つところの、天之御中主神や国之常立神と同一であるとされ、外宮と内宮との対等が主張された（従来、神祇制度上は内宮の方が格上として扱われていた）。内宮の主祭神である天照大神については、記紀神話において、神代の主役としての活躍、また、崇神・垂仁朝における伊勢への遷座の次第についても語られているが、外宮と豊受大神については記紀ではほんのわずかしか語られておらず、その語られていない部分を最深秘の説として、外宮神官の度会氏が補ったかたちで伊勢神道が成立している。これは、真言密教における顕教と密教の関係を、神道において再現したものと言える。そして、この顕と密、内宮と外宮との一体性は、「幽《かくれた》契《るちぎり》」としてすでに与えられているとされる。そして、天照大神から系譜を引き継ぐ、「顕」の世界の統治者である天皇の治世は、「密」の世界を司る根源神である豊受大神によって支えられるというのが伊勢神道の主張である。それは内宮に対する外宮の優位の主張であると同時に、世界の根源の探究でもあった。

　伊勢神道では、根源的な神を「日本書紀」神話冒頭で言及されている「混沌」とし、万物諸神は皆ここから生じたとする。この根源的な神のありようについては、たとえば、神道五部書の一つ『造伊勢二所太神宮宝基本紀《ぞういせにしょだいじんぐうほうきほんぎ》』は次のように述べる。

　亦大元神《またたいげんしん》、亦国常立神《くにのとこたちのかみ》と曰《い》ふ。……虚《きょ》にして霊《れい》なる有り。一向《いっこう》に体《たい》なし。故に広大の慈悲を発《おこ》し、自在の神力《しんりき》に於て種々の形を現はし、種々の心行《しんぎょう》に随つて方便利益《ほうべんりやく》を為す。顕《あらわ》るゝ所の名は大日孁貴《おおひるめのむち》と曰ひ、亦天照太神《あまてらすおおかみ》と曰ふ。

ここでは、根源（元）の神（＝豊受大神）として、国常立神が当てられている。その根源神は、固定的な実体を持たないものであるが、霊妙な力の本源であり、広大の慈悲によって、方便として、さまざまな神の形をとって、衆生に利益を与える。そのように具体的な姿で現れる神が、天照大神なのである。ここでは「慈悲」「方便利益」などの仏教用語を使いながら、根源神のありようが語られている。

そして、この「虚にして霊なる」根源は、万物が現れる以前の「混沌」であり、その始原から万物は発出している。『造伊勢二所皇太神宮宝基本紀』で「神道は則ち混沌の境を出で、混沌の始に帰る」と述べられているように、人々は当為としてこの始原の混沌に戻ることが求められる。そのためには、自らの私心を滅して、心を清浄・正直にすることと、心を神に向け加護を願うことで神と一体となる祈祷が重視されるのである。

伊勢神道は後世に大きな影響を与えた。たとえば、南北朝期に北畠親房によって著された『神皇正統記』も伊勢神道説を取り入れた。そして、そこで展開された親房の神国論や三種の神器論は、前述の一条兼良をはじめとする神道思想の展開のための触媒となった。

「神道集」

南北朝期には、神社の縁起を集大成した「神道集」全一〇巻五〇章が、天台系の安居院《あぐい》流唱導を行なう東国の説教僧によって成立した。「神道集」では、本地垂迹説に基づいて、諸社で祀られている神の本地が語られる。一例をあげるならば、熊野三所権現の開創を語る「熊野の本地」である。それは、天竺摩迦陀《まかだ》国の善財王と、讒言により母（王の后）を殺され自分も山に捨てられた王子と、王子を助けた『法華経』の聖が、飛車で日本にやってきて、熊野の本宮、新宮、那智の祭神として垂迹したという内容である。[1] これらの説話の多くは、その美質にも関わらず多くの苦難を味わった主人公が、最後には神として祀られたという物語を語る。和辻哲郎は、このような罪なくして「苦しむ神」が民衆に受容されたのは、当時、日本にも教線を伸ばしていたキリスト教の影響があると指摘している（『日本倫理思想史』第四篇第五章）。

このような筋立ては、日本思想としての連続性の観点から見るならば、身分が高く若い主人公が、都（または故郷）を離れて苦難の内に放浪を続け、最後に尊い存在になるという、古代以来の説話の類型である貴種流離譚のヴァリエーションとしても見ることができるだろう。この熊野の本地の説話は、熊野比丘尼や山伏ら遍歴布教者（放浪の芸能者でもあった）によって各地に広がった。室町時代後半から江戸時代前期にかけて、「神道集」に見られるような本地物は、絵巻や絵本に仕立てられて「御伽草子」として受容され、江戸期の文芸や芸能にも大きな影響を与えた。

吉田兼倶と吉田神道

応仁の乱後の混乱の時代、吉田兼倶（一四三五〜一五一一）は、伊勢神道のみならず、儒、仏、道、陰陽道なども取り入れつつも、神道を前面に出して吉田神道（唯一神道、卜部《うらべ》神道、元本宗源《げんぽんそうげん》神道《しんとう》とも）を創唱した。吉田神道は、中世の神道思潮のさまざまな要素を取り入れており、中世神道の集大成と呼ばれている。

まず、吉田兼倶という人物について紹介しておこう。兼倶は、宮中亀卜の宗家、神祇官人の家柄で、京都の吉田山に鎮座する吉田神社を世襲する卜部家に生まれ、家学、家職を受け継いだ。応仁以前の三〇代前半までの人生においては、家学である神典のみならず種々の漢籍を学び、また、五山僧や当代の知識人たちと交流して学識を磨き、朝廷では神祇官の次官にあたる神祇大副《じんぎたいふ》に就任し、大嘗祭を統括するなど、神祇官人として順調な人生を歩んでいた。しかし、応仁の乱の混乱の中で、吉田神社も兼倶自邸も戦火で焼け落ちてしまう。また、兼倶がそれまで奉斎してきた、古代以来の伝統的な宮中祭祀も衰微し、大嘗祭を含む多くの祭りが行えなくなってしまった。兼倶の後半生は、神祇祭祀を自らが中心となるかたちで再編し、神道界の秩序を刷新することに捧げられる。そのために、神道の教理を新たに構築し、切紙伝授による秘伝相承も含め普及させること、そして、それと連動して、世襲してきた吉田神社を再興し、さらに日本第一の祭祀場とすることが目指された。

応仁の乱後、兼倶は、『唯一神道名法要集《ゆいいつしんとうみょうぼうようしゅう》』『神道大意』などの著作を通じて教理体系を築くとともに、神道の基本文献である『中臣祓《なかとみのはらえ》』や『日本書紀』神代巻などの講釈を行った。その際、兼倶は、吉田神道の主祭神にして諸神の根源である「虚無太元尊神《そらなきおおもとみことかみ》」（＝「国常立尊」）を鼓吹し、仏儒の本源が神道であるという、三教根本枝葉花実説を説いた（神道が根、儒教が枝葉、仏教が花実）。これらの講釈の対象は、天皇、公家、将軍家、五山僧など幅広い層に渡った。彼ら有力者と巧みに結びながら、兼倶は、系図や文書を捏造することで、自ら「神祇管領長上《じんぎかんれいちょうじょう》」と称して神道界の第一人者であることをアピールした（本来、卜部家は神祇官の次官の家柄であったが、このように自称することによって格上の神祇伯〔長官〕の白川家と同格、またはそれを凌駕しようとした）。

兼倶は、足利八代将軍義政の妻、日野富子の助力を得て、文明一六年（一四八四）には、吉田山に、斎場所太元宮《さいじょうしょだいげんぐう》を大規模に建立した。これは、それ以前から自宅に設けていた日本最上神祇斎場を移設したもので、八角形の殿堂という独特の造りをしている。兼倶は、建物の中央に根源神の「虚無太元尊神」を祀り、その周りに天照大神をはじめ八百万の神々を祀り、あらゆる神々が「虚無太元尊神」に帰一することを具体的に示した。さらに、兼倶は、天皇にも太元宮を日本第一の霊場と認めさせた。

兼倶は、太元宮を日本の包括的な祭祀の場とすべく、延徳の密奏事件を起こした。延徳元年（一四八九）、兼倶は、伊勢神宮外宮正殿の炎上によって行方不明となった御神体（鏡）が、太元宮に飛来したと主張し、朝廷に調査を願い出、そのお墨付きを得た。兼倶は、全国の神社に神格を示す称号や位階を授与する「宗源宣旨」の勅許も得て、神道界の最高権威にまで上り詰めた。兼倶によって確立された吉田家の神道界における権威は、江戸時代にも引き継がれ、幕府は「諸社禰宜神主法度」において、全国の神職に位階を授与できる権利を吉田家に与え、明治時代までその権威は揺るがなかったのである。

吉田兼倶『唯一神道名法要集』

以上のような、兼倶の強引ともいえる数々の行動を支えていたのは、兼倶が自ら築き上げた吉田神道の教義体系であったと言える。教義を問答体でまとめた『唯一神道名法要集』を手掛かりとして兼倶の神道思想を検討してみよう。

『唯一神道名法要集』は、吉田神社の神職世襲の初代にあたる遠祖卜部兼延（生没年不詳、平安中期）に仮託されてはいるものの兼倶の著作である。本書は、天照大神から、卜部氏の祖である天児屋根命に伝えられたとされ、架空の「三部神経」（『天元神変神妙経』『地元神通神妙経』『人元神力神妙経』）の解釈のかたちをとる。この「三部神経」を兼倶は隠幽教とし、吉田神道のみが秘密裏に伝えてきた教えであるとして、『古事記』『日本書紀』『先代旧事記』（三部本書）の顕露教と対照させる。このような対比は、密教でいう顕密に相当し、両部神道、伊勢神道以来、中世神道で広く見られる自己規定の枠組みである。

兼倶は、本書の冒頭で、神道を三つに分類して、本地垂迹説に基づく「本迹縁起ノ神道」、真言密教に基づく「両部習合ノ神道」、そして兼倶の奉ずる「元本宗源ノ神道」を挙げる。この「元本宗源ノ神道」について兼倶は以下のように述べる。

問ふ。元本宗源《げんほんそうげん》ノ神道トハ何ぞ哉《や》。

答ふ。元とは陰陽不測の元元ヲ明かす。本とは一念未生《いちねんみしょう》の本本《ほんぽん》ヲ明かす。故ニ頌《じゅ》ニ曰く、「元《げん》を元として元初ニ入リ、本《ほん》を本として本心に任《まか》ス。」と。

問ふ。宗源とは何ぞ哉。

答ふ。宗トハ一気未分の元神《げんしん》ヲ明かす。故に万法純一《まんぽうじゅんいつ》の元初《げんしょ》ニ帰ス。是れヲ宗《そう》と云ふ。源トハ和光同塵の神化《しんか》ヲ明かす。故に一切利物《りもつ》の本基ヲ開ク。是れヲ源と云ふ。故ニ頌ニ曰ク、「宗トは万法一《いつ》に帰す。源とは諸縁、基《もとい》を開く。」と。吾国開闢以来の、唯一神道とは是れ也。

ここで、兼倶は、吉田神道の基本概念を、名に冠せられた「元本宗源」を解釈するかたちで述べていく。まず、世界の根源（「元」「本」）とは、人知を超えた万物の生滅変化そのものであり、それは何の分節も起こらず、ほんのわずかの私意も萌していない、無分節のエネルギーそのものである。『日本書紀』の用語でいえば天地開闢以前の「混沌如鶏子」ということになろう。

そして「宗」「源」についても、同様に解釈される。「宗」とは「一気未分の元神」、すなわち無分節の根源神、「太元尊神」である。そして、それに続いて「万法純一の元初ニ帰ス」ことが「宗」であるとされる。すなわちあらゆる存在が清らかで混じりけのない原初の状態へと回帰すべきことが主張されている。

「源」については、「和光同塵の神化」であるとされる。「和光同塵」とは、仏教用語であり、仏が、仏教の教化を受け入れられない人を救うために、本来の智慧の光を和らげて人々の受け入れやすい姿で教化することである。兼倶は、儒仏の根源に神道を置くことから、仏を神にあてはめて、この「和光同塵」という言葉によって、神が教化のためにあえてさまざまな姿をとって現れること（「神化」）を示しており、それによってあらゆるものを教え導く（「一切利物」）ことが可能となると述べている。

ここで言われていることを、分かりやすくまとめてみると次のようになる。現実には、さまざまに分節した個物が存在するが、それは、単にばらばらなのではなくて、原初においては無分節の「一」であった。そこから分節された姿が現在の個物としてのわれわれなのである。

この分節した個物について、兼倶は、別の個所で「器界・生界、山河・大地森羅万象は、一切神霊なり」と述べ、世界の森羅万象が神霊であると述べている。つまり、あらゆる個物は、神を内在させているが故に、それを自覚することによって、清らかで混じりけのない原初の未分たる「太元尊神」に回帰し得るのである。このような原初の「一」に回帰することこそが人間の当為となるが、その回帰を促し導くのが、和光同塵してさまざまな姿をとって現れる神なのである。そして、このような世界の構造と人間の当為を説く教えこそが、吾国が開闢以来、国常立神‐天児屋根尊の系譜を次いで卜部家が伝え来た唯一神道（吉田神道）だというのである。

図10　吉田神道行事壇再現（國學院大學博物館）

兼倶は、この原初の無分節である「神」（「太元尊神」）について、「夫レ神ト者《は》、天地ニ先テ而モ天地ヲ定メ、陰陽ニ超テ而モ陰陽ヲ成ス。天地ニ在テハ之ヲ神ト云ヒ、万物ニ在テハ之ヲ霊ト云ヒ、人倫ニ在テハ之ヲ心ト云フ。心ト者神ナリ。故ニ神ハ天地ノ根元也。」（『神道大意』）とも言う。それは分節化した神々の根源にある、無分節の「一」であり、無分節であるが故に、分節して各々名前をもつ神に先立ち、しかも、天地や陰陽を超越するとともに、天地を定め陰陽の働きを生み出す絶対的な神なのである。

このような兼倶が打ち出す神観念を改めて考えてみると、それは、古代の記紀神話における、天照大神をはじめとする皇祖神を軸とした神々の体系を、自分の立場から組み替えて換骨奪胎したものであると言えよう。兼倶は、皇祖神を軸とする体系を、自らが建立した太元宮の中央に奉斎する絶対的な「太元尊神」、すなわち、天照大神の出現に先立つ国常立神の下に組み込むことによって、皇祖神の権威を利用しつつ「太元尊神」の優位性、根源性を主張し、それによって吉田神道の優位性、根源性をも唱導したのである。

以上のような思想を、個人として具体化する行として、兼倶は、三壇行事などの行法を説く。これらは、伊勢神道や真言密教の強い影響のもとに構築されたものである。三壇行事とは、密教の加持に倣った実践で、「三元十八神道行事」（初重の位）、「宗源神道行事」（深秘の位）、「唯一神道大護摩行事」（最深秘の位）から成り、このうち最深秘の修法が、八角形の壇で護摩をたく護摩行事である。護摩とはサンスクリット語のホーマに由来し、インドで古来行われていた、火中に供物を投げ入れて神々を勧請し祈願を行う儀式が、真言密教に取り入れられたものである。兼倶はこの密教の護摩を取り入れ、新たな思想を具現化する儀礼を創出したのであった。

3．中世日本の歴史思想

律令国家、王朝国家の秩序が衰微に向かっていた中世においては、混乱した現実を説明し、新たな世界観、人間観を示す必要が生まれた。そこで、眼前の現実とそこに至るまでの歴史を説明する筋道、つまり、歴史的原理の探求が盛んに行われるようになった。このような思潮の集大成ともいえるのが、慈円『愚管抄』であり、北畠親房『神皇正統記』である。両者は、皇統を手掛かりとしつつ、さらに「道理」（『愚管抄』）や「正理」「天命」（『神皇正統記』）などのように、歴史を貫き、歴史を導く理念を探究した。以下ではこれらの著作の内容とその著者について要説しよう。

慈円『愚管抄』

鎌倉時代前期の天台僧で、仏教界の頂点ともいえる天台座主を四たびつとめた慈円（一一五五〜一二二五）は、摂関家の生まれで、九条兼実の同母末弟である。生まれた翌年である保元元年（一一五六）に保元の乱が起こっている。乱の原因をつくった忠実・頼長は、それぞれ慈円の祖父、叔父にあたる。慈円は、父母と早くに死別し比叡山で出家した。台密の修行に励み、一時は遁世（いわゆる二重出家）を志す。しかし、同母兄の兼実に止められ悩んでいた二七歳の時、葛川明王院《かつらがわみょうおういん》に参籠し倶利伽羅龍王の出現に遭う。この出来事をきっかけに「仏法興隆」と「政道反素」（政治を本来の姿に戻す）を志し、隠棲を断念する。

平家滅亡後、兼実が源頼朝の支援によって後鳥羽天皇の下で政権を担当すると、天台座主に就任し後鳥羽天皇の護持僧をつとめた。兼実の失脚後も後鳥羽院から祈祷の要請が続き、慈円はこれに応えていたが、公武の協調を願う慈円は、後鳥羽院と意見が対立し、そのため、承久元年（一二一九）には、慈円が祈祷を中止し院の前から退席するという出来事も起こった。慈円は、公武の協調を祈る願文をさかんに神仏に捧げ、『愚管抄』の成立もこの頃と推定されている（ただし、慈円自身は匿名で本書を著している）。承久三年、乱の勃発の後は、公武の協調のために仏教の立場から尽力した。文学にも秀で、『新古今和歌集』撰進のための和歌所の寄人をつとめ（入選歌数は西行について第二位の九二首）、『平家物語』も慈円が庇護した信濃前司行長《しなののぜんじゆきなが》によって成ったと伝えられる（『徒然草』第二二六段）。

多岐に渡る慈円の業績の中でも、とりわけ日本思想史の立場から意義深いのは、『愚管抄』を著したことである。『愚管抄』は全七巻から成り、第一巻冒頭には「漢家年代記」を置き、中国で天地開闢の神とされる盤古を「天地人定後首君也」と注記して掲げ、宋の第一三代皇帝まで列挙している。そのあと二巻までは「皇帝年代記」であり、神武天皇から代々の天皇の治世年数、后や子、主な臣下、治世下での出来事などを列記する。慈円は、中国を世界の中心と認めつつも、王朝交代の絶え間ない国と位置付けており、それと対照させることによって、皇統の連続性が我が国の秩序の源泉であるということを示唆していると言えるだろう。

第三巻から第六巻が本論であり、神代を除いて神武天皇から順徳天皇時代までの政治史を記述する。天皇の尊貴性と統治の正統性の根拠である神代を省略しているのは、すでに前提となる規定の事実であって今さら強調する必要はなく、むしろ、尊貴性と正統性を神によって保証されている天皇を頂く日本国の現実が、なぜ混乱したのか、今後どのように現実に対応していけばいいのかを考察することが重要だという判断に基づくものであろう。この問題を考えるため、慈円にとっては最も重要なポイントは、皇統と不可分に展開する摂関家の相続の次第であり、それを描くことが本書執筆の大きな動機であろう。

慈円は本論において、まず、天皇による我が国の統治を王法として立て、この盛衰の歴史を述べる。神武天皇から成務天皇までの一三代は、王法が栄え、天皇単独で統治を遂行し皇統も父子間でスムーズに継承されるが、その後は時とともに衰えたので、王法を補う存在を必要とするようになる。まず、欽明朝に伝来した仏法が王法を補い、さらに藤原氏が摂関家として王法を補佐する。院政に移行するにつれ王法と摂関家との関係が疎遠になり、その結果、政治が乱れて保元の乱が起こる。慈円は、保元の乱が「武者ノ世」「日本国ノ乱逆」を生み出したとして、この間の経緯を詳述する。前述のように慈円の一族は保元の乱の当事者であったことから、他の資料にはない伝聞も多く見られる。

さらに、慈円は、平家が政権を取ることで、武家が、王法とその補佐たる摂関家を圧迫するのみならず、清盛の横暴、安徳天皇の入水などの異例の事態を招いたと指弾するが、同じく武家である源頼朝によって天下に秩序が再びもたらされ、武家は新たに王法の守護者となったと説明する。頼朝による王法の守護を端的に表しているのが、平家滅亡の折に、三種の神器のうちの剣が海に沈んで失われた出来事である。三種の神器の剣に代わって、今後は頼朝が武力によって王法を守護すると、この出来事を慈円は解釈する。ここには慈円とその実家である九条家の公武協調志向が表れている。そして、建保六年（一二一八）の九条道家の左大臣就任、九条家を外戚とする皇子（後の仲恭天皇・九条廃帝）の立太子、翌年の道家の子頼経（二歳）の将軍継承予定者としての関東下向という、慈円にとって理想状態実現の展望を見通せる時点で、本論は終わっている。

第七巻付録では、本論で叙述した歴史を貫く原理を「道理」として抽出し、道理とは何かを検討している。慈円にとって道理とは、誰にとっても一目でわかる明々白々な法則というようなものではなくて、出来事の推移を深く考え吟味することで、浮かび上がってくるものであった。以下では、道理に関する『愚管抄』の記述を取り上げて検討してみよう。

コノヤウニテ世ノ道理ノウツリユク事ヲタテムニハ、一切ノ法ハタヾ道理ト云二文字ガモツナリ。其外ニハナニモナキ也。ヒガコトノ道理ナルヲ、シリワカツコトノキハマレル大事ニテアルナリ。コノ道理ノ道ヲ、劫初ヨリ劫末ヘアユミクダリ、劫末ヨリ劫初ヘアユミノボルナリ。コレヲ又大小ノ国々ノハジメヨリヲハリザマヘクダリユクナリ。（第七巻）

ここで慈円が強調しているのは、道理というのは移り変わるものであり、「ヒガコト」すなわち「間違った悪事」にすら「道理」があるということである。慈円にとって「道理」とは、物事の根拠、理由で、何事にも根拠や理由があり、世の移り変わりの中で、ある時代には道理に適っていた事柄も、時代が変わればそうではなくこともあると、慈円は言う。しかし慈円は、単に、道理は状況によってどうにでもなるという相対主義を説いているわけではない。さまざまな道理を歴史の初めから終わりまで、また終わりからはじめまで辿り、さらに日本以外の国々にも広げて考えていくと、より根源的な日本の歴史を貫く道理というものが見えてくると、慈円は言う。それは、皇室と摂関家（藤原氏）と武家とが一体となって、天下を治めることである。このことは、それぞれの祖神である天照大神、春日明神、八幡大菩薩の冥約を基盤とする。この国の根幹をなすのは、この道理であり、それは、目に見えない冥の世界の神々によってすでに定められているのだ。

慈円は、天皇の系譜が他に移らないように、臣下（直接的には藤原氏）の系譜も不変であると述べ、さらに臣下と天皇との関係について「君ハ臣ヲタテ、臣ハ君ヲタツルコトハリ」と述べ、これは「コノ日本国ヲ昔ヨリサダメタル」ものであるとする。つまり、天皇が臣下を決定するだけではなくて、臣下が天皇を決めるのだというのである。そして、それには、清盛や木曽義仲が後白河院を排除したような混乱を招くやり方もあるが、たとえば、藤原基経が陽成天皇を光孝天皇に変えたり、武烈天皇の崩御後に継体天皇を臣下が探してきたりしたという例のように、臣下が君を立てることによって世が治まるやり方もあると言う。

そして悪逆な君を廃して新たな君を立てることは、目に見えない冥の世界の神々の意志を代行することであり、このようなことがあるからこそ、皇統が続いてきたと慈円は述べる。『愚管抄』については、従来、古代から中世にかけて没落していく貴族階級の意識を反映し、乱世の中で道理が失われていくことへの嘆きを基調にした作品であるとも評価されてきた。確かに、慈円の「日本国ノ世ノハジメヨリ次第ニ王臣ノ器量果報ヲトロヘユク」という言葉からは、仏教の末世観をベースにした下降史観が見られるが、しかし、以上、慈円の言葉を手掛かりとして考察してきたように、慈円自身は、屈折を伴いつつも、この世の秩序を支える冥への信頼とそれを具現化することへの志を持ち続けたということができるだろう。慈円と同時代の法然が「法爾道理」を説き、北条泰時も『御成敗式目』を道理に基づいて作成したと述べているのと同様に、慈円も『愚管抄』を通じて混乱期における確かな原理の探究を試みたのである。

北畠親房『神皇正統記』

慈円の『愚管抄』とともに中世の歴史書の双璧とされているのが、北畠親房（一二九三～一三五四）の著した『神皇正統記』である。村上源氏の名門出身である北畠親房は、鎌倉時代末期から南北朝時代にかけての公卿、武将で、仏教、儒教、神道、有職故実に通じた学者で歌もよくした。後醍醐天皇に重用され、世良《ときよし》親王を教育するが、親王が若くして死去したことにより、三八歳で出家し宗玄（のち覚空）の法名を得て政界を引退した。しかし、建武の新政で再出仕し、その後は、吉野山に開いた南朝の中心人物として、京都の北朝・足利幕府と対抗した。次第に劣勢となる南朝を立て直すため、延元三年（北朝暦応《りゃくおう》元、一三三八）、東国回復を目指して常陸国に下向し、反幕府勢力を結集しようと試みるが、目的を果たせず吉野に戻った。この間、『神皇正統記』を執筆したとされる。南朝の劣勢は続き、吉野を失い、拠点をさらに山深い賀名生《あのう》に移すことを余儀なくされ、一時は、幕府内の内紛（観応の擾乱）に乗じて正平一統《しょうへいいっとう》を実現するが、長くは続かず親房は失意のうちに賀名生で没した。

『神皇正統記』は、政治的にも思想的にも南朝の中心人物であった北畠親房が、幼い後村上天皇（後醍醐天皇の第七皇子）に対して、南朝の正統性を裏付け、有徳の天皇となるための心構えを説くために著した歴史書であるとされており、神代から後村上天皇の即位までを、天皇の年代記のかたちで叙述している。人物評価については、たとえ天皇であろうとも問題があれば批判し、武家であろうが評価すべきは評価するという態度で臨んでいる。たとえば、承久の乱を起こした後鳥羽院についていては、その討幕の企ては天の許すものではなかったと言い、鎌倉幕府は社会秩序を安定させ民心を得ていたのだから、それをむやみに転覆させようとすることは批判されるべきだとする。また頼朝や北条氏のやり方は臣下として適切なものであるから、朝敵である足利尊氏らとは一緒にはならないとも言う。

まず、冒頭の一節を手掛かりとして、親房の歴史思想を検討してみよう。

大日本者《おほやまとは》神国《かみのくに》也。天祖《あまつみおや》はじめて基《もとゐ》をひらき、日神《ひのかみ》ながく統《とう》を伝へ給ふ。我国のみ此事あり。異朝には其たぐひなし。此故に神国と云ふ也。

日本を神国とする考え方は、従来からあったが、ただし、それは神の加護を受ける国、神事を第一に優先する国という意味であった。それに対して、親房は、天照大神（天祖）以来、皇統が連綿と受け継がれてきたことこそが、王朝交代を繰り返してきた中国などの他国とは違う日本の特徴であるとする。そして、ただ血統を受け継いでいれば良いということではなく、そこには必ず君徳が伴わなければならない。たとえば、悪逆をもって知られる武烈天皇は直系で皇統を繋げず、皇統が傍系に代わり、不徳の行いの多かった陽成天皇の場合には、地位を廃され子孫に皇統を継承できなかったと親房は強調する。ここでは、持統と正義とが連動して考えられている。

親房は、天皇親政を理想としており、神が人々の暮らしを安らかにすることを誓ったように、天皇たるものも万民に安楽を与えるべきで、天皇の運命はそれができるか否かにかかっていると主張する。本書を貫くのは、有徳の天皇が、代々、無窮の皇統を伝えつつ、万民のために善政を行うという理念である。具体的には、後醍醐天皇条にあるように、正直慈悲を重んじ、人材を登用し、信賞必罰を貫き、むやみに官位や恩賞を与えないようにすることである。

そして、臣下の方も、官位や土地などの見返りを求めることなく、王土に生まれた身として、己を捨てて忠義を行うべきだと親房は主張する。ここには、南朝に味方することに対して見返りを強く要求する東国の武士たちに対する批判が込められているとともに、まさに私心を捨てて「人臣の道」を生涯歩み続けた親房の自負が表れていると言えよう。

注

1 「神道集」では、王と王子と『法華経』の聖が日本にやってきて熊野の神々になったとされるが、後には、讒言によって山中で死んだ后が蘇って、王（夫）、王子（息子）とともに日本にやってくるというストーリーになった（「御伽草子」など）。

学習課題

○中世神道の神の考え方はどのようなものか、それぞれの思想家に即して検討する。
○中世の代表的な歴史思想について、その原理を手がかりとして内容を検討する。

参考文献

伊藤聡『神道の中世　伊勢神宮・吉田神道・中世日本紀』(中公選書、二〇二〇)
伊藤聡、門屋 温監修『中世神道入門　カミとホトケの織りなす世界』(勉誠出版、二〇二二)
石田一良編『神道思想集』(日本の思想、筑摩書房、一九七〇)
菅野覚明『神道の逆襲』(講談社現代新書、二〇〇一)
大隅和雄『愚管抄を読む』(講談社学術文庫、一九九九)
大隅和雄、慈円『愚管抄　全現代語訳』(講談社学術文庫、二〇一二)
永原慶二編『慈円　北畠親房』(日本の名著九、中央公論社、一九七一年)

11　近世①　武士の思想

《学習のポイント》　武士の発生と歴史を辿りながら、「武者の習い」と呼ばれた、武士特有の戦闘者としての道徳規範について説明する。特に、武士における「自己確立の道徳」を検討する。近世禅における武士理解についてもあわせて検討する。

《キーワード》　「武者の習い」、「献身の道徳」、『葉隠』、明治武士道

1．武士道とは何か

明治武士道

日本人の心性を形作り、日本文化を現在でも特徴づける代表的な伝統思想の一つに、武士の思想がある。現在、われわれが「武士の思想」として一般的にイメージするところの武士道は、平安時代以来の伝統的蓄積を踏まえ、江戸期に整備されたものである。さらに明治期には、武士道が、国民国家形成のためのエートスとして宣揚された。これを明治武士道という。武士階級の消滅により、かえって武士の道徳が全国民の規範として採用されるに至ったといえる。

特に、武士の道徳としての忠節、礼儀、武勇、信義、質素などは、明治一五年（一八八二）に下

賜された「軍人勅諭」（その冒頭では、わが国の軍隊は元来天皇が統率すべきものであることを武士の歴史を挙げつつ説明される）にも徳目として明記されており、武士道が、近世身分制社会の上位に位置する武士階級の特殊な道徳から、一君万民、国民皆兵を旨とする大日本帝国を支える国民道徳へと転じていったことがみてとれる。

なお、明治武士道としては、新渡戸稲造や内村鑑三らキリスト教徒によって、キリスト教を受け入れる基盤となる日本固有の道徳的伝統と位置づけられた武士道もあるが、これらも武士階級特有の道徳思想ではなく、日本人の道徳性の根幹を支えるべきものという位置づけである点では、「軍人勅諭」にみられるような国家主義的な武士道と共通性を持つということができる。

武士のエートスをめぐる問題系は、いわば日本独自の実践哲学として歴史的に発達し、武士が制度的には存在しなくなった時代においても、看過できない影響を与え続けている。また、日本思想史研究においては、いわゆる「個の自立」「主体性の確立」「公に抗する私性の主張」という文脈の中で、武士の思想のもつ可能性が追求されてきた。日本人の生き方の理想像として、武士的なそれは――そのこと自体に対する評価はさまざまであるにしても――今もなお日本人の中に脈々と息づいているといえよう。

武士の思想を考えるための観点にはさまざまなものがあり得ようが、本章においては、「私」と「無私」、「公」と「私」に着目して、武士の共時的な精神世界について解明することを試みる。

「武」の語源

まず、「武士」という言葉について簡単に確認しておくと、「武士」とはすでに『続日本紀』養老五年（七二一）正月二七日条の元正天皇の詔にもみられ、この場合、律令官制における文官に対する武官、とりわけ、天皇直属の近衛府系武官等を指す。また、漢字の「武」は会意文字で、「戈《ほこ》」と「止」（「歩」の略で、前進すること）からなっており、武器をもって前進すること、つまり戦闘やその技能を元来、意味するものとされているが（白川静『字統』）、伝統的には、後漢の許慎《きょしん》の『説文解字《せつもんかいじ》』の「文において止戈《しか》を武と為す」という語源説が用いられてきた。これは、「武とは、文明による教化によって戦闘を止めさせること」を意味し、日本でもこの説が広く受け入れられた。「武」という漢字の「止」は、本来は「歩」であるから、これを「止める」と取るのは俗説に過ぎないとはいえ、日本における「武」を考える上で、「武」が、「止戈」を可能ならしめる「文」と一体のものとして考えられてきたこと、さらに、一体のものでありつつ、中国が「文」の偏重に傾いているのに対して、「武」の重視をもって日本の特徴としてきたことには、十分に注意を払う必要があろう。「武」の比重の高さという特徴があるとはいえ、日本における「武力」とは——少なくとも理念のレヴェルでは——むき出しの「暴力」ではなく、常に「文」を伴い発動されるべきものとされていたのである。

また、武士とは、大和言葉の「さむらい」（侍）や「もののふ」（武士）などともほぼ同義である。「さむらい」は、上級者に伺候することを意味する「さぶらふ」を語源としており、律令体制下では、もともと明法家なども含め、技能をもって朝廷に仕える中下級の官人を一般的に意味していたが、次第に武芸に特化し、朝廷や公家の身辺警護にあたる武官の呼称になり、鎌倉時代以降は、上級武士を指すようになった。侍が、そもそも武芸をもって朝廷に仕えるべきものであったという事実は、武士の共時的側面を抽出するにあたって看過できないものであると思われる。

また、「もののふ」とは、漢字で「物部」とも表し、本来朝廷につかえる文武百官を指し、物部氏のように、戦闘技能によって朝廷に仕える武官を特に指す。「もの」とは、差し当たりは「兵器」であるが、元来は、「大物主」や「物の怪」の「もの」と同様に、日常的知覚を超えて感知される霊異なるなにものかを意味している。つまり、「もののふ」とは、怪異に対して（弓を弾いたり矢を射たりして）呪的技能を発揮する者を意味するとも言えるだろう。

武士の起源と歴史

戦闘を職能とする社会的集団として古くは、大和朝廷につかえた物部氏、大伴氏、紀氏などの豪族が挙げられ、律令体制下には、太政官八省の一つとして兵部省《ひょうぶしょう》が存在し軍事や武官の人事を司った。宮中の警備や行幸の警護にあたった近衛府《このえふ》の武官から出発した坂上田村麻呂が征夷大将軍に任命され東北平定に成功し、死後に従二位を贈られ、王城鎮護の神として祀られたこともよく知られている。

武士の起源については、従来、平安時代中期に、律令制が衰え、中央集権的国家の支配力が低下し、治安が悪化したことにともなって、地方（特に東国）で農地を所有する在地領主（有力農民）が、自ら開発した領地を確保するために武装化したもの、また私的な使用人を武装化させたものであり、彼らによって古代貴族による支配は切り崩され、封建社会が形成されたものと考えられてきた（石母田正『中世的世界の形成』など）。

このような議論は、かつて大きな影響力をもっていた史的唯物論の古代奴隷制→中世封建制という枠組みにも馴染みやすい議論でもあり、一定の説得力をもって語られてきた。しかし近年、武士の武士たるゆえんを、土地の私的所有とその防衛にではなく、あくまでも職業的戦士としての武力の行使に見出そうとする議論が目立つようになってきた。それは、武士の発生を、律令国家と対立する在地の私的戦力においてみるのではなく、律令国家や貴族社会の武官に武士の発生をみるものである。[1]

これらの武をもって「公」(朝廷・公権)に仕える武官については、後世の武士の広義の源流と考えて差し支えないのであるが、より直接的な源流として注目されるのが、九世紀末の坂東《ばんどう》の群盗蜂起を平定すべく派遣された、遡れば皇胤《こういん》の系譜にある都下りの下級貴族たちである(寛平延喜《かんぴょうえんぎ》勲功者《くんこうしゃ》)。彼らは、押領使《おうりょうし》や追捕使《ついぶし》等に任じられ、国司のもとで治安維持活動、内乱鎮圧を行い、平時は国衙《こくが》守護、国司主催の狩猟への参加、国の一宮での流鏑馬《やぶさめ》などの武芸による軍事儀式への奉仕等を行った。この寛平延喜勲功者らは十分な恩賞を得られず、その不満が承平天慶《じょうへいてんぎょう》の乱というかたちで爆発したと考えられている。承平天慶の乱の反乱側も鎮圧側も、寛平延喜勲功者である。

承平天慶勲功者らとその子孫は「兵《つわもの》の家」として認知され(清和源氏や桓武平氏、秀郷流藤原氏など)、軍事貴族として武芸を磨き、北面の武士や検非違使《けびいし》に就任し都の治安維持活動を行った。彼らは、武力・警察力を担うことを朝廷から官職というかたちで認められており、摂関家などの有力者に仕え、社会的立場を強化していった。彼らの中で最も活躍したものは四位《よんみ》を与えられ、受領として地方に赴任し富を蓄えて所領を持ち、地方豪族と主従関係をもつようになっていった。

ここでまず留意すべきは、武士の発生が在地領主層、つまり在地の農村にのみ求められるべきではなく、さらに遡って、比較的下位であるとはいえ、都の官人・貴族層にも求められるということである。(もちろん、武士が在地領主であったということは、武士という存在を考える上での大前提であるが、しかし、武士のすべての要素を「在地地主」であるということで説明はできるわけではないということである)。

このように武士の発生が皇胤の貴族に求められるという議論を敷衍して、日本思想史的観点からその含意を展開してみるならば、武士を支える正統性は、最終的には、天皇(皇統・皇室)という、日本的「公共」性、持続性、文雅性によって保証されているとすることも可能であろう。つまり、武士については、もしその発生の当初に遡って考えるならば、妻子、一族郎党や囲い込まれた土地にシンボライズされるような単なる「私」性、即物性にのみ、完全に還元され得る存在として本質規定することは困難であり、また、他者を強制的に排除することによって「私」性を固守する、単なるむき出しの暴力としてだけ理解することも一面的にすぎるといわざるを得ないだろう。

さて一一世紀になり、荘園公領制が進展し、領地をめぐる紛争が絶えまなく起こるようになったことにともなって、軍事貴族は都から下って留任、土着した。彼らは、地方荘園や公領(郡、郷、保)の警察権、経営権を掌握するなど、在地との繋がりをさらに強化して在地領主化し、それら在地領主層を中核として武士団が生まれた。

治承寿永《じしょうじゅえい》の乱(源平の争乱)を経て成立した鎌倉幕府は、在地領主層を守護、地頭に任命して国家公認の地位に引き上げた。それまで在地領主層は新興勢力であるがゆえに、都市貴族(荘園領主)に対して従属的であり、不安定な地位に置かれていたので、この措置は大いに歓迎された。のちの戦国武将などの前身も、この守護や地頭であることが多く、鎌倉幕府の成立は日本の封建制の画期となった。その後、足利氏による室町幕府の時代、群雄割拠の戦国時代を経て、江戸幕府の時代になると、武士は、戦闘者ではなくて官僚、為政者としての性格を強めてくる。このように、明治維新に至るまで、中世・近世を通じて武家が政権を掌握したのである。

2．武士の道徳に関する思想研究

「主君への無私の献身」としての武士道

前節では、「武士」の輪郭を、語源や歴史的展開の観点から説明した。これを踏まえ、さらに日本思想史、とりわけ和辻哲郎によって開拓された日本倫理思想史（日本人が理想とした生き方や世界観を解明する理念史）の視座から改めて武士の思想について検討しておきたい。

和辻哲郎は、武士の思想の核心を「主君への無私の献身」に見出す。和辻は武士の発生を、公地公民制の衰退に伴って成長してきた私的領地である荘園の領主が、自衛のために武装したものと捉えた。この武力団体の構成員は、中央の名家の子孫として地方で名望を得ていた領主と荘民である。彼等は、日常生活をともにし、非常時には命を賭けて戦った。このような「生の共同」の中で、領主と統率される荘民との間に恩愛に基づく献身的な主従関係がはぐくまれた。この主従関係は、当事者のみならず、世襲的なものであり、「ある一定の土地において代々その生活と防衛とを共にすることによって」より強固なものとなった。このように形成された「坂東武者の習」は、この後の日本の武士の倫理思想の基盤となる。

和辻は、主従関係における献身の道徳の典型的な例を、承久の乱の時の尼将軍の呼びかけに対する次のような御家人の言葉に見出す。（和辻の引く『承久兵乱記』と同系の善本から引用する。）

争《いかで》か三代将軍の御恩をば思ひわすれ奉《たてまつる》べき。其上源氏は七代相伝の主君也。子々孫々までも其

御よしみを忘奉るべきにあらず。頓《やが》テ明日打立て命を君に進《まい》らせて、首を西に向けてか丶れ候はんずる……。(『承久記』前田本)

このように、和辻は、命を惜しまず、累代の主君の恩に報いる武士を、武士の理想として挙げる。そして、さらに、武士は仇討ちにみられるように親子間の情愛が深かったことを指摘しつつ、「それにもかかわらず、武士の主従関係は、この親子の情愛さえも犠牲にし得たのであった」と述べて、坂東武者は、主君に対する献身を親子関係における情愛よりも優先することを指摘する。このことは、和辻が主著『倫理学』の中で示した二人共同体(夫婦)から国家にまで至る人倫の体系という視点で考えてみると、和辻が、人倫の体系の中では低次の共同体である家族間の紐帯を止揚し、より高次の地縁、血縁共同体の紐帯を実現するものとして、「武者の習い」を位置付けたということになる。和辻は、人倫の体系においては、各段階において全体性を自覚すると主張しており、武士の道徳は、全体性の自覚の重要な一段階とみなされるのである。

和辻は、武士の倫理思想として無私の献身を宣揚して、「献身の道徳の中核とは……利己主義の克服、無我の実現である。……享楽を欲する自我の没却、主君への残りなき献身、それが武士たちにとっての三昧境《ざんまいきょう》であり、従ってそれ自身に絶対的価値を持つものであった」と述べ、「武者の習い」の中核に「無我」の実現、すなわち「「私」を没して主君の中に投入」し、「主従関係が完全な共同態になること」を見出すのである。[2]

(このように和辻は、武士の「主君への無私の献身」の道徳を高く評価するのであるが、決して手放しで賞賛するわけではなくて、その評価はアンビヴァレントなものである。「無私の献身」の対象は、常に具体的な主君、主家にとどまっており、それが、和辻が人倫の体系の中で、最も高次な具体的全体性とする国家的全体性への帰依、「天皇尊崇の伝統」と関わらないところに問題があると、和辻は指摘する。）

自敬と独立の精神

武士道を「無私の献身」と捉える和辻の議論にたいしては、武士における「自敬の精神」「独立の精神」を強調する流れもある。[3] 相良亨『武士道』は、武士の道徳を「対峙的人倫観を踏まえた独立の精神」と捉え、「心ある武士は他者を一人の武士として敬し、礼儀正しくあった。心ある武士は他者を敬し、また自己を守った。それはいいかえれば我は我なり人は人なりの姿勢である」（『相良亨著作集』第三巻）と指摘する。さらに一個の武士として「名」「恥」を問題にする姿勢は、「いわゆる主従関係をはみ出すものが、武士の生き方、あるべき有り方の中にあったということである」と主張する。「主従関係に必ずしも包摂され切れない一個の武士」であること、つまり、主従関係には必ずしも還元されない「自己」に武士の武士たる所以をみようとしていることは注目に値する。

また、菅野覚明《かんのかくみょう》『武士道の逆襲』は、武士の特徴を、「武士は戦闘を本来の業とする。」「武士は妻子家族を含めた独特の団体を形成して生活しており、一族郎党、主従関係、譜代、御家など武士特有の人間共同のありかたはここを母胎としている。」「武士は武力を行使することによって、私有の領地の維持・拡大を生活の基盤とし目的とする。」の三点に集約し、武士のもつ道徳思想、すなわち武士道とは、「自己の自立を懸け、己れと己れの一部たる妻子、共同体のために戦う、私的戦闘者であることに根ざした思想」と集約した上で、自らの「名」に自らの存在・力量のすべてを込め、それを不朽のものとして打ち立てることを目指すのが武士の理想であると指摘する。

武士と領地

以上のような三者の議論は、自己否定（無私）を説くにせよ、自己の確立を説くにせよ、「自己」が主題化されているところに特徴があるといえる。その場合、主君との無私の結び付きや自己の独立の基盤は、在地領主としての土地の私的所有であるとされる。

たしかに、『御成敗式目』などを見ても、土地の所有をめぐる争いに関する条文が多く、武士にとっては土地所有が死活問題であったことはよくわかる。武士にとっての領地とは、個人の所有であるのみならず、家代々、継承していくものである。所有者の既得権が相対的に弱かった当時にあっては、その所有権は、戦い取り、そして守り抜かなければならないものであった[4]。

戦いに勝利するとは、自己が囲い込んだ私有地を存続させ、何らかの上位の権威に依拠して、そこから他者を排除することに他ならなかった。土地は、そこを耕すことで収穫をもたらし、一族郎党の生活を支え、家代々の繁栄の土台となるものである。武士の名は、その土地の名である場合が多いが、それはまさに、武士のアイデンティティのありかを端的に表すものである。武士は、私有地を守り抜くことにおいて自己の主体性と、（相対的であれ）自立を確保していたということができるだろう。

そして、その土地を安堵してくれる主家は、自己の家が代々仕えてきたものであり、ともに戦った長年にわたる記憶が、世代を越えて共有されていく。これらの積み重ねが、主従の「一味同心」

「一心同体」の情誼的結合を支えている。この結合は、日常生活と戦いという非日常とを貫く主従の共同を意味するのであり、究極的には戦いの場における生死にわたる一体性として表現されるものである。

『葉隠』における「無私」

武士は勝利をめざし、つまり敵の排除と自己の存続を賭けて、自らの能力の限りを尽くして戦う。そのために、身心の鍛錬を行い、戦士としての能力と人格と智慧とを磨く。そのような武士のあり方、生き方を支える道徳は、「弓矢取る道」「坂東武者の習」「弓馬の道」などといわれる。これは、平安末期から鎌倉時代、武士が台頭し、政権を握ったころにその原型が確立し、その後、室町時代、戦国時代、江戸時代と武士が政権を担った時代を通じて、時代の影響を受けつつも継承された、武士の行為を律する規範である。それらは、具体的徳目でいえば、武勇、智慧、誠実、忠義等を重んじるものであり、これらは究極的には主君に仕えつつ戦う者としての武士の当為でもある。そして、これらの徳目を支えるのが、日常的な自己に対する執着やエゴイズムの克服、すなわち「無私」の精神である。

戦いの場面において、自己のあらゆる執着をも乗り越え、一身をかえりみることなく戦うことが武士の理想とされる。その極端な例が、江戸時代、すでに儒教的士道論（治者として、道徳的模範、人倫的指導者として、武士がどのように振る舞うべきかの教説）が隆盛を極める太平の世において、[5] あえて戦闘者としての武士の理想を追求した『葉隠』聞書一の次のような言葉である。

武士道と云《いう》は死ぬ事と見付《みつけ》たり。二つ〳〵の場にて、早く死方《しぬかた》に片付《かたづく》ばかり也。別に子細なし。胸すわつて進む也。……我人、生《いく》る方がすき也。多分すきの方《かた》に理が付べし。若《もし》図に迦《はず》れて生《いき》たらば腰ぬけ也。……図に迦れて死《しに》たらば気違にて恥には不ㇾ成《ならず》。これが武道の丈夫也。

武士道は死狂ひ也。……本気にては大業はならず。気違に成て死狂ひする迄《まで》也。又、武道に於て分別出来《いでく》れば、早《はや》おくるゝ也。忠も孝も不ㇾ入《いらず》、士道（武士道――筆者注）におゐては死狂ひ也。此内に忠・孝は自《おのずから》こもるべし。

自己の生命に対する執着も、分別すらも乗り越え、それが「犬死」になってしまったとしても、戦いの場において、「無分別」に死に突入すること、すなわち「死狂う」ことこそが、武士にとって大切なのであり、そこには理屈は不要だと、『葉隠』の著者山本常朝《じょうちょう》は断ずる。常朝の「無分別」「死狂い」は、まさに「無私」の精神の極北とも言うことができるだろう。

「我人生る方がすき也」とあるように、人間にとって自己の生への執着は抜き難いものである。その執着を土台にしてさまざまな理屈が立つ。しかし、戦闘者としての武士に必要なのは、それらすべてを執着として捨てて、ただひたすらに「死狂い」することのみだったのである。（「無分別の死狂い」とは、本来は、在地領主が戦いの中で所有地を死守するために要請された現実的な行為であったが、幕藩体制下の武士にそのような場面は訪れるはずもなく、現実から遊離した行為が観念の中で肥大化したものともいえよう。）

また、このような「無私」の献身、「無私」の精神こそが、「恥」を知り、「名」を残すものであると理解される。武士にとって「恥」とは、臆病、未練、卑怯な振舞いをすることであったが、このような振舞いの根底にあるものは、現実世界の自己に対する執着である。自分個人の命や財産、家族にこだわり執着するからこそ、命が惜しくなり、自己の所有物を失いたくないと未練が生まれ、臆病になったり、卑怯な行為をしたりするようになる。このような執着を絶ち切って、勇敢で潔く、公明正大な態度をとってこそ、「名」（＝「私」の名）を残すことができるのである。（なお、平時の奉公における「無私」の献身とは、常朝にとって家老などに出世した上で、命がけの諫言を行うことであった。）

このように、武士の道徳には、「私」を守り、「私」を主張し、「私」の名を不朽のものとするためには、「私」を捨てて「無私」にならなくてはならないというパラドックスが見出される。もちろん、自己が自己として成立するためには、自己を超えなければならないという逆説は、武士に限らず、人間存在の理法として普遍的に見出される原理であるが、その存在様態の必然として、自分が死ぬか、敵が死ぬかの生死を賭けた戦いの場に身を置くことをその本質とし、「私」の存亡の限界的な状況に常に身を置かざるを得ない武士であるからこそ、そのパラドックスの最も先鋭的な担い手となり得たのである。

「皇威」と「風雅」の担い手としての武士

以上、在地領主としての武士という存在様態から生まれた武士の道徳について説明した。先述のように、近年は、武士には在地領主という側面のみならず、武士＝武芸者もしくは、武士＝朝廷・公権への奉仕者という側面に注目が集まっている（高橋昌明氏の武士職能（芸能人）論）。つまり、武士は都の貴族から生まれたものであり、社会的分業が家職という形態として現れる歴史段階における一つの職業身分であり、その身分の最終的保証は王権によるというのである。

もとより、これらの説はお互いに排斥し合うものではなく、ともに存立することが可能ではあるとはいえ、武士の本質として、「累代の私的所有の確保」のみならず、武芸を通じての公権へ奉仕の側面が指摘されたことは注目される。

武芸とは、元来、弓矢や刀などを用いた武術であり、それらは戦闘のみならず、射礼や流鏑馬などの各種の儀礼へと結びつく。また、これらの武術は呪術でもあり、たとえば源頼光の大江山の鬼退治や、源頼政の鵺退治などの有名な伝説にも顕著にみられるように、日常世界に侵犯してくる不可思議な存在と相渉り、日常世界を守る霊異なる力として捉えられていた。これらの力は、武士が「皇威」を担い、下級といえども、貴族として朝廷が確保する秩序の一端を担うものであり、さらに天皇のもつ祭祀的権威、呪的権能を分掌する存在であったところに淵源するものと考えられる。

たとえば、『平家物語』に登場する公達をはじめ多くの武士にかかわる説話が、武士の勇猛さや忠義のみならず、その「風雅」について語るのは、武士の貴族化と捉えられるべきではなく、武士の本質にかかわるものとして風雅があったと考えるべきであり、この風雅は、王朝国家の祭祀空間としての雅やかさにつながるものであるということができよう。このような論点を踏まえるならば、従来の、武士は農村の自衛的戦力として出発したものであり、退廃した都の貴族とは対極的な存在であったという一般に流布している理解は見直すべき点があろう。たしかに徳川時代の貴族は、実際の政治権力から遠ざけられた文弱といっても過言ではなかろうが、それ以前の貴族は、武芸とは親和性をもっており、それ故に、貴族から軍事貴族としての武士が分岐し得たとも言えるのである。

明治武士道が国民国家成立に向けたエートス形成のために、本来の武士の担っていた世界のごく一部だけをとりいれたために、武士の思想の根幹部分にあった呪的権能や風雅を切り捨てる結果となり、そのことが武一辺倒の武士像の形成を促したということもできよう。

武士における「無私」の根拠

さて、以上述べたように、武士の「私」、自己としては、肉体・財産・家門などを意味するものとして議論を進めてきた。中でも、武士にとって「私」性の極にあるものは、「今、ここ」にある肉体としての端的な自己である。そして、この端的な「私」を支え成り立たせている家族・一族郎党からなる家門である。平時において、この端的な自己と時間的空間的に拡がる自己とは矛盾しない。端的な自己の延長上に家門があり、自己が維持されることが、家門が維持されることでもある。

しかし、非常時にはそのような図式は成り立たない。家門の存亡をかけた非常時には、自己は自己の肉体への執着を捨てて、命をかけて戦わなければならない。家門の維持とは、自己の妻子、一族郎党からなり、私有財と私有地をともなって、時間、空間的に広がる共同体を持続させることである。自己は、自己の延長であるこの共同体を保持するために、自己への執着をすて「無私」にならなければならない。武士が武士として立つためには、肉体としての端的な自己への執着を超えなければならないのである。

そして、この一定の時間、空間に広がる共同体である家門そのものは、一箇の「私」であり、対立する他の共同体との関係においては自立しているということはできても、究極的にはそれ自身で自己完結することはあり得ない。つまり、その共同体を位置づけ保証する、より上位の存在を要請する。その上位の存在とはさしあたりは主君であるが、主君は、眼前の主君であると同時に時空に広がる主家である。つまり、武士の家代々は、ある主家につかえていくことにおいて、主家によって位置づけられアイデンティティを与えられるということができよう。それでは、主家そのものを位置づけ、アイデンティファイするものは何なのだろうか。

武士の源流と現在考えられている都下りの下流貴族たちが担っていたものが、それである。彼らは、皇胤の貴種（清和源氏、桓武平氏など）であると自他ともに認ずることによって、在地の社会において正統性を主張できたわけであり、彼らの担う皇威が、主家から家臣の家へ、さらにそのまた家臣の家へと連続していく「私」、そしてその「私」の延長である家門を最終的に保証し得たということができるだろう。つまり、「私」の体系を最終的に保証するという意味で、「私」の体系の頂点に立つのが天皇（皇統・皇室）ということになろう。

たとえば、肉体の死を予想し、さらに家門の滅亡をも覚悟した武士が、それでもなお主君への忠義や死に際の無執着な見事さによって、死後の「名」の流通を期待するとすれば、それはまさにこの皇威を基底として成り立つ不朽の場が想定されていることになる。その死に際の見事さを「あわれ」と歎じ、永遠に記憶に留める、時空を超えた情の共同体の中心を貫くのがまさに皇統ということになるだろう。

そして、この「私」の体系の頂点は、下位の「私」すべてを掣肘《せいちゅう》し、相対化すると同時に保証するという点において、それは「私」の対極に位置するところの、「公」へと反転する。日本における持続性と文雅性の最高の表現と伝統的にみなされてきた天皇は、同時に、武家の「私」を最終的にアイデンティファイするものであるという意味で「公共性」をもつといえるのである。家門という運命共同体は、武士の「私」に意味を与え、「家門」を媒介として「私」は、主従のつながりをたどって、天皇という日本における最高の公共性と持続性へと間接的に繫がっていくのである。

注

1　たとえば、石井進の「国衙軍制論」、戸田芳実の「軍事貴族論」、高橋昌明の「武士職能（芸能人）論」などが代表的なものである。彼らの議論の特徴は、武士について、王威を担う戦闘者として理解しており、王朝国家と対立する者としては捉えなかった点にある。（ただし、このような議論は、特に新しいものではなく、すでに戦前から積み重ねられてきている。）

2　歴史学者である家永三郎は、和辻の武士の主従道徳としての「献身の道徳」に関して異論を称え、それは「御恩と奉公の双務関係」であり、奉公に対しては常に反対給付としての御恩が期待されており、それを獲得するために奉公がなされると指摘した。和辻は、実態としての主従関係を問題にしているのではなく、軍記物等において理想化された主従関係における、手段ではなくそれ自体が目的となった献身の道徳を問題にしているのであり、家永の指摘は、理想について実態の境位から批判したということになろう。

3　日本政治思想史研究者の丸山眞男も、『丸山眞男講義録第五冊　日本政治思想史　一九六五』（東京大学出版会、一九九九年）の主要部分を占める「第二章　武士エートスとその展開」の中で、「『葉隠』で見たような主君への絶対的な忠誠は、下から上に吹き上げるような主体的能動性をもち、藩の運命を個人で担い切ろうという精神と結合していた。この精神形態が幕末の状況において、いわゆる志士の行動様式の中に再現されることになる」（二四八頁）と述べている。この言葉から分かるように、丸山は、伝統的な武士のエートスの中に、日本的な主体性の萌芽と可能性を模索していたのである。

4　鎌倉時代、室町時代を通じて、「当知行《とうちぎょう》」が重んじられ、たとえどのような経緯があろうとも、今現在、その土地を占有しているという事実が評価された。

5　現在のような意味で武士道という言葉が使われるようになったのは明治以降であり、江戸時代は、儒学者が、儒教的為政者たる武士の道徳として「士道」を主張する際に、戦国の余習を残す武士の道徳を「武士道」と呼んでいた。

学習課題

○武士が理想とした生き方は何か、またそれはどのような世界観によって裏打ちされているのかについて、武士のあり方と関連付けながら検討する。

参考文献

笠間和比古『武士道の精神史』（ちくま新書、二〇一七）
菅野覚明『武士道の逆襲』（講談社現代新書、二〇〇四）
相良亨『武士道』（塙新書、一九六六／講談社学術文庫、二〇一〇）
西村道一編『相良亨著作集』第三巻「武士の論理・近世から近代へ」ぺりかん社、一九九三）
和辻哲郎『日本倫理思想史』（一）～（四）（岩波文庫、二〇一一～二〇一二）
丸山眞男『丸山眞男講義録第五冊　日本政治思想史一九六五』（東京大学出版会、一九九九）
山本常朝『定本　葉隠〔全訳注〕』上中下（ちくま学芸文庫、二〇一七）
山本常朝『新校訂 全訳注　葉隠』上中下（講談社学術文庫、二〇一七～二〇一八）

12 近世② 儒教の思想

《学習のポイント》 近世の儒教思想について、代表的思想家である伊藤仁斎と荻生徂徠を取り上げて解説する。特に、朱子学批判に着目して儒教の日本的展開を解明する。あわせて、古代以来の儒教の日本における受容と展開についても検討する。

《キーワード》 憂き世と浮き世、世俗化、朱子学、林羅山、山崎闇斎、伊藤仁斎、荻生徂徠

1．中世から近世へ

「憂き世」と「浮き世」

近世は、一般に、中世の「憂き世」が「浮き世」に転じていった時代として捉えられる。中世の「憂き世」という言葉は、もとより仏教の「一切皆苦」「諸行無常」の教説に依拠した、現世を無常で虚しく苦しみに満ちたものとして捉える見方に基づいて成り立っている。仏教は、人々に対して、仏教の真理を求めて「憂き世」から離脱して悟りを開き、安楽の境地に達するよう説いた。現世が「憂き」ものであるのは、現世がそれ自身としては完結した世界ではなくて、有限かつ無常なるものとして捉えられていたからに他ならない。

それに対して、「浮世草子」「浮世絵」などという用例からもうかがえるように、「浮き世」という言葉は、本来、「はかない世の中」を意味する「浮世《ふせい》」という漢語から出ているにもかかわらず、「現世的」「享楽的」というニュアンスで用いられるようになった。たとえば、「浮世絵」が、遊里と芝居とを主たる題材とする庶民の娯楽に供された風俗画であり、「浮世草子」が、遊里や芝居町を舞台に町人の享楽的生活を描いた町人文学であったことからも分かるように、「浮き世」とは、決して苦に満ちた、離脱するべき厭わしい場所ではなく、そこにおいてなにがしかの享楽と充実感を味わうことの可能な場所であった。

中世から近世へと、社会秩序が安定してくるにつれて、人々はこの世を離脱することではなく、この世そのものに興味の対象を移していった。現実に五感を通して接することのできる世界への関心が増大し、人々の精神世界の中で「眼前の現実」の占める比重が高まっていった。つまり、現世はあたかも現世のみで完結できるかのような捉え方が、少しずつ人々の間に受け容れられていったのである。これを「世俗化」という。近世になると、現世を否定的なものとして捉え、そこからの離脱を願うのではなく、現世を肯定して、現世的な楽しみを享受しようという志向が強まってきたのである。

このような現世肯定的なものの考え方が一般的になるにつれて、中世まであった他界観念が徐々に後景に退いていくようになっていたことも、近世思想の特徴として指摘することができる。それによって、超越的な次元、すなわち、共同体の外部であり世俗的な日常世界を超えた神仏の世界のリアリティが薄れる。神仏とどう関わり、神仏からの恵みをどう受けとめるのかではなくて、現世をどう生きるのかが人々の主要な関心事となってくる。このことは、共同体の外部である他界に対する関心の衰退として現れてくる。そして、これと並行して、人々は、「人倫」、すなわち、現世における人と人との間のあるべき道徳的秩序の確立に目を向け始める。

多様な差異を捨象して、あえて大きな見取り図を言うならば、これは、中世の宗教的世界から近世の道徳的世界への転換ということもできるだろう。中世の人々は、みずからが生きている世界の背後に、この世界を支え、成り立たせる超越的なるものを想定していた。それは、究極的には、神仏をはじめさまざまなかたちで表象される、根源的かつ超越的なる働き（＝力）であり、人々は、儀礼や修行などの宗教的実践を通じて神仏と、つまりこの力と交流し、それによって、自らの「生」を活性化させた。彼ら中世人は、「自分はどこからきて、どこへいくのか」という人間の根源的な問いに対して、神仏つまりこの超越的な力との関係を基盤として答えようとしたのである。彼らは、生まれてから死ぬまでという有限な時間は、実は無限なるものに支えられているということを実感しており、眼前に繰り広げられる出来事の継起は、実は、眼に見えない何ものかによって導かれていると考えていたのである。ただ取りとめもなく過ぎていくかのようにみえる人生に意味を与える何らかのものを、中世人は神仏という超越的なるものの形象のうちにみていたということができよう。

それに対して、近世の人々は、超越への通路をまったく断ち切ったわけではないにしても、見えない超越的なるものに対してよりも、むしろ眼前に広がる現世、つまり世俗世界に対して、その関心を増大させた。世俗世界は超越的なるものから相対的に独立性を強め、現世が現世それ自身として自立しはじめたのである。人々は、現世における自己実現、世俗的成功や享楽そのものを追求し、また、現世の「人倫」を問いはじめたのである。

また、このような変化は、無常観から生々観への変化として捉えることも可能である。無常観とはすべては変化し滅んでいくものだと世界や人間を捉える思想であるが、生々観とは、そのような変化は滅びではなく、次々に生まれることであると捉える見方である。生々観にたてば、現世は祝福された肯定的なものになる。

中世説話と近世説話－刈萱道心説話の変容

上述のような転換を端的に表わしているのが、中世説話と近世説話との間の落差である。一例として、五説経の一つとしてよく知られている刈萱道心説話を取り上げてみよう。説経「かるかや」の正本が刊行されたのは寛永八年（一六三一）、近世初期にあたるが、善光寺如来堂の脇に祀られる親子地蔵の本地物のかたちをとるこの説話の発祥は古く、中世の間、高野山の萱堂聖《かやどうひじり》の間で語り継がれたものと考えられる。

この説話の筋立ては次のようなものである。筑紫六ヶ国を支配し隆盛を極めていた筑前松浦党の総領、加藤繁（重）氏は、その栄華の頂点をなす花見の宴の折に、桜の蕾が散って盃に浮かんだのを見て、懐妊中の妻（このときに胎内にいたのが、後の石童丸《いしどうまる》である）と幼い娘を捨て、二一歳の若さで高野山にて出家し刈萱道心と称した。出家した父を慕って、息子石童丸は高野山にやってくるが、刈萱道心は恩愛を捨てた出家の身ゆえに、父子の名乗りをせず、石童丸を帰らせた。この父子の対面の場面は、話のクライマックスになっている。その後、石童丸も出家して仏道修行の道に入り、ついに刈萱道心と石童丸とは、善光寺と高野山で別々に往生した。この物語は、まさに世俗の恩愛を超えたところに仏道の真理の世界が成り立っていることを示している。親子の情愛による結合は、現世においては全うされず、仏道の真理世界は、現世的な親子関係を超えてはじめて到達することが可能であるとされた。

その後、説経節の「かるかや」に基づきつつ大幅に改作して、並木宗輔、並木丈輔が合作して、『刈萱桑門筑紫蠑《かるかやどうしんつくしのいえずと》』と題された浄瑠璃が作られる（一七三五年、大阪豊竹座初演）。この作品では、従来の刈萱道心説話を取り込みつつも、全体的には、繁（重）氏が去った後の加藤家を舞台として、家を守る忠義の家臣の術中にはまって愛する男性をかばいながら死んでいく、「夕しで」という女性が主人公となって繰り広げるストーリーが中心となっており、中世の物語と近世文学との落差を示している。また、滝沢馬琴の『刈萱後伝玉櫛笥《かるかやこうでんたまくしげ》』が、「かるかや」説話を典拠にとりつつも、石堂（童）丸による加藤家再興の物語として筋立てを変えてしまっているのも、「家」という人倫組織を重視する近世的な変容といえよう。

刈萱道心説話では、主人公が、その栄華の頂点で発心し現世を捨てたと語られ、中世の仏教説話の類型の一つである発心譚となっている。発心譚の中でも、現世的な栄華の頂点でこの世の限界をみて発心するという話型をとっている。この話型の代表的な作品として挙げられるのが『発心集』巻一―六話である。そこでは、「筑紫の男」が秋に自分の家の田の広大さに満足しつつ稲穂の波を見ているうちに、俄かに無常を観じ、止める娘を振り捨てて高野山で出家したと語られる。これらの発心説話が示すのは、どのように栄耀栄華を極めようとも、この世はそれのみでは完結するものではないということである。この世の頂点に立ち、この世において望めるすべてを手に入れた者は、すべてを手に入れてもまだ不完全で満ち足りない自己と世の有限性とを痛切に感じるがゆえに、この世を捨てざるを得ないのだと、これらの説話は語っているのである（まさに、仏伝の語る釈尊の発心がこの類型の源泉であると言える）。

このような中世説話に対して、近世説話は現世の「イエ」の物語として語られ、最後はお家再興などの現世内での繁栄が語られる。その過程で神仏の加護などに言及されるにしても、話の焦点は現世における人間関係、すなわち「人倫」に絞られている。類型化して言えば、中世の来世（他界）志向、近世の現世（人倫）志向ということができるだろう。近世の人倫志向の中で、「怪力乱神を語らず」「鬼神を敬して之を遠ざくるは知と謂ふべし」（『論語』）といって、宗教とは一線を画した道徳の教えである儒教が受け入れられたのは当然のことであったともいえよう。以下では、近世儒教を代表する伊藤仁斎と荻生徂徠の思想を説明する。その前提として、まず、近世に至るまでの日本における儒教の展開についても説明しておこう。

2. 日本における儒教の展開

儒教の社会的基盤の日中の相違

春秋時代の中国で孔子によって始められた儒教は、東アジア各地に伝えられた。日本には、『日本書紀』によれば、応神天皇一五年（五世紀初頭と比定）に、百済王から儒教経典に通じた阿直岐《あちき》が派遣され、儒教が伝えられたとされている。翌年には、阿直岐の推薦で王仁《わに》が来日している（『古事記』には、『論語』と『千字文』を携えて来たと伝える）。これらは、仏教公伝よりも百年以上も古い時期であり、その後も、儒教は為政の理念を説く教えとして朝廷から重んじられた。ただし、儒教の社会における位置付けは、日本の場合、中国とは大きく異なる。

中国では、基本的に、歴代王朝の統治の道徳的基礎付けや、祭天や祖先祭祀をはじめとする「礼」

（儀礼）を儒教が担い、道教が個人の不老長生の願望を満たして、社会的に大きな影響力を発揮していた。仏教は除災招福などの現世利益や来世安穏、また時には鎮護国家を担ったが、その影響力は（とりわけ明清代以降は）、日本ほど大きいとは言えず限定的なものであった。

それに対して、日本では、仏教が祖先祭祀を司り死後の安心を保証すると同時に、鎮護国家を通じて国家の超越的、宗教的な基礎付けをも果しており、各層に仏教が広く浸透し、社会的にも有効に機能してきた。江戸時代の寺請檀家制度に顕著なように、近代以前の日本では、公的な分野に仏教が深く入り込んでいた。それに対して、儒教の方は、基本的には学問に留まり、日本では、中国ほどには強い影響力を持たなかった。これには、日本では科挙が行われず、科挙官僚を輩出した士大夫層のような、儒教を担う社会的基盤が育たなかったことが関わっているだろう。儒教が浸透した江戸期ですら、儒学者たちのうちで、儒学者の主たる実践である「修己治人」のうちの「治人」、すなわち「経世済民」「治国平天下」などの現実政治に関わることが可能となる仕官の機会に恵まれ、儒教的理念に基づいて現実的な手腕を振るえた者は、新井白石（一六五七〜一七二五）や荻生徂徠など、ほんの一握りに過ぎなかった。多くの儒学者は、市井の「道学先生」たるに留まり、たとえ、幕府や藩に仕えた場合でも、知識の提供や書籍の管理が主な仕事であり、政治的な力は与えられなかった。

また、中国儒教が、父系の同族集団であり外婚制（同姓不婚）をとる宗族社会を前提として成り立っているのとは違って、日本の「イエ」制度においては、非血縁の養子も容認されるなど、儒教が前提とする社会も日中では大きく違っていた。[1]その意味でも、中国の家族制度と、それを支える「孝」の道徳と、その現実化である祖先祭祀儀礼とを基盤として発達した中国儒教を、日本がそのままに受け入れることは不可能であり、このことが古学派をはじめとする日本独自の儒教の形成を促す遠因ともなったとも言えよう。

江戸時代の儒教の発展

日本では、古くから、為政の道徳的理念の供給源として漢学の知識が尊ばれ、『論語』『孝経』からはじまり各種の漢籍が積極的に輸入され研究されもしたが、しかし、五山における儒教の場合がそうであったように、それらはあくまでも、貴族や僧侶などごく限られた層の学問、教養に留まり、現実の政治的実践に結び付くことは決して多くはなかった。

そのような中、江戸時代になると、儒教が、為政者の教養として重視されるようになった。また、上述のように、世俗化の進行、現世志向の高まりという時代思潮に適合する、日常を律する教えとして、儒教は一般の人の間にも普及した。武士や一般庶民など多様な出自を持つ学者が、私塾を開いたり、平易な言葉で講説を行ったりして、社会に広く儒教の教えが浸透し、儒教の社会的プレゼンスが格段に高まった。

また、江戸時代には、中国や朝鮮王朝（李氏朝鮮）などと比べれば、儒教が政治的な力を持たなかった代わりに、相当程度自由な議論が認められ、学問としての儒教は活況を呈した。江戸時代の儒教は、時代を代表する学問となり、さらに、鎌倉仏教と並んで、日本思想史上の画期をなしたのである。（とはいえ、多くの民衆にとっては、仏教こそが、寺請檀家制度や庶民教化、各種の習俗的信仰などを通じて、最も身近で強い影響力を持つ教えだったことは疑い得ない。江戸時代の仏教は、あらゆる職業がそれに専念するならば仏行となるという職分仏行説を説いた鈴木正三（一五七九～一六五五）に典型的なように、世俗化された現世肯定的な教説を説く傾向が強かった。）

さて、中世の五山における儒教研究の系譜を継いで、江戸時代初期には朱子学が主流の座を占めた。近世儒学の祖とされる藤原惺窩（一五六一～一六一九）は、五山の一つである相国寺の禅僧であったが、還俗して儒学者になり、その弟子の林羅山（一五八三～一六五七）は侍講として家康から家綱まで四代の将軍に仕え朱子学を説くとともに、幕府の外交や出版事業に関わった。羅山は、「存心持敬《そんしんじけい》」の修養によって「人欲」を去り、人間が本来具えている「本然の性」、さらには「天理」に回帰し、「上下定分の理」[2]に従って生きることを説き、また、神儒一致の立場から、神道の教理を理気二元論などの朱子学の概念で説明し、理当心地神道を唱導した。羅山を始祖とする林家は代々幕府の儒官をつとめた。また、山崎闇斎（一六一八～一六八二）は、朱子を情熱的に信仰し、格物窮理による客観的認識を説く中国朱子学とは異なり、主体的な心のあり方である「敬」と静坐の修養を重視し、神儒一致説に立って垂加神道をも唱えた。独自の厳格な学風を築き上げて、「弟子六千人」と言われ、その系譜は崎門学派と呼ばれた。

朱子学は、中国や朝鮮王朝において官学とされたことや、林羅山の主張した上下定分の理に端的に現れているように、その教えが封建的な身分秩序を根拠付けるものであったことから、為政者たちによって重用されたが、儒学者の中には、朱子学に対する疑問を呈して、新たな教えを説く人々も少なからず現れた。たとえば、中江藤樹（一六〇八～一六四八）は、朱子学から陽明学に転向し、その教えを熊沢蕃山（一六一九～一六九一）が受け継いだ。さらに、宋学（朱子学、陽明学）を否定して、『論語』などの儒教古典の原文に立ち帰り、孔子の言葉そのものに即し儒教を理解すべきだと主張したのが、古学である。山鹿素行（一六二二～一六八五）の聖学（聖教とも）、伊藤仁斎の古義学、荻生徂徠の古文辞学などがこれに属する。これらは、日本独自の儒教研究の展開であり、古典解釈を通じて、当時の日本社会の実情に合った道徳を構築しようとした学的営為として大いに評価できるだろう。

3．伊藤仁斎の生涯と思想

生涯

日本儒教を代表する思想家の一人であり、朱子学を批判して日本独自の儒教である古学（古義学）を築き上げて、古学堀川学派の祖となった伊藤仁斎（一六二七～一七〇五）は、京都の豊かな商家の生まれで、角倉了以や尾形光琳らとも親戚関係にあった。当初は朱子学を学ぶが、その中には、仏教や道家など、孔子や孟子の本来の教えではないものが混入していることに気付き、朱子学を批判するようになった。仁斎は、孔孟の原点に戻るべく『孔子』『孟子』などを、後世の注釈などに頼らずに、本来の意味（古義）を尊重しつつ解釈した。そして、孔孟の教えは、朱子学の説く理や太極を軸とした観念論的形而上学などではなく、孝悌忠信などの日常的な実践倫理そのものであるという結論を得て、「仁」を中心とした独自の思想体系を築き上げた。

仁斎は、京都堀川に古義堂という儒学の私塾を開き門弟を指導するとともに、漢籍の研究会である「同志会」を結成して、友人たちと議論し研鑽を積んだ。門弟は、公家や武家、町人などさまざまな階層に渡り、三千人余りが門人帳に掲載されていたと伝える。科挙制度のない日本で、天下国家を論じる資格のない町人が儒教を学び学問を続けるために、青年期には、医者になることを周囲から勧められたが、仁斎は拒否した。また大名の招聘も断り儒官として藩に仕官する道もとらず、一生涯、市井の儒者であることを選び、四〇年余り、京都堀川の私塾で古義学を講じた。朱子学を退け儒教の原点に回帰しようとする志向は、荻生徂徠や中江藤樹に引き継がれるなど、後世に大きな影響を与えた。なお、仁斎の学統と私塾は、息子の伊藤東涯をはじめ代々伊藤家によって引き継がれ、明治時代になって公教育制度が整備されるまで、二百数十年間、民間の教育を担った。

人倫日用の学

さて、上述のように、青年時代の仁斎は、当初、朱子学に傾倒し、朱子学の「居敬窮理」を実践し、天理と一体になる（天人合一）ために、自らの内にある情欲（人欲）を抑えて心を純粋化しようとした。しかし、このような実践を続けているうちに、仁斎は一種のノイローゼに陥ってしまう。ことここに至ってはじめて仁斎は、他者から孤立して自心の純粋化を窮めようとする朱子学の基本姿勢がこのような事態を招いたことに気づく。人間にとって重要なことは、孤立して真理と冥合することなどではなく、人倫日用のごくあたりまえの世界、つまり眼前の人間関係（五倫）[3]の中で生きることだと悟ったのである。そして仁斎は、孔子や孟子などの儒教の原点となる思想家が主張していたのも、まさにこの「人倫日用の学」だと主張した。彼の朱子学批判は、それが孔子や孟子の思想を歪めて解釈し、世俗の世界を超越した絶対的な主体である聖人を理想としていることにあった。このような批判に基づいて、仁斎は朱子学を媒介とせず、『論語』や『孟子』を直接的に読み込んでいく。

　仁斎のこのような「人倫日用の学」を端的に示すのが、『童子問』の「人の外に道無く道の外に人無し」というテーゼである。仁斎が批判した朱子学では、人道は、天道と密接に結びついており、天理によって掣肘されるべきものであった。それに対して仁斎は、天道から（相対的に）独立した人道を主張する。人道とは、家族関係をはじめとするさまざまな社会的関係における徳の実践的実現の道である。このような実践として、仁斎は、「拡充」（拡大充実）を重んじる。

では、「拡充」とは何か。仁斎は、孟子にならって、人間の心には「四端《したん》の心」が具わっていることを強調する。「四端の心」とは、人が皆、おのずからにもっている功利打算を超えた心であり、「惻隠《そくいん》」（他者を憐れむ心）、「羞悪《しゅうお》」（不正や悪を恥じ憎む心）、「辞譲」（譲ってへりくだる心）、「是非」（良し悪しを見分ける能力）の四つである。これらを「端緒」として、さらに、それを押し広げることにより、仁義礼智という徳目が実現するのである。たとえば孟子は、惻隠の心として、子供が井戸に落ちそうになれば誰もが驚き、それを見過ごせないだろうと指摘する。この他者の不幸を見過ごせない心は「忍びざるの心」といわれる。

自己に具わっている惻隠の心は、そのままに放っておけば断片的に、その場限りに現れては消えてしまう儚いものに過ぎないが、これを、学問や教育を通じて、自覚的に人間の道とかかわらせて捉え、持続的に実践し、最終的には、万人に施す「仁」（包括的な愛）にまで高めるのが「拡充」である。

「四端の心」を出発点として、自己が生きている場において「道」を自覚し、実践することが仁斎にとっての「人倫日用の学」である。朱子学は、世俗を超越し、人欲を離れ、天理を体現すること（修己）で得た絶対的主体性に基づいて、聖人が、俗世を統治すること（治人）を主張するが、仁斎はそのような聖人になることを目指さず、世俗において眼前の人間関係に徹し、そこにおいて自らなすべきこと（具体的には「忠信敬恕」[4]）を行うべきだとして、「日常卑近の学」を主張したのである。

仁の成徳と生々

仁斎は、「仁」と「愛」とを区別する。「愛」は個別的な他者への思いやりであり、個々人が持つことができるのに対して、「仁」は世界全体を覆う包括的な徳目である。個々人は直接的に一挙に「仁」を実現することはできないが、「愛」を通じて漸進的に、世界全体を覆う徳としての「仁」が達成される。個々の「愛」の実践によって到達する理想状態、すなわち仁の完成（仁の成徳）について、『童子問』は次のように説明する。

慈愛の心、渾淪通徹《こんりんつうてつ》、内より外に及び、至ずといふ所無く、達せずといふ所無ふ《の》して、一毫残忍《いちごうざんにん》刻薄《こくはく》の心無き、正に之を仁と謂ふ。此《これ》に存して彼に行はれざるは、仁に非ず。（中略）心、愛を離れず、愛、心に全く、打て一片と成る、正に是れ仁。故に徳は人を愛するより大なるは莫《な》く、物を忮《そこな》ふより不善なるは莫し。孔門、仁を以て学問の宗旨《そうし》と為《す》るは、蓋し此れが為めなり。（上巻四三章）

ここで、仁斎は、慈愛の心が世界に満ち溢れいきわたり、内から外へとあらゆる場所に広がり、ほんの少しも残酷な心がないという状態を「仁」と呼んでいる。「仁」の完成形態では、世界の隅々にまで、個々人が発揮する「慈愛の心」が届き、万人に対して慈愛が発揮されるという。そして、人々は互いに愛しあい、天下が慈愛で満たされる。世俗世界のただ中で、親子、主従などの人間関係を拠点としてなされる道徳的実践は、それを究極まで拡充すれば、世界を自己の「慈愛の心」で満たすことすら可能であるとするのである。

では、個々の「慈愛の心」に基づく行為が、極限的な愛の光景である「仁の成徳」へとたしかに導かれ得るということは、どのように保証されているのか。この疑問に対して端的に答えるならば、それは仁斎の世界把握の根源にある生々観に基づくといえる。世界を次々に新しい事物事象を生み出してとどまることのない一大活物として捉える生々観に依拠して、仁斎は、『童子問』で次のように述べる。

凡そ天地の間は、皆一理のみ。動有って静無く、善有って悪無し。蓋し静とは動の止、悪とは善の変、善とは生《せい》の類、悪とは死の類、両の者相対《あいたい》して並び生ずるに非ず。皆生に一《いつ》なるが故なり。（中巻六九章）

天地の間を貫くのは、あらゆるものを生み出す根源的な力であり、その生々する力を受けて万物は存在している。その生々の運動が無窮に続くことが善であり、それがとどまることが悪である。ときには停滞し、運動が休止しているように見えても、それは一時のことであって、全体として見れば、生々し続けていくのである。

そして、人間にとっては、この生々の運動を自覚し、それをわが身に体現し続けることが道徳的行為となる。これこそが「拡充」なのである。「拡充」とは、自らの中におのずからある「四端の心」を他者に向かって発動させ続け、最終的には世界全体へと押し広げ、世界全体を「慈愛の心」

で満たし続けることである。「拡充」という行為は、一大活物である世界の生々を基盤としてなされると同時に、人はこの「拡充」においてこそ、世界全体の無窮の「生々」に参与し、また世界全体を無窮に「生々」させ続けることが可能となるのである。

4．荻生徂徠の生涯と思想

生涯

蘐園《けんえん》学派（古文辞学派）の始祖で、伊藤仁斎と双璧をなす独自の儒学思想を築き上げた荻生徂徠（一六六六〜一七二八）は、館林藩の侍医の家柄の生まれで、江戸の館林藩邸で誕生した。しかし、一四歳の時に父が流罪となったために、一二年間を上総国長柄郡で過ごすことになった。農村の生活を身をもって体験し、乏しい漢籍を熟読玩味して独学で儒教を学んだことが後の徂徠学の基礎となる。許されて江戸に戻ってからは朱子学を講じ、幕府の実力者、柳沢吉保に召し抱えられて、将軍徳川綱吉に講義し、五百石の禄を与えられた。赤穂事件に際してはその建議が採用されるなど、幕府の御用をつとめた。[5]

後に、後世の解釈を排して「古言」そのものによって経書を理解するために古文辞学を説き、それを通じて明らかになった道徳と政治の分離を、徂徠は主張した。仁斎を含めてこれまでの儒教が私的な世界における道徳的修養を説いていることを批判し、公の秩序を確立する「安天下」の道を探究すべきだとした。多様な個性を伸長する教育観、人間観に基づいて門弟を養成し、多くの学者や文人が門下から出た。また、その影響は儒教に留まらず本居宣長らの国学の形成をも促した。

古文辞学と聖人の道

元来、朱子学から出発した徂徠であったが、中年以降、明の李攀竜《りはんりゅう》・王世貞らの古文辞による詩文に影響され古文辞学に目覚めた。徂徠は、儒教の古典を、先秦、秦漢時代の言語を調べ正確に解釈する復古の学を主張し、宋学は「近言」により「古言」を解釈する弊に陥っていると批判した。徂徠にとって、「道」を明らかにしているものは、聖人が書き孔子が整理したとされる六経《りっけい》（易経《えききょう》・詩経《しきょう》・書経《しょきょう》・春秋・礼記《らいき》・楽経《がくけい》〔または周礼《しゅらい》〕）と、孔子の言行録である『論語』であり、これらを「古言」によって解釈することで、聖人の「道」が明らかになる。徂徠は、『徂徠先生答問書』下において次のように述べる。

道と申候は、事物当行の理ニても無レ之《これなく》、天地自然の道にても無レ之、聖人の建立被レ成《なされ》候道にて、道といふは国天下を治候仕様《しよう》に候。

ここで言われているように、「道」とは、朱子学が主張するような「事物当行の理」（ものごとがそうあるべき理）でも、老荘の「天地自然の道」（おのずから示される道）でもない。徂徠は、理によってこの世界を自己が完全に認識することは不可能であるし、また天地の自然と自己とが一体化することもできないとする。それでは、人が踏み行うべき「道」はどのように示されるのだろうか。

徂徠は、尭《ぎょう》舜《しゅん》禹《う》のような古の聖人が、すでに人間の生活のすべて、すなわち衣食住、文字、冠婚葬祭の儀礼、身分秩序など、あらゆる事柄のあるべき形（礼楽刑政《れいがくけいせい》）を定めていると言う。そして、これは決して人間性を束縛するようなものではなくて、むしろ人間性にそって人間がよりよく生きられるための「制度」（＝秩序）であるとする。このような「制度」を作れるのは、聖人のみであり、人間は聖人の作為した「制度」にそって生きるべきだというのが徂徠の結論である。（ただし、将軍吉宗に献上した『政談』の「今の代には何事も制度なく、上下共に心儘《こころのまま》なる世界と成たる也」という言葉からも分かるように、徂徠は当時の社会は「制度」を失っており、人々はみな、土地から切り離され都市に住んで必要なものを売り買いする「旅宿」の境涯にあると考えていた。これを改めて、戸籍を整えて人々を土着させるとともに、身分に応じて生活様式を規制し奢侈を止めさせ商品経済を抑制して、新たな「制度」を立てる必要性を徂徠は主張した。）

「民の父母」と仁

『徂徠先生答問書』中において「気質は何としても変化はならぬ物にて候。米はいつ迄も米、豆はいつまでも豆ニて候。只気質を養い候て、其生れ得たる通りを成就いたし候が学問にて候。」と言われているように、人間はもともとの生まれつきを変化させることは不可能であるから、朱子学の主張するように、居敬窮理によって聖人になることなど不可能である。人は、聖人になることを目指す必要はない。学問をして制度の中での役割を自覚しそれを果たすことが、各人が生来もっている性質を全うすることになるのである。

そして、徂徠における「仁」とは、多様な個性をもつ人々が、生来、具えている気質を全うできるようにすることである。このことを、徂徠は、「人に長となり、民を安んずるの徳」（『弁名』仁）、すなわち、人々の中で指導者となって、人々が安心して暮らせるようにすることだと言い、その具体例を、「民の父母」という『詩経』の言葉を使って説明する。自分の家族がわがままだったり怠け者だったりしても、また自分の家に代々仕えてきた家来が役に立たない老人であったとしても、一家の長は、それを見捨てることなく心を配って面倒を見る、これこそが「仁」であると、徂徠は言う（『答問書』）。そして、諸侯も天子もそれぞれに養うべき人々がおり、それを見捨てず面倒を見続けることが仁なのである。

伊藤仁斎の説く「仁」が、理想的人格の間の相互関係として構想されていたのに対して、徂徠の「仁」は、為政者が共同体を指導、運営し、共同体の成員を養うための徳目なのである。「仁」の性質に差はあるが、仁斎においても、徂徠においても、現世の人間関係である「人倫」に生きることこそが、人間の究極の目的となったのであった。近世においては、中世的な超越や、現世の外部にある他界とは相対的に切り離された「人倫」が、思想の軸となったと言える。とりわけ、徂徠にあっては、「道」は、自然の生々から切り離された、聖人が「作為」によって人為的に作り上げたものであり、自然という外部からも、超越という外部からも切り離されたものとなったのである。

注

1　中国における宗族は、気（血筋）の同一を基礎としており、それ故、宗廟における祖先祭祀は血のつながった直系男子のみが担い「異姓不養」であるが、日本の「イエ」は家業や家名を継承するので、血のつながらない養子も許容する。宗族における徳目が「孝」であり、それは、単に自分の親を大事にするのに留まらず、自分自身が祖先祭祀を行って血の連続性を確保するとともに、男子を儲けて祖先祭祀を途切れさせず、血の永続を実現することだとされた。

2　羅山の『春鑑抄』に「天は尊く地は卑し、天は高く地は低し。上下差別あるごとく、人にも又君は尊く、臣は卑しきぞ」とあるように、人間の身分秩序や上下関係は絶対的なもので変わらないとされた。朱子学では天人合一説を取り、天地の秩序が、社会的秩序に反映されていると考えた。

3　「五倫」とは、人間の基本的な五つの間柄とその結合の様態であり、具体的には、父子の親、君臣の義、夫婦の別、長幼の序、朋友の信を指す。また、仁義礼智信を五常といい、五倫において自覚される五つの徳目を意味する。

4　「忠信」は、家族関係における年長への敬意を意味する「孝悌」を、家族関係から出発して広く一般的関係にまで押し進めたものである。「忠」は、他者に対して自分を偽らないこと、「信」は、他者に対して真実ありのままの言葉を発することであり、これらは「誠」とも呼ばれた。また「敬」は他者に対する慎み、畏敬であり、「恕」は、他者の心を察し思いやることである。これらの「忠信敬恕」は、いずれも眼前の具体的他者に対するあり方であり、道徳の「本体」としての「仁義礼智」を実現するための「修為」とされた。

5　朱子学者の林鳳岡や室鳩巣らが、赤穂浪士らの行動は儒教的に見て道義に適っていると賞賛したのに対して、徂徠は、そもそも主君である浅野内匠頭が刃傷に及んだことが道義に反しており、そのことを幕府に罰せられたのであるから吉良上野介は主君の仇などではなく、また、吉良上野介を討ったことは主君の「邪志」を継承したに過ぎないから不義であるとした。

学習課題

○伊藤仁斎と荻生徂徠の思想の特徴を、朱子学に対する理解という観点からそれぞれ検討する。

参考文献

小島毅『儒教の歴史（宗教の世界史）』（山川出版社、二〇一七）
土田健次郎『儒教入門』（東京大学出版会、二〇一一）

黒住真『近世日本社会と儒教』（ぺりかん社、二〇〇三）
相良亨『近世日本における儒教運動の系譜』（理想社、一九六五）
相良亨『近世の儒教思想』（塙選書、一九六六）
渡辺浩『近世日本社会と宋学』（東京大学出版会、一九八五）
高島元洋『山崎闇斎　日本朱子学と垂加神道』（ぺりかん社、一九九二）
相良亨『伊藤仁斎』（ぺりかん社、一九九八）
澤井啓一『伊藤仁斎　孔孟の真血脈を知る』（ミネルヴァ日本評伝選、二〇二二）
金谷治『荻生徂徠集』解説（『日本の思想』一二、筑摩書房、一九七〇）
丸山真男『日本政治思想史研究』（東京大学出版会、一九八三）
吉川幸次郎『仁斎・徂徠・宣長』（岩波書店、一九七五）

13 近世③ 国学の思想

《学習のポイント》 代表的国学者である本居宣長や平田篤胤の原典を取り上げて解説する。特に彼らが理想とした、外来思想が入る以前の日本古代のあり方とは何かを検討する。

《キーワード》 本居宣長、『石上私淑言』、平田篤胤、『霊能真柱』

1. 国学の誕生と展開

国学の源流

国学とは、江戸時代中期にあたる貞享・元禄の頃に起こった、日本古典の文献学的研究を基礎とする学問で、和学、古学、皇朝学などとも称した。国学では、『古事記』や『万葉集』などの研究を通じて、仏教や儒教が渡来する以前の日本の独自の精神文化や社会のあり方、人間の生き方、すなわち「古道」（神ながらの道）が探究された。

国学の大成者である本居宣長は、国学の入門書『うひ山ぶみ』冒頭で、国学の学問分野を「神学」「有識《ゆうそく》の学」「記録」「歌学」の四つに分類する。「神学」とは『古事記』神代記を基本に据えて神々の在り方を学ぶ学問であり、「有職の学」とは、古代以来の官職、儀式、律令、故実を学ぶ学問である。また「記録」とは六国史《りっこくし》（奈良時代から平安時代にかけて朝廷によって編纂された、『日本書紀』から『日本三代実録』に至る六つの編年体、漢文の歴史書）やその他の古文献を学ぶことで、「歌学」とは古歌を文献的に研究するとともに自分自身も歌を詠むことである。これらの研究の内容は、現在の学問分野でいうところの哲学、倫理学、歴史学、国文学、国語学、地理学、言語学、宗教学など広範囲に及ぶものである。これらの学問内容が、中世のように師説盲従や秘事口伝に陥ることなく自由に探求され、学問が発展したことは大いに注目に値するだろう。

さて、国学の源流は、遠くは、宮中で行われた日本紀講筵《にほんぎこうえん》（『日本書紀』完成直後から定期的に行われた『日本書紀』訓読の研究とそれに伴う儀礼）や、源　順《みなもとのしたごう》らいわゆる梨壺の五人による『万葉集』訓釈、六条家や俊成、定家らの御子左家《みこひだりけ》による歌学に辿ることができるが、直接的な契機としては、御子左家嫡流の流れを汲む二条家などの堂上歌学の隆盛と、それに対する近世初頭の地下歌人《じげかじん》の批判が注目される。堂上歌学においては、『古今集』などの注釈や歌論が盛んになる一方で、学問の形式化、固定化が進み、古今伝授（「三木三鳥」などの解釈を秘伝として、限られた弟子にのみ切り紙や口伝で伝えること）など、解釈の権威化、秘教化も起こった。このような中世以来の歌学に対する批判が地下歌人の中から起こり、それが国学の母胎となった。

たとえば、最初の伝統歌学への批判者と言われる戸田茂睡《とだもすい》（一六二九〜一七〇六）である。彼は、三河岡崎藩本多家に仕える武士であったと伝えられるが、和歌を中心に風雅な隠遁生活を送った。その歌論である『梨本集』序文冒頭で、茂睡は、「歌は大和言葉なれば、人の言ふと言ふ程の詞を歌に読まずといふことなし」と述べ、伝統的な堂上歌学の固定化した制詞説を批判して、和歌における自由な用語の使用を主張した。茂睡は、人間の純粋な感情である「情《なさけ》」こそが、詠歌や和歌の享受の基盤であると説き、国学の先駆者の一人となった。

茂睡と同時代の下河辺《しもこうべ》長流《ちょうりゅう》（一六二七～一六八六）も、自由な題材や用語の歌を詠み、庶民の歌だけを集めて『林葉累塵集《りんようるいじんしゅう》』を編集した。彼は生涯を『万葉集』研究に捧げ、水戸光圀から『万葉集』注釈を依頼されるが病気のために果たせず、代わりに友人であった契沖（一六四〇～一七〇二）が『万葉代匠記』（一六八八年初稿）を水戸藩に提出した。

国学の四大人

さて、荷田春満に代わって、賀茂真淵、本居宣長、平田篤胤らとともに国学の四大人に数え入れられることもある契沖は、武士の家に生まれるが、父が浪人したことで真言宗の僧になった（曼荼羅院、妙法寺の住職をつとめ、後、円珠庵に隠棲）。漢籍、仏典、悉曇《しったん》（梵字）に通じ、『万葉集』をはじめとする日本古典を研究し、古代の歴史的仮名遣いを明らかにするなどの成果を挙げた。その古典研究法は、古語がその時代にどのような意味を持っていたのかを他の文献を参照しながら実証的、文献学的に明らかにするというものであり、口伝や確立した権威的解釈に依らない合理的な研究態度は、後世の国学の方法論的基礎を据えたということができる。また、契沖は、後世の国学者たちのように儒仏をいたずらに排斥することはなく、日本文化の特質は、神道を中心としつつ、儒教・仏教もあわせて三つの教を経（縦糸）とし、和歌を緯（横糸）としているところにあるとした。国学の大成者である本居宣長は、京都遊学中に契沖の学問的業績に触れ大いに啓発されたという。

契沖が儒仏神三教を重んじたのに対して、日本古来の教え（神皇の教え、古道）を強調し、儒仏を廃したのが荷田春満《かだのあずままろ》（一六六九〜一七三六）である。春満は、京都伏見稲荷の神官の子であり、家学として神道と歌学に励み、また伊藤仁斎の古義学や契沖の学からも影響を受けた。江戸に上って古書の鑑定や解釈などの幕府の御用をつとめ、京都に戻ってきた後は伏見の地で学問に専念した。晩年、春満は『創学校啓』（一七二八年）を著し、幕府や諸藩の教育が儒教に偏っていることを批判し、国学を教授する学校を創立するように幕府に進言した。『創学校啓』の「古語不通則古義不明焉、古義不明則古学不復焉」（古語通ぜざれば則ち古義明かならず、古義明かならざれば則ち古学復さず）という言葉に示されているように、古語に通じて古義（古典が書かれた時代における意味）を明らかにする重要性を訴えた。また、日本古来の学を復興するために、古典文学の研究のみならず広く律令格式や国史を学ぶ必要があると説いた。春満は、研究領域の拡張や研究方法の自覚的提示、学問の目的としての復古の宣揚において、国学の発展に貢献したと言えるが、中世以来の伝統を受け継ぐ家学の影響も強かったと言われている。

師である春満の影響の下、契沖の文献学のみならず、当時流行していた荻生徂徠の古文辞学からも示唆を得て、自己の学問を作り上げたのが賀茂真淵（一六九七〜一七六九）である。真淵は、遠江の賀茂神社末社の神官の家に生まれ、京都に上り春満に弟子入りする。荷田在満《かだのありまろ》（春満の養嗣子）の跡を継ぎ五〇歳の時に、御三卿田安徳川家に和学御用掛として仕えた。これ以降、『万葉集』をはじめとする古典の研究に集中し、日本古代の、私意を捨て天地自然に従う「高く直き」心のありようである「古意《いにしえごころ》」を説き、「古道」を宣揚し、現実の政治にそれを生かすことを主張した。『国意考』（一七六五年）をはじめ、『語意考』『歌意考』『文意考』『書意考』などを著し、国学の学問体系を築いた。また、「いにしえは、丈夫《ますらお》はたけくおおしきをむねとすれば、歌もしかり」

（『歌意考』）と述べて、自分自身でも「たけくおおしき」「ますらおぶり」の万葉調の歌を詠み、古人の心を自らの心とすべく励んだ。弟子には本居宣長をはじめ、塙保己一《はなわほきいち》や平賀源内など多数の有力な学者や歌人がいたが、国学としては真淵－宣長というラインが主流派となった。

2．本居宣長の生涯と思想

生涯

晩年の賀茂真淵の弟子となり、その『古事記』研究の志を受け継いだのが本居宣長（一七三〇～一八〇一）であった。宣長は伊勢松坂の商家に生まれるが、生来学問好きで商人には向いていないとの判断から、医者の修業のために京都に上る。小児科の医師になるための勉強の傍ら儒学者の堀景山に師事した。景山を通じて徂徠学や契沖の古典研究に接し、大いに啓発された。また、景山は風流な文化人であり、弟子たちとともにしばしば歌会や詩会を催して花鳥風月を楽しんだ。その折に宣長が師の景山と交わした和歌が残っている。当時の宣長は、乗馬、謡曲、芝居などにも熱中したと言う。

学問に励むとともに雅な都の文化に触れた京都遊学の成果としては、歌論『排蘆小船《あしわけおぶね》』がある。宣長は、この著において「歌の本体、政治をたすくるためにもあらず、身をおさむる為にもあらず、ただ心に思ふ事をいふより外なし」と述べ、歌（文学）の目的は、政治的な効用や個人の修養にあるのではなくて、心に思うことを表現することにあると述べ、勧善懲悪や因果応報などの理から文学を解放した。このような文学観が、後の源氏物語論『石上私淑言《いそのかみのささめごと》』における「もののあはれ」の主張へと発展した。

地元に戻り医師を開業してからは、『源氏物語』『万葉集』『古今和歌集』『新古今和歌集』『伊勢物語』などの日本古典を幅広く研究し、その成果を弟子たちに講義した。また、宣長は詠歌を好み、歌文集「鈴屋集《すずのやしゅう》」が長男春庭《はるにわ》によって編まれた。七二歳で亡くなるまで、日々医業に励むとともに、日本古典や古道についての講義を行い、歌を詠み続けたのである。

宣長の学問的人生にとって大きな転機となったのが賀茂真淵との出会いである。宝暦一三年（一七六三）三四歳の時に、生涯で一度だけ真淵に会い（「松坂の一夜」）、やがて入門し、六年後に真淵が亡くなるまで、手紙のやり取りを通じて教えを受け議論を交わした。宣長は、真淵との出会いによって、改めて古道を解明する上での『古事記』の重要性を認識し、その研究に着手した。初学者に学問の心得を説いた書である『うひ山ぶみ』の中で、宣長は、「まことに古事記は、漢文のかざりをまじへたることなどなく、ただ、古へよりの伝説のまゝにて、記しざまいと〳〵めでたく、上代の有さまをしるに、これにしく物なく、そのうへ神代の事も、書紀よりは、つぶさに多くしるされたれば、道をしる第一の古典にして、古学のともがらの、尤《もっとも》尊み学ぶべきは此書也」と述べて、『古事記』こそが、儒仏などの外来思想に汚されていない原初の日本人の心や社会のあり方を知るための「第一の古典」であると述べている。三五年の年月をかけて完成した『古事記伝』全四四巻には、宣長一生涯の学問研究の成果があますところなく表現されている。

『古事記伝』は、全巻完成以前の寛政二年（一七九〇、宣長六一歳）から刊行が始まり、脱稿は寛政一〇年、刊行が終わったのは宣長没後の文政五年（一八二二）であった。

宣長は、寛政六年（一七九四）には、和歌山城で御前講義をするなど社会的にも活躍し、各地から入門を求める弟子が集まってきた（門人四八九名、没後門人として伴信友《ばんのぶとも》と平田篤胤の二名）。

死去の前年には、遺言書を起筆し、自分の墓を菩提寺である浄土宗樹敬寺《じゅきょうじ》（一族の墓）と、山室山（宣長個人の奥墓《おくつき》、樹敬寺の隠居寺である妙楽寺山内）に築くことや、奥墓の後ろに自分の好きな山桜の樹を植えること、「秋津彦瑞桜根大人《あきづひこみずさくらねのうし》」として霊牌を作り祭祀を行うこと、樹敬寺の墓石には「高岳院《こうがくいん》石上《せきじょう》道啓《どうけい》居士《こじ》」と戒名を刻むことなどをはじめ細々と言い残した。山室山の墓は、古代の墳墓に倣ったもので、宣長の遺骸はここに葬られ、神道式の祭祀によって弔われたが、それと同時に世間並みの仏式の供養も怠らないように宣長自身が指示している。（なお、宣長は、死んだ後には善人も悪人も同じく、地下にある汚く暗い「よみの国」に行くと述べる一方で（『鈴屋答問録』）、死者の霊魂がこの世に留まることもあると認めており（『古事記伝』）、それ故に、山室山の奥墓を建立したものと考えられる。どの程度深く、自分自身の霊魂がこの世に残ることを確信していたのかは不明であるが、宣長は、少なくとも、あたかも残るものである「かのように」、趣向を凝らして奥墓を築いたと言えるだろう。）

仏式の供養に関して言えば、宣長は、「さか（釈迦）といふ　大をそ（嘘）人の　をそ言に　をそ言そへて　人まどはすも」（『自撰歌』四、一七九三年の作）という歌からも分かるように、仏教によって古代の日本人がもっていた純粋な心が汚されたことは問題であると考えていたが、幕藩体制の現実において仏教が担う役割を否定はせず、むしろ尊重した。人々がそれによって生きる秩序は、宣長にとっては、神によって成り立たせられている、その意味で揺るぎないものであり、その秩序に組み込まれたものとしての仏教については、宣長は否定せずに認める。宣長が批判するのは、秩序に組み込まれない、むしろ秩序を「無常」なるものとして相対化し、秩序を離脱し秩序の外に真理を求めるものとしての仏教だったということができるだろう。

以上、宣長の生涯について簡単にたどった。宣長は、生涯に著書七八種二〇六冊三表（うち『古事記伝』四四冊、『源氏物語玉の小櫛』九冊、『詞の玉緒』七冊、『玉勝間』一五冊など）を著し、詠歌約一万首、書簡一〇二一通が残されている。国学の大成者であり、その広範囲に渡る古典研究や、係り結びの法則の発見を含む国語研究は、現代にも受け継がれ参照されている。それまで『日本書紀』に比べて劣位に置かれていた『古事記』の重要性を示したのも宣長であり、『古事記』研究を通じて見出した「古道」や復古主義は、後世に継承され、大きな歴史的影響を与えた。

「もののあはれ」と文学

宣長の出発点となった「もののあはれ」論から考えてみたい。京都から故郷松坂に戻った翌年に書かれた「阿波礼弁《あはれのべん》」の中で、宣長は、歌や物語の本質は「もののあはれ」を知ることであると述べている。これは、文学の内在的な価値の宣言、文学の自立の主張としてよく知られている。

国学以前、文学は、仏教の立場からは、道理に合わない表面だけ飾った言葉である狂言綺語であり、たとえば源氏物語の作者である紫式部は狂言綺語の罪で地獄に堕ちたなどとも言われていた。他方、狂言綺語ではあるが、讃仏乗のための方便であるという見方もあり、仏教説話のように、仏教の高遠な教えを一般人に分かりやすく説く手段として、文学の効用が認められたりもした（無住『沙石集《しゃせきしゅう》』の序など）。儒教の立場からは、文学は民衆に「勧善懲悪」を教えて善導するための「教誡の書」でなければならず、それ故に、『源氏物語』は、男女間の淫らなことを教える「誨淫《かいいん》の書」であるという林羅山や室鳩巣の批判も起こった。宣長の文学論は、このように仏教や儒教の価値観から文学を意味付けるのではなくて、文学が内在する価値を持ち、仏教や儒教からは自立していると主張している点に大きな意義があると、まずは言えよう。

では宣長の主張する、「もののあはれ」とは何を意味するのであろうか。宣長は、『源氏物語玉の小櫛』二の巻において次のように述べている。

物のあはれをしるという事、まづすべてあはれといふはもと、見るものきく物ふるゝ事に、心の感じて出《いづ》る歎息《なげき》の声にて、今の俗言《よのことば》にも、「あゝ」といひ、「はれ」といふ、是也。

又後の世には、あはれといふに、哀の字を書て、たゞ悲哀の意とのみ思ふめれど、あはれは、悲哀にかぎらず、うれしきにも、おもしろきにも、たのしきにも、をかしきにも、すべてあゝはれと思はるゝは、みなあはれ也。

但し又、をかしきうれしきなどと、あはれとを対《つが》へていへることも多かるは、人の情さま〴〵に感ずる中に、うれしきことおもしろき事などには、感ずること深からず、たゞかなしき事うきこと、恋しきことなど、すべて心に思ふにかなはぬすぢには、感ずる事こよなく深きわざなるが故に、しか深き方をとりわきても、あはれといへるなり、俗《よ》に悲哀をのみいふも、その心ばへ也。

ここで宣長は、物事に触発されて「ああ」とか「はれ」とか感動するその言葉から「あはれ」という言葉が生まれたとする。そして、その感動は、悲哀としての「あはれ」だけではなくて、「おもしろい」「うれしい」「楽しい」などのさまざまな感動をも含むが、しかし、最も深い感動は、

「悲哀」であると言う。「心に思ふにかなはぬすぢ」という言葉からも分かるように、たとえば、人との別離や恋愛の破綻など、思うに任せぬことによって自らの有限性を身に沁みて感じることが「あはれ」であり、たとえば、ある瞬間には自分の希望がかなって喜んだり楽しく感じたりしたとしても、それは最終的には満たされず（たとえば、恋情が叶って相思相愛の仲になったとしても、いずれ飽きが来たりして思いが薄れてしまう）、最後に心に残るのは「悲哀」である。

　宣長は、人生に楽しみや喜びがあることを認めつつも、最終的には思いは満たされず、その意味で、人間とは有限性をもった存在であると捉えている。宣長は『源氏物語玉の小櫛』二の巻において、「人の情《こころ》の感ずること、恋にまさるはなし」と、恋こそが人間が「もののあはれ」を感じる最たるものであるとし、だからこそ昔からすぐれた歌の中には恋の歌が多かったと述べている。恋の歌といっても恋の喜びを詠むことは稀であり、思うに任せない恋路や失恋を詠むことが大半である。つまり、恋を通して自己の有限性を見つめていると言っていいだろう。

　人間を有限性の下に把握することは、たとえば、仏教も同じであるが、仏教の場合は、有限な俗世を捨て無窮の仏道修行の道に入ることを説く。それに対して、宣長は、有限性を有限性のままに、悲哀をもって受け止めることこそが大事だと考える。（なお、宣長は、勅撰和歌集に僧の恋の歌が多く収められているのを咎める向きもあるが、僧も人間である以上、揺れ動く情を歌にするのは当たり前であり、批難するには当たらないと説いている。）

　そして、その人間の有限性に淵源する「あはれさ」を表現するのが、歌などの文学である。宣長は「もののあはれ」を知ることこそが、恋愛をほぼ詠まない漢詩とは違う歌の本質であるとする。つまり、さまざまな事物の中に、悲哀としての「あはれ」を見出し、詠歌を通じて、それを深く心に味わうことを宣長は重視する。たとえば、花鳥風月や恋の歌を詠む場合、花鳥風月を詠むとは、移ろいゆく自然の一瞬の美に感動することであり、恋人の心変わりを歌うのは、人の心の移ろいの中に、儚い夢と消えてしまった恋愛の永続への憧れの影を見出すことでもあろう。儚さを嘆くとは、嘆くことの内に、ネガティヴなかたちで永遠、無限性に触れることでもあるのだ。

悲哀の共同体

さらに、宣長は、人間は「もののあはれ」を感じる時には、ただ悲しいというのではなくて表現を尽して歌にして、それを他者と共有をすることで心を慰めるという。このことに関する宣長の『石上私淑言』の言葉を検討してみよう。

猶かなしさの忍びがたくたへがたきときは、おぼえずしらず、声をさゝげてあらかなしやなふ〳〵と長くよばはりて、むねにせまるかなしさをはらす。其時の詞は、をのづからほどよく文《あや》ありて其声長くうたふに似たる事ある物也。これすなはち歌のかたち也。たゞの詞とは必異《こと》なる物にして、その自然の詞のあや、声の長きところに、そこゐなきあはれの深さはあらはるゝ也。かくのごとく物のあはれにたへぬところよりほころび出て、をのづから文ある辞が、歌の根本にして真の歌也。

ここで、宣長は、世界や自己の有限性を目の当たりにして、耐えられないほど深く悲しく思う時は、悲しいと長く叫んで悲しさを晴らす、と言う。その悲しみを筋道立てて詳しく説明するわけでもなく、悲しみの原因を求めるでもなく、ただ悲しみの声をあげるのである。そして、その時の悲しみの声は、ほどよく文《あや》、すなわち、飾りがあると言い、さらに、言葉を長く引いて歌うようにすると述べる。このようにして、悲しさ、すなわち「もののあはれ」は、おのずから歌の形をとる。声を長く引くとは、歌を詠みあげる時のやり方と重なり、ただ悲しいと叫ぶだけではなくて、そこに「文」（たとえば序詞や枕詞など）を介在させるべきであるというのが宣長の主張である。「文」とは生々しい感情そのままではなくて、それを一旦、客観的に眺めた上での「表現」である。「文《あや》」というかざりをつけたり、声を長く引いたりして歌という形にすることは、自分の心を晴らすだけではなく、他者と共有可能な形式を取って共感を得ることだと、宣長は別の個所で言っている。先述のように宣長は、人間の有限性を有限性として捉えた時のその悲哀を表現することを文学の本質としていた。そして、悲哀の表現は、同じく有限性の自覚を共にする共同体、いわば、「悲哀の共同体」において享受される。この共同体は、さらに言えば、歌を詠み享受する者たちの共同体であり、古代以来伝統的に継承されてきた不可視の共同体である。そこでは人間の有限性は克服すべきものではなく、それに由来する悲しみから情趣を引き出すものとされる。それは、感情の生々しさを押さえ洗練された表現とするためにさまざまな虚構や技巧を発達させた共同体でもある。宣長にとって歌を詠むとは、最終的にはこの風雅な共同体につながることだったと言っていいだろう。

古道論

宣長は、『排蘆小船』『紫文要領』『源氏物語玉の小櫛』などにおいて「もののあはれ」論を展開する一方、『古事記』研究を通じて、古道論を展開した。両者の関係について、宣長自身、初期の著作『排蘆小船』において「和歌は吾邦の大道也と言こといかゞ。」という問いを立てて「非なり。（中略）吾邦の大道と云ときは自然の神道あり、これ也。」としつつも、晩年の著作『うひ山ぶみ』において、「みづから歌をもよみ、物がたりぶみなどをも常に見」ることで、「然して古へ人のみやびたる情をしり、すべて古への雅たる世の有りさまを、よくしるは、これ古の道をしるべき階梯也。」と述べているように、両者は別個の議論でありつつも、「階梯」の関係にあり、文学論を中心とした「もののあはれ」論の展開が、必然的に古代の道を宣揚する古道論へとつながると宣長は理解していたものと思われる。文学としての「もののあはれ」論の文脈の中で、仏教や儒教などの道理で制御されることなく、揺れ動き続ける感情を軸とした人の生き方一般についての議論がなされるようになり、さらに、『古事記』研究を通じて見出した神々や古代の英雄たちの生き方の中に、悲哀を悲哀として生きる人間像を見出したという経緯があったものと思われる。

さて、宣長が、『古事記』の中に見出した理想的な人間像に倭建命《やまとたけるのみこと》がいる。倭建命は西方の反対勢力を討伐し復命すると、すぐに父親である景行天皇から東方遠征を命じられる。倭建命は、父は自分に死ねというのかと涙を流し、東征に出発する。（ちなみに『日本書紀』では、怖気づいた兄に代わって自分から進んで東征の旅に出発し、父である景行天皇は、次期天皇の位を約束したと叙述されており、『古事記』とはまったく違う人物造形になっている。）『古事記伝』二十七之巻の中で、宣長は、倭建命が、東征にあたって父から見捨てられたと恨み、自己の死を予感して悲しみの涙を流して嘆いたと指摘する。人の「真心」とは悲しい時には涙を流して泣くことに他ならず、どんなに勇敢な武人であったとしても、心のありのままを表すのがよいと言うのである。

改めて考えてみると、ここでの心のありのままとは、父との一体性の希求を拒まれた悲しみそのものである。その拒否によって、倭建命は、自己のこれからの戦いが無為なものとなることを予感し、絶望するしかない。東征からの帰途、倭建命は、大和を偲びつつ亡くなり、その魂は白鳥になって天に飛び去ってしまう。倭建命の魂が変身した白鳥とは、鳥を魂を運ぶものとした古代信仰に依拠しつつ、まさに倭建命という悲劇の英雄の孤独の悲しみを形象化したものと言えるだろう。

宣長が、このような「皇国の古人の真心」と対置するのが「漢意《からごころ》」である。上辺を飾り偽って、自分を勇敢に見せようとして、本心では悲しい時でもそれを表面に出さない態度を、宣長は批判する。「漢意」とは、人の真心を理屈によって押さえつけようとする、賢しらに満ちた心のあり方である。宣長はこのような態度を否定し、古代人のように真心のままに生きるべきであるとする。それは、具体的には、当初『古事記伝』巻之一の総説に収められた『直毘霊』で言及されている、次のような生き方である。

そも〳〵天地《あめつち》のことはりはしも、すべて神の御所為《みしわざ》にして、いとも〳〵妙《たえ》に奇《くす》しく、霊《あや》しき物にしあれば、さらに人のかぎりある智《さと》りもては、測りがたきわざなるを、いかでかよくきわめつくして知ることのあらむ。

人はみな産巣日《むすびの》神の御霊《みたま》によりて、生まれつるまに〳〵、身にあるべきかぎりの行《わざ》はをのづから知りて、よく為《す》る物にしあれば、いにしへの大御代には、しもがしもまで、たゞ天皇《すめらみこと》の大御心を心とし、ひたぶるに大命《おおみこと》をかしこみ、ゐやびまつろひて、おほみうつくしみの御蔭にかくろひて、おのもく〱祖神《おやがみ》を斎き祭りつゝ、ほどく〱にあるべきかぎりのわざをして、穏《おだい》しく楽《たぬし》く世をわたらふほかなかりしかば、今はた其の道といひて別の教を受て、おこなふべきわざはありなむや。

ここで、宣長は、まず、世界はすべて神の「御所為」であり、「妙に奇しく、霊しき」霊妙で不可知な世界であるが故に、たとえば究理作為などの人間のさかしらによっては究めつくすことはできないとする。そのような世界を、人間が自分で勝手に作った理屈によって切り取って理解したつもりになるのではなくて、その不可知の世界を不可知の世界として受け入れるべきだとする。

そして、『直毘霊』の別の個所で、この世界は、産霊日神の御霊によって伊邪那岐大神と伊邪那美大神が始め、天照大神に伝え、そして天照大神が天孫に「天壌無窮の神勅」を下して、天孫の子孫である天皇が代々統治するというのが、日本の古の道であると宣長は述べている。そして、引用個所で言われているように、人間も産霊日神の御霊によって、為すべき限りのことはおのずからに知っていて、それを為すように産み付けられている。だから、古の大御代には、下々までが、天皇の大御心を自らの心として、天皇の命令に畏み従いつつ、自らの祖神を奉祭し、分相応になすべき限りの事をして、穏やかに楽しく世を過ごしていたのだと、宣長は、古道の具体的な在り方を述べる。

そして、宣長は、今の世を生きる人々も、漢意を捨て日本古典を読みつつ古道を理解し実践せよ、と主張する。この世界は、すべて神の「御所為」により、神が作った霊妙な不可知の世界であるがゆえに、人間は神々に随順し、また神々によってもたらされた天皇を中心とした秩序に随順するべきだと言うのが宣長の古道論の結論になるのだ。（もちろん、この世界にもいかんともしがたい悲しみ――たとえば死など――はあるが、その悲しみはここでは後景に退いて視野の端に追い遣られており、安定的秩序の中で生きる、淡くささやかな喜びが前面に出されている。）

古道とは、宣長にとって天地を通じてただ一つの道である。「皇国は言霊の助くる国、言霊の幸はふ国と、古語にもいひて、実に言語の妙なること、万国に勝れたるをや。」（『くず花』上巻）と言うように、古道は我が国にだけ、古典を通じて正しく伝わっており、われわれがすでに汚染されてしまっている「漢意」のさかしらを捨てることができれば、古道が立ち現れ、真心を自覚しつつ生きることができるというのが宣長の確信なのである。「天照大御神の正道は、盛衰こそあれ、とこしなへに存して滅ぶることなし。」（『鈴屋答問録』）という言葉が示すように、宣長にとって、我が国に伝えられてきた古道は、永遠不滅の道であったのだ。

3. 平田篤胤と平田派の展開

篤胤の思想

宣長の没後の門人を自称した平田篤胤（一七七六～一八四三）は、出羽国秋田郡の武士の子に生まれたが、二〇歳の時に故郷を出奔して江戸に出て、独学で国学を学んだ。篤胤自身は、宣長の学を継承すると称していたが、学問の方法や内容には大きな違いがある。そのことが端的に表れているのが主著である『霊能真柱《たまのみはしら》』である。この書のはじめの部分で、篤胤は、古学を学ぶためには、まず「大倭心《やまとごころ》」を固めなければならないが、そのためには、まず、「霊の行方の安定《しずまり》」、すなわち、魂は死後にどこに行くのかという問題を解明し心の安寧を得ておく必要があるとする。死後の運命に関して、師の宣長は、「死すれば妻子眷属《けんぞく》朋友家財万事をもふりすて、馴《なれ》たる此世を永く別れ去て、ふたゝび還来《かえりきた》ることあたわず。かならずかの穢《きたな》き予美国（黄泉の国）に往《ゆく》ことなれば、世の中に、死ぬるほどかなしき事はなきもの」（『玉くしげ』）と『古事記』の記述に依拠して述べており、「その安心なきぞ、吾が古道の安心」（死後の運命に安心が得られないことを穏やかに受容する）と主張しているからである。しかし、宣長説によって、篤胤は心の安寧を得られず、独自の説を立てた。[1]

篤胤は、「古の伝えに曰わく」と、『古事記』上巻や『日本書紀』神代巻などの内容を自分自身で吟味して再構成した「古史」の文章を挙げ、それを一〇段階に図解しながら、洋学、漢学など様々な知識も導入しつつ解釈を加える。

第一図では、虚空の中に天御中主神と高皇産霊神（男神・顕事を司る）と神皇産霊神（女神・幽事を司る）とが現れ、その後、一物から世界が天《あめ》・地《つち》・泉《よみ》に分化し、神々や国々が次々に分節化されていく。最後の第一〇図では、天・地・泉のそれぞれが完全に分離し、天は太陽でその中心には天照大神が鎮座し、地球の中心には皇御孫命がおり、月（泉）の中心には月夜見命＝須佐男之命がいて夜見の国を司る。

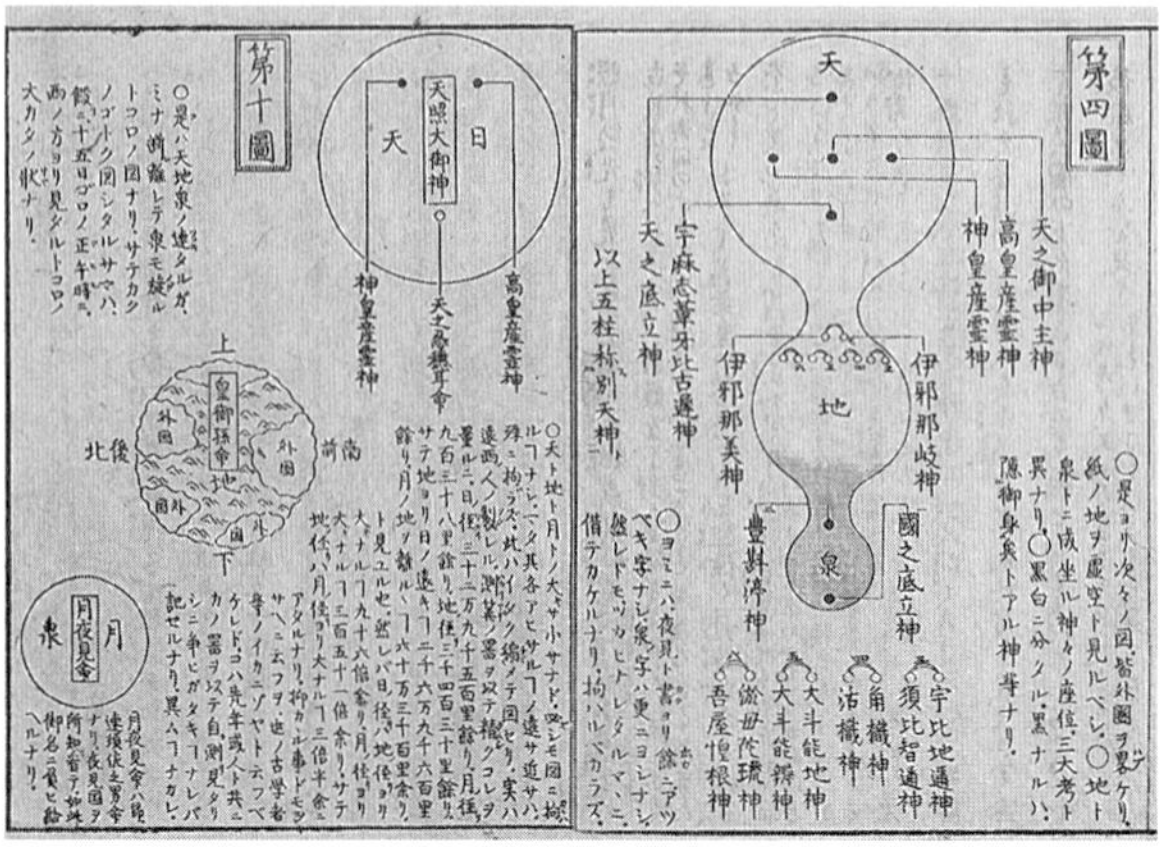

図13　『霊能真柱』（国立国会図書館所蔵）

そして、篤胤は、死者の魂は、宣長の説くように、善人も悪人も汚く暗い地下の国である「夜見」（黄泉）に行くのではなくて、大国主命《おおくにぬしのみこと》の支配する「幽冥」へ行き、そこで生前の行為の善悪を裁かれると言う。幽冥界に行くことは、隣の部屋に行くようなものであり、この世を離れるものではない。すだれ越しに見るのと同様に、幽冥界から現世はよく見えるが、現世からは幽冥界が見えない。しかし、現に幽冥界は存在すると篤胤は力説し、自分も死んだら、先年先立った妻を連れて宣長の鎮まる山室山に参ずると述べるのである。

　このような現世を超えたものに対する篤胤の関心は、『仙境異聞』（天狗に攫われた寅吉からの聞き書き）、『勝五郎再生記聞』（生まれ変わったという勝五郎からの聞き書き）、『稲生物怪録《いのうもののけろく》』（稲生平太郎という若い武士が、毎夜、物の怪と遭遇した記録の絵巻に序文をつける）などの幽冥界研究の書として結実した。

　さて、死後の安心を得た上で、現世をいかに生くべきかということについては、篤胤は、宣長同様に、古代の伝えの中に現れた固有の惟神の道、すなわち、儒仏のさかしらを交えずに神々と天皇に随順する道を説いた。生きている時は天皇に従い自己の役割を果たし、死しては幽冥界の主宰神である大国主命に従うことこそが、人間としてのなすべき務めであると主張した。未完の大著である『古史伝』では、『霊能真柱』と同様に、自ら再構成した本文（『古史成文』）に、キリスト教をはじめとする世界各地の伝えを取り入れつつ注を付けるかたちで古道を明らかにしようとした。特に、「此世は吾人《われひと》の善悪《よきあし》きを試み定め賜はむ為に、しばらく生《あれ》しめ給へる寓世《かりのよ》にて、幽世《かくりよ》ぞ吾人の本世《もとつよ》」という言葉からうかがえるように、幽冥界こそが自己のいるべき本来の世界（「本世」）という考え方は、現世を相対化したり超越した視点を提供したりすることになった。現世を越えたところに自己の根拠を置くこのような考え方は、日本は天照大神の子孫たる天皇が統治する国だとする国体論とあいまって、幕末維新期になると、篤胤の系譜を継ぐ平田派の、幕藩体制を否定し天皇を中心に古の「本世」を再現せんとする情熱を掻き立て、明治維新を推進した。

近代日本における平田派

一九世紀後半の内憂外患の危機の中で徳川幕府の統治の限界が露呈し、現状変革の動きが活発になると、郷村名主・神主層を中心に全国に広がる門人のネットワークを持つ平田派は（明治初年には約四千人の門人がいた）、尊王攘夷運動の有力な担い手となる。国学は、本来、古典解釈学に端を発するものであったが、宣長、篤胤と、次第に、天皇を中心とした古代社会を理想化する古道論が発達し、幕藩体制が解体に向かい新たな社会が模索される中で、天皇を中心とした国家という国体論が人々に影響を及ぼしたのである（たとえば、吉田松陰は、獄中で『霊能真柱』を熱心に読んでいたという。）。もちろん、篤胤本人の思想はあくまでも秩序への随順を基調とし、幕藩体制を否定する意図は持たなかったが、篤胤後の平田派国学は、草莽《そうもう》の国学として尊王攘夷運動と深く結びついた。そして、その影響下で王政復古が実現し、神仏分離、廃仏毀釈、神祇官再興などが遂行された。このような動きを担った平田派国学者で明治政府に登用された者も少なからずいた。また、復古神道は、明治時代に作り上げられた国家神道の有力な理論的支柱の一つとなった。

しかし、平田派国事犯事件（愛宕通旭《おたぎみちてる》らによる政府転覆計画が発覚し、明治四年、矢野玄道《やのはるみち》、丸山作楽《まるやまさくら》、権田直助《ごんだなおすけ》などの復古派、攘夷派、反薩長派の平田派要人がパージされた事件）などを通じて、平田派直系門人は政府から排除される（代わりに長州閥に近い開明的な津和野派が神祇行政を掌握する。その後、薩摩派、伊勢派と推移）。近代的な中央集権国家の建設を目指す新政府にとって、復古的な祭政一致を理想とする彼らは異質なものでしかなかったのである。

政権からは排除される一方、平田派国学は、鎮魂帰神の霊学を説く本田親徳《ほんだちかのり》などの在野の神道家に受け継がれ、さらに大本教の出口《でぐち》王仁三郎《おにさぶろう》などの古神道家にも大きな影響を与えた。また、日本民俗学を確立した柳田国男は、父親が平田派国学に傾倒した神官であり、自分自身の学問を新国学と呼んだ。平田篤胤の庶民の信仰や死生観の研究を、自らの民俗学の先駆と捉えたのである。平田派国学の影響は、神道系新宗教や民俗学など、民間に広く及んだと言うことができるだろう。

注

1　『古事記伝』において宣長は、人は死ねばおおむね暗黒のよみの国に行くだけと述べ、それを『古事記』のみならず、人間一般の死後のありようだとしている。宣長とは違い、人は皆、死後に現世と重なり合う幽冥界に行くと考えた、「没後の門人」の平田篤胤は、宣長の歌「山室に　ちとせの春の　宿《やど》しめて　風にしられぬ　花をこそ見め」「今よりは　墓無《はかな》き身とは　嘆かじよ　千世の住処《すみか》を　求め得つれば」を挙げて、これらの歌から、その魂は、死後、黄泉の国に行かずに山室山に留まると宣長自身が考えていたことがよく分かると主張した（『霊能真柱』）。

学習課題

○本居宣長と平田篤胤の思想を手掛かりとして、国学に特徴的なものの考え方を検討する。

参考文献

板東洋介『徂徠学派から国学へ　表現する人間』（ぺりかん社、二〇一九）
清水正之『国学の他者像　誠実と虚偽』（ぺりかん社、二〇〇五）
菅野覚明『本居宣長　言葉と雅び』（ぺりかん社、二〇〇四）
相良亨『本居宣長』（東京大学出版会、一九七八／講談社学術文庫、二〇一一）
田中康二『本居宣長』（中公新書、二〇一四）
吉田真樹『平田篤胤　霊魂のゆくえ』（二〇〇九、講談社／講談社学術文庫、二〇一七）
桂島宣弘『幕末民衆思想の研究─幕末国学と民衆宗教』（文理閣、一九九二／増補改訂版、同、二〇〇五年）

14 近代① 日本近代の思想Ⅰ

《学習のポイント》 まず、日本の近代思想を概観する。その際、「近代的自我」に着目して、それに関する思索の展開を、啓蒙の系譜と近代文学の発展に即して説明する。その上で、特に、近代的自我の自由な活動を推進する思想家として福沢諭吉を、近代的自我を越えて超越者との関係を探究した思想家として清澤満之と綱島梁川を取り上げて、それぞれの生涯と思想について理解する。

《キーワード》 近代的自我、自由民権運動、中江兆民、ロマン主義、北村透谷

1．日本近代思想の概観（1）

近代的自我と啓蒙

いわゆるウェスタンインパクトによってもたらされた文明開化は、「近代的自我」の観念を日本人に与えた。もちろん、丸山眞男が『日本政治思想史研究』において、「作為」をめぐって指摘したように、近代以前、江戸時代の思想家においても、個の独立や主体性の確立をめぐる思索はなされていたし、合理的精神も見られた。しかし、多くの場合、封建制度という前提を完全に外して思索することは困難であり、「あらゆる束縛から解放された個体的人間という自我像」が描かれるこ

とはほとんどなかった。さらに、遡ってみると、古代中世の日本においても、自己は思索のテーマであり得たが、しかし、古代中世においては、ことさらに自己のみを取り出して問題化することは基本的にはあり得ず、仏、神、天などの超越との関係において自己というものを問い、また、何らかの持続する共同体とのつながりの中に自己が探究された。あらゆる宗教的、共同体的束縛から解放された、「自由な個としての自己」という近代特有の自我観念は、明治になってはじめて日本人に受容されたということができるだろう。

前近代的な伝統的諸価値を否定し、能動的な個人として世界の事物や他者を客体として扱わんとする主体「近代的自我」の源流をたどってみると、西洋近代思想にまで遡って考えることができる。その源流としては、たとえば、ベーコンの「知は力なり」という近代科学の精神、デカルトのコギト、カントの自律概念などを挙げることができるだろう。

明治維新期、日本は欧米などの先進国に伍するために、社会の近代化とその社会を担う個人の意識の近代化を急務とした。この要請に応えたのが福沢諭吉ら、啓蒙思想家であった。彼らは、封建的な道徳や社会構造は自由な活動や思索を束縛すると否定し、自律的個人による自由な活動と社会の意義を広く説いて、日本における近代社会（資本主義、市民社会）の確立を目指した。

彼ら啓蒙思想家によって示された天賦人権説に裏打ちされた近代的自我の主張は、政治的分野においては、中江兆民や植木枝盛らに引き継がれた。中江兆民（一八四七～一九〇一）は、フランスに留学してルソーの社会契約説と民主主義の理念を学び、「民権これ至理なり。自由平等これ大義なり。これら理義に反する者は、ついにこれが罰を受けざるあたわず。……帝王尊しといえども、この理義を敬重《けいちょう》して、ここにもってその尊をたもつを得べし」と急進的な民主主義を説いたが、一挙に共和制へと進むのではなくて、日本の現実に合わせて恩賜的民権を育てて、英仏が市民革命によって勝ち取った恢復的《かいふくてき》民権にまで近付けるべきだと説いた。兆民の急進的民主主義の思想は、弟子の幸徳秋水に受け継がれ、社会主義思想として展開した。

近代的自我と文学

さて、日本における近代的自我の問題に正面から取り組んだ人々の中に、文学者たちがいた。とりわけ北村透谷（一八六八～一八九四）は、身をもって「近代的自我」の孕む問題性を示した。透谷は、一七歳の時に、おりしも最高潮に達していた自由民権運動に加わるが挫折し、キリスト教に入信し文学活動を展開した。透谷は、恋愛と信仰に救いを見出そうとしたが果たせず、世俗的な現実世界を越えたところに、「想世界」という宇宙と一体となった霊的理想郷を置いた。現実世界に着地点を持たなかった近代的自我の位置付く世界として、想世界を構築せんとして、劇詩『蓬莱曲』などの文学作品を発表するとともに、「厭世詩家と女性」「各人心宮内の秘宮」「内部生命論」をはじめ数々の評論を世に問うが、道半ば、二六歳の時に自ら命を断った。『蓬莱曲』の有名な「このおのれてふ物思はするもの、このおのれてふあやしきもの、このおのれてふ満ち足らはぬがちなるものを捨てゝ去なんこそかたけれ。」という一節からも見て取れるように、自己とは何かという抜き差しならぬ問題を、現実を越えた「想世界」という視座から透谷は解き明かそうとしたと言えるだろう。

透谷の思想は、日本におけるロマン主義の出発点でもあった。ロマン主義とは、一八世紀末から一九世紀にかけてヨーロッパで起こった文学活動であり、因習にとらわれない革命的精神を持ち、自我と個性の自由を求めて形式を破壊し、自己を伸長することを主張した。透谷や島崎藤村などがロマン主義に基づいた作品を発表するが、藤村は、「近代的自我」の目覚めと苦悩とを直視し、ありのままに描いた小説『破戒』を発表して、ロマン主義から自然主義に移行した。自然主義は、ゾラなど一九世紀末のフランスを中心にはじまり、事実を美化せず有体に捉え自然な生を描き出すことを主張し、日本では藤村や田山花袋などにより、赤裸々な自己告白の文学として発展した。この流れは、「ありのまま」主義でもあり、自己やそのエゴイズムを意識的に問い直すことなしに身辺の雑事を描き出す「私小説」へと矮小化されていったと評されている。

自己の欲望や行為を赤裸々に描き出し、ことさらに現実の醜悪さを強調する自然主義文学に対するアンチテーゼとして登場したのが、日本近代の代表的作家といわれる夏目漱石である。西欧の思想・文学研究を通して、古い社会の因習にとらわれず個人として生きることの重要性を自覚した漱石は、「自己本位」に根差す「個人主義」を唱え、エゴイズムを越えて倫理的に生きようとする個の姿を小説に描き出した。「個」として生きようとした時に味わざるを得ない苦悩は、『行人』の主人公一郎の「死ぬか、気が違ふか、それでなければ宗教に入るか。僕の前途にはこの三つのものしかない。」という悲痛な言葉に結晶している。近代的自我とは、極言すれば、何物にも掣肘されず世界の中心に立ってあらゆるものを支配しようとする自己であるが故に、他者への通路を見失ってしまった。一郎のように自ら絶対的主体たらんとする近代的自我にとって周囲の他者をも含めて世界のあらゆるものは操作対象でしかなくなってしまう。このような近代的自我の孤独と苦悩とを、晩年の漱石は「則天去私」によって克服しようとしたとも評されている。（ただし、「則天去私」を漱石の最終的に至った境地とするような通説には異論も唱えられている。）

哲学・宗教への関心

さて、ロマン主義文学が最高潮を迎えた明治三〇年代（一八九七～一九〇六）[1]は、日清戦争（一八九四～五）と日露戦争（一九〇四～五）にはさまれた時期とほぼ重なる。この時期、日本は、明治維新以来の欧化主義政策に基づく富国強兵政策が実を結び、世界的な帝国主義的競争の渦中にあって国力を充実させていったが、思想的には大きな転換点を迎えていた。

明治二三年に発布された「教育勅語」は尊王思想と国体の護持を謳い、よかれあしかれ、その後の日本の思想の展開に影響を与えた。教育勅語は、帝国の忠良な「臣民」を創出することをめざしたが、「臣民」という枠を超えて、個人の内面の自由を主張し、自己実現、自我の伸張を宣揚するロマン主義の文学運動が盛んになるとともに、高山樗牛《たかやまちょぎゅう》、綱島梁川《つなしまりょうせん》、清澤満之《きよさわまんし》、内村鑑三など、宗教に軸足を置いた思想家が、明治三〇年代に輩出した。

それ以前、明治一〇年代から二〇年代にかけては、いわば「政治の時代」であり、加藤弘之、福沢諭吉、西村茂樹、中江兆民、植木枝盛らが盛んに論陣を張り、有為の知識青年は、民権国権論議に身を投じ、国家、社会の理想像を追い求めた。当時は、西欧列強の圧力に抗して一国としての独立を守りぬき、いかに列強に伍する国家を建設していくのかということが、知識人にとっても第一の思想的課題であった。しかし、列強と肩を並べるほどに国力が伸張しつつあった明治三〇年代には、これまでの第一の関心であった国家社会の問題が後景に退く。それにかわり、個人の内面の問題が知識人の関心事として浮かび上がってきた。明治三〇年代は、日本国家の存亡にかかわる危機の時代には後回しにされてきた、個人の内面の問題がクローズアップされた「内向の時代」といえよう。

明治三六（一九〇三）年に起こった一高生藤村操による華厳の滝投身自殺事件は、「懐疑と煩悶の時代」と呼ばれる明治三〇年代を象徴する出来事であった。遺言である「巌頭之感」の、「万有の真相はただ一言にして悉す、いはく「不可解」。我この恨を懐いて煩悶、終に死を決するに至る。」という一節は、青年層をはじめ多くの人々に大きな衝撃を与え、「煩悶」は時代の流行語となった。「人生如何に生くべきか」という大上段の問いを掲げて「煩悶」することこそが、良心的で鋭敏な知識青年の義務であるというような風潮が広まったのである。

明治三〇年代において、知識青年たちは、自己を確立するてがかりを、哲学・倫理学や宗教に求め、「人生如何に生くべきか」を問うて「煩悶」した。その中で、多くの知識青年の心を引き付けたのが清澤満之であり綱島梁川である。彼らは、明治期を代表する宗教思想家であるとともに、それぞれ仏教、キリスト教を基盤としながら、生の悲哀と煩悶の中で自己を追求し自己実現を目指すことを訴えた。彼ら両名の主張は、西田幾多郎をはじめ、多くの青年たちに影響を与え、大正から昭和にかけて、哲学思想や宗教思想の発達を促した。

以下では、明治初年に活躍した代表的な啓蒙思想家として福沢諭吉を、また、明治三〇年代、煩悶の時代に青年たちに大きな影響を与えた思想家として清沢満之と綱島梁川を取り上げてその生涯と思想を紹介しよう。

2．福沢諭吉の生涯と思想

生涯

明治時代の代表的な啓蒙思想家であり、自ら「恰《あたか》も一身にして二生を経るが如く、一人にして両身あるが如し」（『文明論之概略』）と述べているように、封建の世と文明開化の世を生きた福沢諭吉（一八三四～一九〇一）は、豊前国中津藩士の子として大坂堂島の中津藩蔵屋敷で生まれた。二歳の時に、軽格のために不遇であった漢学者の父と死別し、母子で戻った中津では生活の苦労を味わった。『福翁自伝』の「門閥制度は親の敵《かたき》で御座る」の語はこれらの体験に基づく。故郷で儒教を学んだ後、安政元年（一八五四）、長崎に出て蘭学を学び、翌年には、大坂の緒方洪庵の適塾に入門し蘭学を学び、安政五年、藩命によって江戸の中津藩中屋敷内で蘭学塾（後に慶応義塾に発展）を開いたが、英学の必要性を痛感し、英語を独習した。

万延元年（一八六〇）から慶応三年（一八六七）にかけて三度、幕府の使節団に加わり欧米を視察した。この時に福沢は、西洋の社会が、日本の封建社会とは全く別の原理で運営されていることに気付き、その原理の下に運営されている西洋の社会、制度、生活を紹介する『西洋事情』を著した。明治元年（一八八六）に発足させた慶応義塾では身分に関わらず洋学を志すものに平等な教育を授け、彰義隊事件の際にも経済学の講義を続けたエピソードはよく知られている。

明治初年、福沢は、『学問のすゝめ』（明治五～九年）、『文明論之概略』（八年）をはじめ多くの啓蒙書を刊行した。その中では、封建道徳を批判し、実学によって一身の独立を図り、文明開化を推進し、さらには一国の独立（＝国民国家の建設）に資すべしと主張した。『学問のすゝめ』は三百万部以上売れたといわれており、人々の意識改革を促した。明治六年、明六社を結成し、機関誌『明六雑誌』で、政府を批判し民権の伸長を訴えた。しかし、自由民権運動の激化に対しては批判的であり、西欧列強に伍して国権を伸長するために「官民調和」し「内安外競」に注力すべきだと説いた。

明治一五年（一八八二）、福沢は、『時事新報』（日刊）を創刊し、皇室論・女性論・外交論等をはじめ多岐に渡る論説を掲載した。皇室論としては、「政治社外」にある皇室が精神的国民統合に果たす意義を説き、女性論としては、儒教的な男尊女卑を批判し、男女同権、一夫一婦制、夫婦を「人間交際」の基本に置くことを唱えた。福沢の外交論の基本は、帝国主義的領土拡大を続ける西欧列強との競争の中での我が国の国権の伸長にあるが、侵略的なアジア論として批判的な文脈で言及されることの多かった「脱亜論」については近年、見直しを迫る動きがある。晩年になると、福沢は、仏教の無常観にも通じる人生観を吐露することもあった。晩年の著作としては、『福翁百話』『福翁自伝』などが名高い。六八歳で亡くなるまで、生涯、新政府に出仕せず一民間人に留まり、慶應義塾での教育と出版業を中心に日本の文明化を図り、門下からは有為の人材を輩出した。

一身の独立と一国の独立

日本近代の黎明期に、合理的精神をもって独立する人間像を鮮やかに示した「学問のすゝめ」は、次のように始まる。

「天は人の上に人を造らず人の下に人を造らず」と言えり。……人は生まれながらにして貴賤・貧富の別なし。ただ学問を勤めて物事をよく知る者は貴人となり富人となり、無学なる者は貧人となり下人《げにん》となるなり。……人の一身も一国も、天の道理に基づきて不羈《ふき》自由なるものなれば、もしこの一国の自由を妨げんとする者あらば世界万国を敵とするも恐るるに足らず、この一身の自由を妨げんとする者あらば政府の官吏も憚《はばか》るに足らず。

冒頭の「天は人の上に人を造らず人の下に人を造らず」の出典は、福沢が『西洋事情』で全訳を示したアメリカ独立宣言の中の一節だと言われている。福沢は人間は平等に生まれついてはいるが、そこに貴賤上下の差が出てくるのは、学問を修めて物事の道理を知ることができるかどうかによるという。前近代の社会においては、人はbeing、すなわち、何であるかによって社会的立場が与えられ、しかもそれは、生まれつき動かすことのできないものとされた。しかし、近代においては、doing、すなわち、何を成し遂げるのかによってその人の社会的な地位が定まる。福沢は、近代社会は、生まれつきがどのようなものであろうとも、自分で学問をして運命を切り開いていけるのだと言う。

そして、それに続く部分で、福沢は、ここで言う学問とは「人間普通日用に近き実学」、つまり、いろはや算盤を習うことから始めて、地理学、経済学、窮理学（物理学）、修身学（倫理学）など実生活に役に立つ実証的、合理的な学問であり、それらについて西洋の知識を得るべきであると述べる。

福沢は、学問によって一人一人が「天の理」である「自由独立」を達成することで、国も独立を達成できると考えている。『文明論之概略』において「国の独立は目的なり、国民の文明はこの目的に達するの術なり」と明確に述べられているように、福沢にとって一国の独立は目的であり、一身の独立と常にともにあるべきものであった。国民が学問を積み文明化し独立することで、国も文明化し独立できる。その場合の国の独立とは、他国を排除して孤立したり、他国に君臨することではない。国同士、相互交流し、共存共栄を図るべきなのだ。福沢は、「人間交際」を重んじたが、国同士の交際も同じロジックによって重んじている。人間同士と国同士は次元の違う問題であろうが、その違いに拘泥しないところに福沢の楽観主義が表れているともいえるだろう。

そして、もし、国民が学問を積まず愚民に留まれば、政府も厳しい取り締まりをせねばならないのであるから、「人民みな学問に志して、物事の理を知り、文明の風に赴《おもむ》くことあらば、政府の法もなおまた寛仁大度の場合に及ぶべし」（「学問のすゝめ」）として、自ら徳義と学問を備えた良民こそが、政府を良いものとすると福沢は主張するのである。

これら一連の主張の中に、資本主義草創期の、個人の才覚によりいかようにも社会的階梯を登り得る時代の予定調和的楽観主義を見て取ることは容易いが、このような独立自尊を支えるものとして、福沢の中にはある普遍的な視座があったことも見逃せない。以下、検討してみよう。

宇宙と蛆虫という視座

福沢の最晩年の随筆『福翁百話』第七話に次のような一節がある。

宇宙の間に我《わが》地球の存在するは大海に浮べる芥子の一粒と云うも中々おろかなり。吾々の名づけて人間と称する動物は、……塵《ちり》の如《ごと》く埃《ほこり》の如く、溜水《たまりみず》に浮沈する孑孑《ぼうふら》の如し。……左《さ》れば宇宙無辺の考を以て独り自から観ずれば、日月も小なり地球も微なり。況《ま》して人間の如き、無智無力、見る影もなき蛆虫《うじむし》同様の小動物にして、石火電光の瞬間、偶然この世に呼吸眠食し、喜怒哀楽の一夢中、忽《たちま》ち消えて痕《あと》なきのみ。……既に世界に生れ出たる上は蛆虫ながらも相応の覚悟なきを得ず。即ちその覚悟とは何ぞや。人生本来戯《たわむれ》と知りながら、この一場の戯を戯とせずして恰《あたか》も真面目《まじめ》に勤め、貧苦を去て富楽に志し、同類の邪魔せずして自から安楽を求め、五十、七十の寿命も永きものと思うて、父母に事《つか》え夫婦相親《あいした》しみ、子孫の計《はかりごと》を為し又戸外の公益を謀り、生涯一点の過失なからんことに心掛《こころがく》るこそ蛆虫の本分なれ。……人間の安心法は凡そ此辺に在りて大なる過なかる可し。

ここで、福沢は、「宇宙無辺の考を以て独り自から観ず」るならば、地球も太陽も月も微小なものにすぎない、まして人間は「蛆虫同様の小動物」で「石火電光」一瞬の命を保って死する存在に他ならず、その営為はすべて「戯れ」にすぎないと言う。このような人間の世界や営みのすべてを相対化する視点は、東洋的諦観とも、あらゆるものは無常であり永遠不滅なものはなにもないと捉える仏教的無常観とも通じるものであろう。もちろん、これらの伝統思想が、表層に現れていないかたちで福沢の生を下支えしていたということはあり得るが、同時に気を付けておかなければならないのは、福沢における儒教の意味である。

研究者たちが指摘するように、福沢は、封建的身分制度や夷狄観と結び付いた政治思想としての儒教に対しては厳しい評価を下し、日本の文明化のためには儒教を排除すべきだという強硬な態度を示したものの、徳義や道理を教えるものとしての儒教については、評価していた。そのことは、先に引用した『学問のすゝめ』の引用文の中で「天」「天理」という言葉が使用されていることからもわかる。ここで言う「天」は、儒教的な人間世界の究極的な根拠という意味を帯びていると言うこともできるだろう。もちろん、福沢はその「天」をことさらに取り上げて何らかの形而上学を述べているわけではないが、漠然としてであれ、最終的に人間と人間社会を支えるものを福沢が認めていたということは看過できない。

福沢の生涯を紹介する際に指摘したように、福沢は少年期から青年期にかけて故郷の中津で徂徠学や帆足万里《ほあしばんり》らの教えを学んでおり、儒教の基本的な世界観や人間観は福沢の思想の見えざる根底を形作っているともいえるだろう。戯れにすぎないと言いつつも、真面目に事に当たり、富楽をめざし、父母や家族、子孫を大切にして、公益をはかる「安心法」を福沢は主張する。無限の「宇宙」や「天」という究極の根拠とつながることによってはじめて、自らの微小な人生もさまざまな営為も意味を持つ。福沢においては無常観は、決してすべてを虚しいものとして、世の中から退くという態度につながるわけではなくて、むしろ、無常の人生を支える、不可視の無限なるものとのつながりを浮き彫りにしたと言えるだろう。

3．清沢満之の生涯と思想

生涯

近代日本最初の宗教哲学者と言われる清沢満之（一八六三～一九〇三）は、尾張藩士の家に生まれたが、一五歳で得度し以後は真宗大谷派の僧侶として人生を歩んだ。東京帝国大学の哲学科でドイツ観念論哲学、宗教哲学を学び、卒業後は、浄土真宗から依頼されて中学校長などをつとめるが辞職し、ミニマム・ポッシブル Minimum Possible に徹する禁欲生活を送った。明治二五年（一八九二）には、近代日本初の本格的宗教哲学書と呼ばれる『宗教哲学骸骨』を出版した。明治二七年（一八九四）、三二歳の時に肺結核を発病し、以後、死と隣り合わせの生活を送ることになる。しかし、このことが、清沢の信仰と思索を深めていった。明治二九年（一八九六）、「教界時言」という雑誌を発刊し、真宗大谷派近代化のための改革運動を進めるが、宗門当局と対立し除名処分を受ける。明治三四年（一九〇一）、清沢を慕い集まった青年たちと東京本郷に、古代インドの僧伽に倣って「浩々洞」を結成して共同生活を送り、雑誌「精神界」を発刊した。この時の弟子の中からその後の日本仏教界で活躍する人材が多数出ている。同年、除名処分を解かれ、真宗大学（大谷大学）の学監に就任するが、学校騒動が起こりその責任をとって翌年辞職した。そして、明治三六年（一九〇三）、持病の肺結核が悪化し、三九歳の若さでこの世を去った。

絶対的無限者と精神主義

ドイツ観念論哲学を学んだ清沢は、ヘーゲルの「精神」「無限／有限」論などの影響のもと、自らの浄土真宗信仰の哲学的定式化を行う。まず、浄土信仰の中心に位置する阿弥陀仏について清沢は、「絶対的無限者」とする。人間は、時間空間に限定されており、それ故に、自分に不足を感じて、それを補い充足したいと、自己の外側にある何者かを追い求めて迷い苦しむ。しかし、清沢は、絶対的無限者を自己の立脚地とすることによってはじめて人間は苦しみから逃れることができると説く。この絶対的無限者について、『宗教哲学骸骨』第二章有限無限では次のように言われている。

無数の有限は相寄りて無限の一体をなす。その状態を有機組織と言ふ。蓋し彼の多数の単一が互に相依り相待て、一も独立なるものなく、各単一が常に他の一切と相別離すべからざる関係を有するのみならず、其関係によりて各単一が其自性を全ふする……。

つまり、個々の有限者が相互相依的に全体として関係し合っていて、その全体を構成する個々の存在もその全体とつながることによって個物として成り立つ。このような、個物を個物たらしめる無限の連鎖の全体を「阿弥陀仏」と呼ぶのである。つまり、清沢にとって阿弥陀仏とは単なる人格的な存在なのではなくて、究極的には、全体を統一するはたらき、原理なのである。この絶対的無限者は、自己の内面、すなわち精神において出会われる。このような絶対的立脚地を得ることによって精神は、さらに発展していく。

そして、このような絶対的立脚地としての無限の全体は、自己のみならず他のすべてのものをも包み込むものであるから、自己は他者と断絶しているのではない。自他が真に絶対的立脚地に立つことができれば、自他の隔てはなく、他の幸福は自己の幸福となる。このような境地について、清沢は「絶対他力の大道」の中で「自己とは他なし、絶対無限の妙用（不可思議なはたらき）に乗託して、任運に法爾に、この現前の境遇に落在せるもの、即ち是なり。」と言っており、阿弥陀仏の絶対他力、すなわち絶対的無限者にすべてを任せて、自己のはからいをやめてあるがままの境遇に落ち着くもの、これこそが真の自己であり、真の自己が実現するとき自他ともに救われると主張するのである。

4．綱島梁川の生涯と思想

生涯

綱島梁川（一八七三〜一九〇七）は、岡山県上房《じょうぼう》郡有漢《うかん》村に生まれ、一六歳の時、キリスト教の洗礼を受けた。少年期の梁川について注目されるのは、後の見神体験の前哨をなす「一種覚醒之失神 A kind of waking trance」をたびたび経験したことである。上京して東京専門学校（早稲田大学）文科に入学し、坪内逍遥、大西祝《おおにしはじめ》に師事して哲学、文学を研究し、卒業後は、在野の評論家として活躍した。梁川は、正統的キリスト教を離れつつも、なお人生の意味と自己独自の神観念を求めて苦闘した。宗教的懐疑と煩悶の中、二二歳で、突然喀血し結核を発病、三年後再び喀血し、以後彼の病状は一進一退を繰り返しつつ、次第に重篤なものとなっていった。しかし梁川は、病床にあっても、文芸評論や哲学・倫理学関係の論文を発表し続けた。療養中、海老名弾正などの影響で、再びキリスト教に関心を向ける一方、白隠全集や親鸞などの仏教思想にも興味を深めた。そのような中、明治三七年（一九〇四）、三一歳の時、三度の「見神の実験」（神と合一する実体験）があり、新たな宗教的境地が開けた。その境地に立脚した随想を病床から発表し反響を呼ぶが、明治四〇年（一九〇七）、三四歳の若さで死去した。「煩悶」の時代を代表するとともに、「煩悶」青年らに大きな影響を与えた思想家であった。

　さて、宣教師たちによって明治時代に日本に改めてもたらされたキリスト教は、文明国の宗教として多くの青年たちの心を捉えるとともに、神の前に立つ自己という新たな近代的自我の観念を教えた。透谷、藤村、独歩をはじめ、近代的自我の問題と取り組んだ明治の思想家、文学者には、青年時代にキリスト教に入信した者も少なくない。また、日本人のキリスト教思想家には、内村鑑三の二つのJ（Jesus と Japan）や海老名弾正のナショナリズムとの結合など、特徴的な説を唱えた者もいる。綱島梁川のキリスト教理解も、他宗教に対する寛容さ、原罪観念の希薄さ、神秘的宗教体験の重視など、日本の伝統的な宗教観念の影響が強いと言うことも可能だろう。

信仰の三段階

梁川は『枕頭の記』（一九〇六）の中で、キリスト教を中心とした自己の思想遍歴を三段階に分けて説明している。第一の「基督《きりすと》に対する無差別的盲信時代」は、故郷の教会に通っていた時代から上京後、正統派の信仰から離れた二〇歳前後までの時期である。梁川は、その当時自分は、キリスト教の文化的側面や牧師の品性の高さに魅力を感じ、ただ教会の教えに盲目的に従っていたという。第二の「二元的懐疑時代」になると、明治三〇年代の煩悶青年らの根本問題であった「人生如何に生くべきか」という問題に対しては、キリスト教にかわって倫理学研究に立脚し答えを模索した。彼は、理性の立場から一切の信仰を無根拠の迷信とし、神は客観的実在ではなく、道徳的理想だとして教会から遠ざかった。この時代の梁川は、グリーンの自己実現説に依拠して道徳的理想主義を唱えたが、次第に、神は合理主義的理性の対象ではなく、心霊において直観自証すべきものであると考えるようになる。そして、第三「調和的正信時代」になると、理性に対する理解を、これまでの単なる合理的推論能力から、直観的に全体を把握し、絶対的な根拠を追究するものへと転換する。理性こそが神のあくなき追究者であると考え、梁川は、理性と信仰との調和を実現すべく、絶対的なる神を求めて彷徨する。そして、さまざまな苦闘と失望の体験を経た上で、「忽然として内在神秘の声を聞」いた。つまり、神を直接的に感得するという神秘的合一を体験するに至ったのである。

見神の実験

梁川の見神体験は、その死に先立つこと三年、明治三七年（一九〇四）の七月、九月、十一月の三回の出来事であった。彼は、それを「予が見神の実験」（海老名弾正によるキリスト教啓蒙雑誌『新人』一九〇五、所収）の中で報告している。

げに彼《か》の夜は物静かなる夜にて候ひき。一灯の下、小生は筆を取りて何事をか物し候ひし折のこととなり、如何なる心の機《はずみ》にか候らひけむ、唯だ忽然はつと思ふやがて今までの我が我ならぬ我と相成《あひなり》、筆の動くそのまゝ、墨の紙上に声するそのまゝ、すべて一々超絶的不思議となつて眼前に耀き申候。この間僅《わづ》かに何分時といふ程に過ぎずと覚ゆれど、而《し》かもこの短時間に於ける、謂《い》はば無限の深き寂しさの底ひより、堂々と現前せる大いなる霊的活物とはたと行き会ひたるやうの一種のShocking 錯愕、歓喜の意識は、到底筆舌の尽くし得る所にあらず候。

他にも、梁川は三回の体験について事細かにその時のことを述べており、その叙述からは、神秘体験一般に見られる意識の集中と純粋化、超越的なるものとの融合の意識、体験の受動性、体験の暫時性と時間意識の変容、体験後の人生観や態度の変容などが読み取れる。梁川は、見神の実験に関連して、「恍惚忘我の浄楽を得んが為にもあらず（そは寧ろ獲信の一結果、一恩寵なりき、動機にはあらざりき）、閑人不急の好奇の念に駆られたるが故にもあらず、将た又単に神秘を神秘として之に耽溺せんが為にもあらず、そは最厳粛なる道徳的欲求より発し来たれる」ものであり、さらにそれによって「人生生存の根本原理を獲」（『枕頭の記』）むことを意図した、としている。そこから見て取れるのは、いたずらに神秘体験を求めるのではなく、理性の極北において人間の根本的な宗教的要求と道徳的原理を探究しようとする梁川の志向である。

梁川は、「予は見神の実験によりて何を学びたるか」（一九〇六年）と題した文章において、宗教の根本的要求は「永生の確信」であり、それは「時間的に死後の生活を続けいくこと」ではなくて、「時間の制約を超越して、常に「大いなる現在」に生活」すること、すなわち、「永遠の今」を生きることであり、それは、まさに、「神の子」の自覚のもとに、神への愛を他者への愛へと拡張していくことだとする。神秘体験はあくまでも個人的なものであるが、しかし、それは、自己自身の一時の体験にとどまるものではなく、その体験において体得した融合感は、日常的世界に還帰してのちも続き、かつ、その融合感を軸とする他者との新たな関係が結ばれるようになるのだ。

梁川のいわゆる見神体験は、自分自身も述べているように、他のさまざまな宗教においても見られる普遍的なものである。それと同時に、明治の思想史の流れでいえば、北村透谷の内部生命論に遡れるものであり、さらには、黒住教、金光教、天理教など、教祖の変性意識状態下での合一体験を核として展開した、幕末から明治にかけての新宗教運動とも軌を一にするものである。さらに源流をたどれば、日本の宗教的心性の基盤をなすシャーマニズムやアニミズムにまで行きつくことができよう。

また梁川の流れを哲学的方面に下って行けば、「純粋経験」を説く西田幾多郎や、「般若即非」を説く鈴木大拙が、宗教的方面に下っていけば、大正以降流行した心霊研究や大本教等の「鎮魂帰魂」があらわれよう。このように、梁川は、日本における神秘主義の展開を考える上でも、さらに、近代的自我をめぐる思索の展開を考える上でも、最重要な人物の一人であるといえる。

注

1　たとえば、日本のロマン主義の代表的な作品として、島崎藤村の詩集『若菜集』（明治三〇年）、与謝野晶子の歌集『みだれ髪』（明治三四年）、国木田独歩の短編集『武蔵野』（明治三四年）、上田敏の訳詩集『海潮音』（明治三八年）などが挙げられる。

学習課題

○「近代的自我」の問題に、思想家たちがどのようなスタンスからどのように取り組んだのかを、具体的な叙述に即して検討する。

参考文献

竹内整一『自己超越の思想　近代日本のニヒリズム』（ぺりかん社、一九八八／新装版、二〇〇一）
坂本多加雄『新しい福沢諭吉』（講談社現代新書、一九九七）
平山洋『「福沢諭吉」とは誰か 先祖考から社説真偽判定まで』（ミネルヴァ書房、二〇一七）
丸山真男『福沢諭吉の哲学』（岩波文庫、二〇〇一）
今村仁司『清沢満之の思想』（人文書院、二〇〇三）
山本伸裕『清沢満之と日本近現代思想―自力の呪縛から他力思想へ　単行本』（明石書店、二〇一四）
古荘匡義『綱島梁川の宗教哲学と実践』（法蔵館、二〇二二）
行安茂『綱島梁川　その人と思想』（大空社、一九九七）

15 近代② 日本近代の思想Ⅱ

《学習のポイント》 近代社会における諸矛盾を超えようとした諸思想を検討する。まず、近代的自我に依拠したキリスト教と社会主義思想を説明し、近世国学の流れを汲みつつ近代日本の問題を引き受けようとした新国学としての民俗学を解説する。その上で、独自の共同体的人間論を展開した和辻哲郎と折口信夫に焦点を当て、その思想と生涯を検討する。

《キーワード》 内村鑑三、西田幾多郎、和辻哲郎、柳田国男、折口信夫、吉本隆明

1. 日本近代思想の概観（2）

キリスト教と社会主義

前章で確認したように、近代初期においては、福沢諭吉をはじめとする啓蒙思想家が活躍し、それまでの身分制度や社会的因習を批判し、合理的で実証的な精神をもった個人として独立することを主張した。このような前近代的なさまざまな束縛からの個の解放を目指す思想は、（それぞれ異なる様相を示しつつではあるものの、）民権思想家、キリスト教思想家、社会主義者や、ロマン主義や自然主義文学者に共通してみられる傾向である。

たとえば、中江兆民や植木枝盛は、何人にも侵害できない個人の権利を主張する立場から、抵抗

権、革命権を説き、主権在民の原理を鼓吹した。また、内村鑑三（一八六一～一九三〇）は、神の前に一人立つ、独立的人格としての人間を主張した。内村は、教会や儀式にいたずらに捕われることなく、また牧師などの聖職者に依存することなく、信者の一人一人が聖書を読み、直接的に神の福音に接することができると説き、明治三四年（一九〇一）に創刊した雑誌『無教会』で、無教会主義を表明した。内村は、宣教師たちの外国教派教会から独立することを主張し、また、国家によって個人の内面的信仰が束縛されることに対しても抵抗した。その端的な現われが、明治二四年（一八九一）に第一高等中学校で起こった、いわゆる「内村鑑三不敬事件」である。当時、嘱託教員を務めていた内村は、その前年に渙発された「教育勅語」の奉読式の際に、国家による偶像崇拝の強制に抗する意図で、勅語の宸署（天皇の真筆の署名）への最敬礼を行わず、会釈するに留めた。このことが大きな批判を呼び、内村は学校を去らなければならなくなった。この事件は、キリスト教が目指す、現世の何ものにも従属しない個の内面的信仰と、「教育勅語」が目指す国民国家の確立との間の齟齬を示した、最初の事件であった。明治国家は、あらゆる国民に臣民 subject として国家に従う subject ことを要求したのである。

ただし、内村は、天皇や皇室に対しては敬愛の念を持ち、愛国者でもあった。そのことは、内村の次のような言葉にも表れている。

私共に取りましては愛すべき名とては天上天下唯《ただ》二つあるのみであります。其一つはイエスでありまして、其他の者は日本であります。是れを英語で白《もう》しますれば其第一は Jesus でありまして、其第二は Japan であります。二つとも J の字を以て始まって居りますから私は之を称して Two

Js、即ち二つのジェーの字と申します。……私共はこの二つの愛すべき名のために、私共の生命を献げようと欲《おも》う者であります。……すなわち、私どもの信仰は国のためでありまして、私共の愛国心はキリストのためであります。私共はキリストを離れて真心《まごころ》をもって国を愛することが出来ないように、亦《また》国を離れて熱心にキリストを愛することはできません。私共が基督教を信じた第一の理由は、それが私共の愛する此日本国を救うの唯一の能力《ちから》であると信じたからであります。（「失望と希望」（日本国の先途）、一九〇三年）

この文章を含む「失望と希望」の中で、内村は、社会のさまざまな利害関係に巻き込まれず、ただイエス・キリストを信仰して、独立した批判的精神を持つことによってはじめて、真に国を愛し、滅亡前の古代イスラエルにも似た堕落と悪徳に満ちた現在の日本国を救うことができると述べている。内村が足尾銅山鉱毒事件を告発し、日露戦争時には非戦論を主張したのも、まさに、一箇の独立したキリスト者にして愛国者であることを貫いた結果であると言えよう。内村は、生涯、個の独立と自由を主張し、国家権力からも、俗世の拝金主義からも、さらには西洋や日本の教会からも個は解放されなければならないとし、また、そのような個によってこそ、真の国家は実現するとしたのである。

内村はキリスト教という欧米の思想の根幹にある宗教を積極的に受け入れ、信仰に基づいて日本社会の変革を図ろうとしたが、同様に、欧米から受容した思想によって、日清戦争後、急速に発展した資本主義社会のひずみを是正し、日本社会を変革しようとしたのが、社会主義者たちであった。

自由民権運動を担った中江兆民の急進的民主主義の思想は、弟子であった幸徳秋水に受け継がれ、社会主義思想として展開し、片山潜や安部磯雄ら、キリスト教人道主義者も加わって、大きな潮流となった。明治三七年（一九〇四）、幸徳と堺利彦とは、共訳でマルクス・エンゲルスの『共産党宣言』を『平民新聞』に掲載し、また、同年から始まった日露戦争に対しては、帝国主義戦争であるとして批判し非戦論を主張した。彼ら社会主義者は、封建的遺制や国家権力など個を抑圧するものからの解放と、独立した個による新たな社会の建設を訴え、政治的にも社会的にも、一定の影響力を持ちはじめたが、明治期のこの流れは、明治四三年（一九一〇）の「大逆事件」に見られるように、政府からの厳しい弾圧を受け、一時衰退した。

大正期になると、資本主義の飛躍的な発達に伴う社会問題のさらなる深刻化に、大正七年（一九一七）のロシア革命の成功もあいまって、大正デモクラシーの風潮の中で、マルクス主義が台頭した。マルクス主義は、生産手段を私有から社会の共有へ移行させることによって、資本主義が生み出した富の分配の不平等から生じる深刻な格差を解消し、真に自由で平等な個によって成り立つ社会を実現することを目指した。マルクス主義者たちは、日本社会の現状分析をめぐって講座派と労農派に分かれ理論闘争を行いつつ、劣悪な労働条件の改善を目指す労働運動や各種解放運動を展開するが、昭和初期には政府から厳しい弾圧を受け壊滅状態となった。

独我論の克服と「純粋経験」

西洋哲学を受け容れつつ、自らの坐禅体験や、浄土真宗や陽明学などの東洋思想に依拠して、独自の哲学思想を展開したのが、近代日本を代表する哲学者西田幾多郎（一八七〇～一九四五）である。西田は、デカルトのコギト以来の西洋近代思想が前提とする、理性としての自我を実在として、世界や他者はそこから派生する現象に過ぎないとする思惟方法に疑問を投げかけた。西田は、『善の研究』「序文」（一九一一）において、「純粋経験を唯一の実在としてすべてを説明して見たいというのは、余が大分前から有《も》っていた考であった。……そのうち、個人あって経験あるにあらず、経験あって個人あるのである、個人的区別より経験が根本的であるという考から独我論を脱することができ……」と述べており、「純粋経験」という概念を導入することによって、独我論を克服しようとした。

西田は、哲学の究極目的である「真実在」を理解するためには、「疑うにも疑いようのない直接の知識」から出発するべきであるとする。そして、それは、主客未分化な「純粋経験」であるとし、同第二編「実在」において、次のように述べている。

純粋経験においては未だ知情意の分離なく、唯一の活動であるように、また未だ主観客観の対立もない。主観客観の対立は我々の思惟の要求より出でくるので、直接経験の事実ではない。直接経験の上においてはただ独立自全の一事実あるのみである、見る主観もなければ見らるる客観もない。恰も我々が美妙なる音楽に心を奪われ、物我相忘れ、天地ただ瀏喨《りゅうりょう》たる一楽声のみなるが如く、この刹那いわゆる真実在が現前している。これを空気の振動であるとか、自分がこれを聴いているとかいう考は、我々がこの実在の真景を離れて反省し思惟するに由って起ってくるので、この時我々は已に真実在を離れているのである。

西田によれば、自己と対象とを二元対立的に分離させるのは、真実在から離れた二次的な立場であって、真に実在すると言えるのは、自他未分の「純粋経験」である。西田は、美しい音楽に心を奪われる体験を例として挙げ、自己と音楽が一つになっていて思惟による反省が行われていない経験を「純粋経験」と呼んでいる。そして、この自他未分の「純粋経験」という「一般者」が、それ自身を限定したものこそが、西田における個としての自己に他ならず、それ故に、限定によって生じた自己は、能動的に、「純粋経験」に戻り統一的意識とへと還帰することを目指す。その時にはたらくのが、無限の統一力である。

西田は、同第三編「善」では、「善とは一言にていえば人格の実現である。これを内より見れば、真摯《しんし》なる要求の満足、即ち意識統一であって、その極は自他相忘れ、主客相没するという所に到らねばならぬ。外に現われたる事実として見れば、小は個人性の発展より、進んで人類一般の統一的発達に到ってその頂点に達するのである。」と述べ、個として限定された自己が、主客未分の意識統一へと向かうところに「人格」が発現すると説明する。さらにそれは、個々の人間を越えて、人類一般の統一的発展にまで拡大すると言うのである。以上のような、「純粋経験」について、それ以後の西田は「絶対無」の「場所」の自覚、「絶対矛盾的自己同一」という用語を用いて、より包括的に説明しようとした。

京都大学で西田の謦咳に接した、田辺元、九鬼周造、三木清、和辻哲郎、久松真一ら、西田門下やその周囲の哲学者たち、いわゆる京都学派は、西田にならってそれぞれが東洋哲学と西洋哲学との創造的対話を試み、独自の哲学を築き上げた。

共同体と民俗の思想

西洋から受容した、個の独立と自由という原理に対して、共同体の立場から異議を唱える動きも目立ってきた。その流れは、明治二〇年代の国粋主義にまで遡ることができる。志賀重昂《しがしげたか》、三宅雪嶺、陸羯南らは、明治政府の行き過ぎた欧化政策を批判して、国粋保存主義（国粋主義）を唱えたが、それは、欧化の全否定ではない。それは、西洋文明を取り入れる際に、日本人の民族としての主体性を保つ必要があるという主張である。このような明治中期の国粋主義運動は、排外主義ではなく、むしろ世界に広く目を向け日本民族の使命を考え世界に貢献していこうとするものであったが、その後、ナショナルなものを強調する運動としては、国家主義的右翼団体によるものが主流となり、次第に帝国主義、排外主義、反共主義の色彩を濃くした。国家を天皇を頂点とする共同体とみなし、最高の価値とする国家主義は、大正期には大正デモクラシーへの反動として存在感を示した。昭和期になると、帝国主義的侵略の肯定、個の自由の否定と国家政策への無批判の従属を主張する超国家主義として、皇国史観や軍国主義とともに、ファシズム体制の思想基盤となった。

右翼思想家たちによって鼓吹された、国家そのものを一つの共同体とみなす家族国家観とは別に、本来の意味における共同体――地縁、血縁などによって自然発生的に成立し、土地、財、生産手段などを共有し共同で労働しつつ、相互扶助的に結合する家族や村落など――をその思索の中心に据える思想が展開された。中でも注目されるのが、柳田国男《やなぎたくにお》（一八七五～一九六二）やその弟子である折口信夫《おりくちしのぶ》によって確立された民俗学である。

民俗学とは、民間の伝承、信仰、習俗、伝説、方言などを調査し、常民（文字資料を残す知識人などではない一般庶民で、民間伝承等の継承者）の共同体における生活文化を解明する学問で、一九世紀のイギリスで生まれた民俗学を取り入れ、日本の民俗学を確立したのが、柳田国男である。柳田は、もともと農政学を研究し近代農政を指導する官僚であり、日本の農村への関心から民俗学研究へと進んでいった。岩手県の遠野に伝わる座敷童や河童、山人など、主に信仰にまつわる伝承を集めた『遠野物語』（一九一〇）は、日本民俗学初期の重要な成果である。柳田が伝統的村落共同体の心的世界をどのようなものとして捉えていたのかを、『遠野物語』から考えてみよう。その第八話は次のような物語である。

黄昏《たそがれ》に女や子供の家の外に出ている者はよく神隠《かみかく》しにあうことは他《よそ》の国々と同じ。松崎村の寒戸《さむと》というところの民家にて、若き娘梨《なし》の樹《き》の下に草履《ぞうり》を脱《ぬ》ぎ置きたるまま行方《ゆくえ》を知らずなり、三十年あまり過ぎたりしに、或る日親類知音《ちいん》の人々その家に集《あつ》まりてありしところへ、きわめて老いさらぼいてその女帰り来たれり。いかにして帰って来たかと問えば人々に逢いたかりし故帰りしなり。さらばまた行かんとて、再び跡《あと》を留《とど》めず行き失《う》せたり。その日は風の烈《はげ》しく吹く日なりき。されば遠野郷の人は、今でも風の騒がしき日には、きょうはサムトの婆《ばば》が帰って来そうな日なりという。

梨の木の下に草履を置いたままいなくなり、三〇年後にほんの短時間だけ戻り、また姿を消した女性は、村落の外部の他界に行ったものと見なされた。『遠野物語』では山中他界観に基づく多くの話が集められ、現世の生活共同体がそれのみでは完結せず、つねにそれを越えた他界との関係においてで成り立っていることを示している。このような山中他界観に関する柳田の関心は、晩年には『先祖の話』（一九四六）に結実した。それによれば、死者は、子孫によって定期的に祭祀されることでだんだんと個体性を失って集合的な「ご先祖様」となり、村落近くの小高い山から子孫たちの生活を見守り、春は山を下りて田の神となって豊饒を授け、秋に再び山に戻り山の神となる。そして、盆や正月や祭りの際に、子孫と交流する。このような祖霊観の探究の背後には、戦争で若くして亡くなった多くの若者たちを、日本人としてどのように慰霊するべきかという、深刻な問題意識があった。柳田は、過去の日本の常民の生活を省みることで、未来の日本人のあるべきあり方を探究したと言えるだろう。

柳田の民俗学研究に触発された思想家に、吉本隆明（一九二四〜二〇一二）がいる。吉本は『共同幻想論』（一九六八）において、『古事記』とならんで『遠野物語』の諸話を分析することで、村落共同体における「共同幻想」が、国家という共同幻想へと展開する機序を、「自己幻想」「対幻想」「共同幻想」という分析概念を用いることで明らかにし、「対幻想」（家族、男女など）を砦として共同幻想に安易に取り込まれない道を模索した。

次節以降では、京都学派の一員であり、また、「間柄」という独自の概念を用いて、人間の共同体的側面を追究した和辻哲郎と、柳田国男の弟子でありながら、柳田とは違う共同体像を描き出した折口信夫の生涯と思想について紹介しよう。

2．和辻哲郎の生涯と思想

生涯

「和辻倫理学」とその名を冠して呼ばれる独自の倫理学体系を築き上げるとともに、文化史家、思想史家としても多くの業績を残した和辻哲郎（一八八九〜一九六〇）は、兵庫県神東《じんとう》郡仁豊野《にぶの》の医家に生まれる。少年時代から文学に熱中し、東京帝大では西洋哲学を学ぶかたわら、谷崎潤一郎らとともに第二次『新思潮』の同人となり、評論や創作を発表する。大学卒業後は、『ニイチェ研究』（一九一四）、『ゼエレン・キエルケゴオル』（一九一五）などを刊行する。少年時代から夏目漱石の愛読者であり、卒業後から漱石山房の木曜会に出入りするようになり、その人柄からも大きな感化を受けた。和辻が後年に確立した「間柄」の倫理学は、漱石が苦悩した近代的自我の問題を引き受けて、一つの解決の道筋を示しものとも言えるだろう。大正五年（一九一六）、岳父の死をきっかけに日本文化に目を向けるようになり、これ以降、日本の古美術や古代文化に関する本格的な研究を開始し、『古寺巡礼』（一九一九）、『日本古代文化』（一九二〇）、『日本精神史研究』（一九二六）等を発表した。

大正一四年（一九二五）、西田幾多郎の招聘により京都帝大文学部倫理学講座の助教授に着任し、これをきっかけに仏教倫理思想史、西洋の倫理学の研究を始め、『原始仏教の実践哲学』（一九二七）、『人間の学としての倫理学』（一九三四）を発表した。後者は、独我論から出発するのではない間柄的存在としての人間に根差した独自の倫理学である。和辻は、青年時代以来、生涯に渡って西田に対する敬愛の念を持ち続けた。大まかな見取り図を示すならば、二人はともに、デカルト以来の西洋近代の自我から始まる哲学を批判し、それに替わる新たな思想の立脚点を模索した。西田が「純粋経験」をはじめとする諸概念によって探究しようとした事柄を、和辻は、家族から国家に至る現実の具体的共同体を生きる、「間柄」的人間存在を踏まえて解明しようとしたと言うこともできるだろう。

昭和九年（一九三四）、東京帝大文学部倫理学研究室教授に転じ、『倫理学』（上中下、一九三七

〜一九四九）によって倫理学体系を確立する。また、京都帝大時代の留学体験を基に『風土―人間学的考察』（一九三五）を発表し、「砂漠」「牧場」型と比較しつつ、「モンスーン」型の風土を持つ日本文化の特質を論じた。終戦直後、憲法学者の佐々木惣一と国体をめぐって論争した。佐々木は、新憲法により天皇が統治権の総攬者たる地位を失い、国民が主権者と定められた以上、国体は変更するとしたが、和辻は政体が変更しても国体は変更しないと主張した。六〇歳で定年退官した後は、文筆に専念し、戦中に執筆した「尊王思想とその伝統」を軸に『日本倫理思想史』（上下、一九五二）を刊行した。七一歳で亡くなるまで、晩年は、仏教哲学と日本文化の研究に励んだ。

偶像再興

和辻の青年期は、日露戦争から大正にかけての時期にあたる。前章でも述べた通り、国家の成立基盤がようやく安定したこの時期、知識人の中心的な課題は、もはや「一身の独立」と連動する「一国の独立」ではなくなる。独り立ちした明治国家は、もはや個人の力の及ばないものとなり、彼ら知識人たちは国家から相対的に切り離され、孤立する「個」としての自我の問題に、宗教や文学をもって応えようとした。

このような風潮の中で、和辻も自己形成し、当時流行していたロマン主義的な自我の主張から影響をうける。ロマン主義とは、西洋の思想史でいえば、自立的かつ普遍的な理性を足場にして自己の解放を訴える啓蒙時代のあとに主張されたもので、理性ではなくパッションをてがかりとして自我を解放することを求めるものであった。近代の出発点となった啓蒙理性を否定するという側面だけに注目するならば、ロマン主義は反近代ということができようが、あらゆる地上的な束縛からの自己の解放を主張する点においては、理性に基づかないすべての権威への従属を拒んだ啓蒙理性と軌を一にし、自我の無限の拡大を説く点においては、まさに近代的な自我の主張でもある。和辻は、青年期に、『明星』の新体詩やバイロン、キーツなどの一九世紀のイギリスのロマン主義文学に傾倒し、ロマン主義的な自己解放をテーマに多くの評論や創作を発表している。それらの作品において和辻は、感覚、感情、官能の解放による生命感の高揚を叫び、また、古い因習を破って個性をどこまでも貫くことを強調した。青年期の和辻はまさに近代的自我の宣揚者であったのだ。

しかし、和辻においては、自我の解放、伝統への反逆は長くは続かない。「転向」の書とよばれている『偶像再興』において、和辻は、既成の権威や諸価値を陳腐な「偶像」と冷笑し、感覚、感情、官能の解放を求めて「放蕩」生活を送っていたそれまでの「偶像破壊」的なあり方を否定し、改めて「偶像」の必要性を訴える。和辻は、「偶像」すなわち伝統こそが、流動的な生に一定の統一を与え「生の分裂と意識の混沌を」避けるために不可欠であり、「生命の発育を健やかな豊満と美とに導く」ものであると主張するのである。和辻にとって、再興すべき偶像とは、伝統であり、またその伝統を支えてきた共同体であった。共同体の中にあってこそ、意義ある生を送ることができると和辻は考えたのである。そして、これ以降、和辻の研究は、伝統文化と共同体の意義付けをめぐって行なわれることになる。

次節では、倫理学関連の著作をてがかりに、和辻の宣揚する共同体の内実とその論理構造を考察してみよう。

間柄的存在としての人間

和辻は、その倫理学の出発点を、人間存在の解明におき、「歴史的、社会的なる生の表現」としての言語を分析し、倫理や人間存在に関する先行理解を把握せんとした。具体的には、「人間」「倫理」等の日本語を取り上げて、それに解釈を加えていく。たとえば、「人間」という言葉は、中国では単に世間を意味しているに過ぎなかったが、これが日本に移入されて以来、「ひと」という意味に転用された。これは「人間」と言う言葉の誤解であるが、和辻はこの誤解のうちに、日本人の持つ「人間が社会であるとともにまた個人でもあるということの直接の理解」を発見し評価している。このことに関して和辻は次のようにも述べる。

人間とは「世の中」であるとともにその世の中における「人」である。だからそれは単なる「人」ではないとともにまた単なる「社会」でもない。ここに人間の二重性格の弁証法的統一が見られる。……従って相互に絶対に他者であるところの自他がそれにもかかわらず共同的存在において一つになる。社会と根本的に異なる個別人が、しかも社会の中に消える。人間はかくのごとき対立的なものの統一である。この弁証法的な構造を見ずしては人間の本質は理解せられない。（『倫理学』上、序論第一節「人間の学としての倫理学の意義」）

和辻によれば、人間とは、自と他、個と社会、個と全体という相反する契機を含みつつ、日常的行為連関を通じて「間柄」を形成することにおいて、その二契機を弁証法的に統一しているのである。自他は、「絶対に」他者でありつつも、共同的存在において、「われわれ」となるのだ。

また、「倫理」の「倫」は、ともがら、仲間を意味するが、この「倫」は、共同態であるとともに、その共同態を可能にする根底、すなわち、「きまり」「かた」「みち」である（理は「みち」を重ねて強調している）。個人は、「きまり」「かた」「みち」、すなわち、間柄において期待されている役割を、日常的行為連関の中で遂行することで全体性を担う。和辻のいうところの個人とは、「間柄」における役割を実践することによってのみ成り立っているような個人であり、他とは共約不可能な実存を備えた個というような考え方は、ここでは否定されるのである。

個と全体

和辻は、このような役割の遂行は、「個であることを通じて全となるという運動」であるとし、「この運動の生起する地盤は絶対空」すなわち「絶対否定」であるとする。この否定であるとともに地盤である「絶対否定」＝「絶対空」は、「人倫の根本的原理」である（絶対空や個を実体化しない無我の考え方は、原始仏教研究を通じて会得された）。全体の否定たる個人が、個の否定を通じて（否定の否定）、絶対的全体性へ還帰する運動が、絶対的全体性の自己還帰的な実現運動と捉えられ、空の弁証法と呼ばれるのである。

このように、全体から背き出た個人が、個人たることを否定して全体へと還帰することが倫理的実践なのであるが、この全体には、低次と高次の区別がある。たとえば、家族というのは基本的な全体性を体現したものであるが、それは、より公共性の高い地縁共同体から見れば私性の強いものであり、この意味において、家族は地縁共同体にとっては個となるから、家族の閉鎖性は空ぜられ（否定され）なくてはならない。このように、絶対的全体性は、二人共同体（夫婦）から家族、親族、地縁共同体、経済組織、文化共同体、国家へと高まっていく人倫的組織の各段階において、相対的全体性として己を実現していくのである。

そして、たとえば、家族を全てに優先させるというように、相対的全体性のどこかの段階に固執することは、その運動を滞らせることとして否定される。ここで注目しておきたいのは、和辻の倫理学においては、国家は特別の地位を与えられていることである。もちろん国家とても相対的全体性の一つに過ぎないのであるが、しかし、それは、現実においては最高に包括的な全体性をもつものとして、個々の倫理的行為の最高の根拠とされる。和辻倫理学が国民道徳論であるという評価は、まさにこの点に注目したものなのである。

また、和辻の共同体論は、基本的に、個と全体との関係が常に主題とされ、個と個すなわち、自己と他者との関係は、同じ全体性を共同で担う者としてしか想定されていないと批判を受けることもある。和辻においては、他者は自己と同質なものと捉えられており、他者の異質性に対する注目が充分ではないという指摘である。ここで、自己にとって相容れない何かをもち、それ故にこそ、自己の硬直した自己完結性を脅かし、それを打ち破って来る異質性をもつ「他者」との共同性という問題が浮上する。次節では、この異質な他者に注目し、それを自己の共同体論の基底にすえた思想家として折口信夫を取り上げてみたい。

3．折口信夫の生涯と思想

生涯

折口信夫（一八八七〜一九五三）は、柳田国男とともに日本民俗学の創設者であるのみならず、国文学、神話学、神道学、芸能史の方面で多くの業績を残し、また、釈迢空《しゃくちょうくう》の筆名で短歌や小説の創作等の文学活動を行なった。語の真の意味で「ポエタ・ドクトゥス」(poeta doctus 学識ある詩人／詩人学者）と呼ばれるにふさわしい人物である。折口は、大阪府西成郡木津村の医家に生まれた。國學院大學で国文学を学び、アララギ派の歌人として活動をはじめる。大学卒業後、大阪の今宮中学の嘱託教員として国語、漢文を教えるが、大正三年（一九一四）再び上京し、柳田国男に師事するようになる。短歌についても、次第にアララギ派の影響下から脱し、独自の境地を切り拓いた。大正八年からは国学院大学で、一二年からは慶應義塾大学で教鞭をとった。

折口の文学と研究の大きな刺激になったのは、地方への旅であった。大正一〇年と一二年に沖縄の民俗調査を行い、一五年からは奥三河の郷土芸能の調査を行った。これらの旅を通じて、折口は、日本の思想文化研究の基本概念として、現在、一般的に用いられている「貴種流離」「依り代」「神の嫁」「まれびと」などの概念を着想し、また確立した。これらは後に「折口名彙」と呼ばれるようになる。折口は、民俗調査の際に、村落に伝えられている民俗行事や芸能、古老たちの語りに直接触れ、古代日本の信仰がいまだに息づいていることを「実感」した。折口は、その「実感」と、これまで記紀や万葉集をはじめとする文献研究によって積み重ねた知識とを照らし合わせ、日本人の物の見方の原型を浮かび上がらせようとした。昭和四～五年（一九二九～三〇）には、『古代研究』を刊行し、国文学と民俗学とを結び付けた自らの古代学を広く世に問い、昭和一四年には、古代学と連動する小説『死者の書』を発表した。

戦後、折口は、日本人の神に対する信仰の薄さが敗戦を招いたと捉え、神道を「人類教化」「宗教化」する新たな道を探った。昭和二三年（一九四八）、第一回日本学術会議会員に選ばれるとともに、詩集『古代感愛集』が日本芸術院賞を受け、翌年には宮中の歌会始《うたかいはじめ》の選者となるなど、戦後の折口は、学者としても文学者としても、名実ともに当代の第一人者と認められるに至った。戦後の作品の多くには、昭和二〇年、硫黄島で戦死した、養嗣子折口春洋《はるみ》（旧姓、藤井）への哀惜が籠められている。春洋のように若くして死んだ「未完成霊」をどのように祀るべきかという問題は、晩年の折口の大きなテーマとなり、昭和二七年（一九五二）には、この問題をも盛り込んだ最後の論文「民族史観における他界観念」を執筆したが、翌年、六六歳で亡くなった。

他界から来るまれびと

折口の広範囲に及ぶ調査旅行のうちで、その学説形成に、とりわけ大きな影響を与えたのは、沖縄への調査旅行であった。折口は、沖縄で村落共同体の聖地である御嶽《うたき》や拝所《うがんじゅ》を訪れ、人々の信仰の中心にいる祝女《のろ》（巫女）と直接に接することで、「古代」の人々の生活を現在進行形で体験した。折口にとって、当時の沖縄は、日本の万葉時代をそのままに再現したものだった。なかでも、沖縄の祭りにおいて、海の彼方の国（ニライカナイなど）からやってきて、人々に豊饒と繁栄の祝福を与える神の来訪と、それを迎える村人たちの儀式を目の当たりにしたことは、折口に、「まれびと」、すなわち、共同体の外部からやってきて共同体を成り立たせる他者という発想を促す決定的な契機となった。

折口が生涯追い求めた「古代」とは、決して、流れていく歴史的時間の一区画、現在からは遠い過去などではない。折口の考える「古代」とは、日本人にとっての「原型」であり、その後のあらゆる時間にその「原型」が陰に陽に影響を及ぼす。その影響が顕在化することを折口は「発生」と呼ぶ。このことについて折口は『日本文学の発生序説』の中で「一度発生した原因は、ある状態の発生した後も、終熄するものではない。……だから発生の終へた後にも、おなじ原因は存してゐて、既に在る状態をも、相変らず起し、促してゐる訣なのだ。」（「声楽と文学と」三　短歌の発生）と述べている。発生した原因とは、「古代」の信仰に端を発するさまざま原因、古代的要素であり、それが、絶えることなく日本人の生活や文化に影響を及ぼし続けていると折口は考えているのである。

さて、折口と和辻とは同時代人であり、同じく近代を超える手がかりを、日本の伝統的共同体に求めたといえようが（折口にとっては沖縄の村々、和辻にとっては故郷の農村仁豊野）、和辻の共同体が、基本的には同質な人々から成る「われわれ」としての共同体を原イメージとするのに対して、折口は、共同体（「われわれ」）の成立にとって他者（「われわれ」ではないもの）、すなわち外部の他者である「まれびと」が必要であるという点を強調した。このような「まれびと」は客人《まろうど》であり、村落共同体を定期的に来訪する宗教者や芸能者がこれに当るが、折口はその原型を神であると考えている。折口は、『古代研究』所収の「国文学の発生」（第三稿）において次のように述べる。

てつとりばやく、私の考へるまれびとの原の姿を言へば、神であつた。第一義に於ては古代の村々に、海のあなたから時あつて来り臨んで、其村人どもの生活を幸福にして還る霊物を意味して居た。

折口が、日本の神の最も原型的なありかただと考える「まれびと」は、海のかなたにある他界から来るもので、共同体の内部にとっては異和的な存在であるが、「まれびと」の到来こそが、農作物の豊饒や子孫繁栄などの共同体の「幸福」を支え得る。この「幸福」とは、抽象的に言い換えれば、共同体が共同体としての自己同一性を時間的にも、空間的にも確保することである。折口は、同「国文学の発生」（第一稿）において次のように述べる。

> 一人称式に発想する叙事詩は、神の独り言である。神、人に憑《かか》って、自身の来歴を述べ、種族の歴史・土地の由緒などを陳べる。皆、巫覡《ふげき》の恍惚時の空想には過ぎない。併し、種族の意向の上に立っての空想である。

神としての「まれびと」は、その到来の時に、一人称によって自己の来歴を語る。自己の来歴を語るとは、神が神として自己確定し、自己同一的なものとして顕れることである。そして、この神の自己確定は、「種族の意向」によるものであると折口はいう。「種族の意向」とは、共同体が、一つの完結した全体として、すなわち、ある境界によって安定的に確保されたものとして立ち現われることである。共同体は自分たちを一つの完結した内部とするために、外部の他者を必要とする。神が神として確定されることによって、共同体が共同体として定立されるのである。

また、折口は、「まれびと」は、第一話者であるとする。神が自らを定立することで、共同体の個々のものも定立され、はじめて存在を与えられる。折口は、戦後に書いた「道徳の発生」（一九四九）という論文において、神を「既在者」と表現しているが、これは、われわれの世界の成立根拠として、「既に」第一話者が存在することが必然的に要請されているということである。そして、神が共同体の内部を確定することがまさに、折口のいう「発生」なのである。

また、折口の「まれびと」に基く他者論を考えてみるならば、折口の構想する共同体は、外なる他者である「まれびと」によってアイデンティティを与えられるだけではない。その成員同士も決して「われわれ」として一枚岩ではなく、異和を抱えている。たとえば、「信田妻の話」で、折口は、最も近しいはずの母親が実は異類（狐）であったという筋立てを取り上げて、これは異族出身の母親が子を置いて元いた村に戻るという、古代においては一般的であった出来事を示唆していると述べている。折口の想定する共同体は、その外部にも内部にも異なる他者を持っていたと言うことができる。また、折口自身、生涯独身を貫き、好んで旅に身を置いた。それによって彼は、あえて共同体から距離をとり根を下さず、その意味で共同体にとって異和であり続けようとしたとも言えるだろう。

以上、折口の「まれびと」論をてがかりとしながら、その共同体論、他者論を検討した。折口の議論は、ともすれば他者の他者性を見失いがちな、近代日本の人間観、世界観に、大きな示唆を与える可能性を孕んでいると言えるだろう。

学習課題

○京都学派や民俗学の思想について、それぞれの問題意識や特徴について、原典に即して検討する。

参考文献

田中久文『日本の哲学をよむ「無」の思想の系譜』（ちくま学芸文庫、二〇一五）
大熊玄『善とは何か　西田幾多郎『善の研究』講義』（新泉社、二〇二〇）
田中久文『西田幾多郎』（作品社、二〇二〇）
苅部直『光の領国　和辻哲郎』（創文社現代自由学芸叢書、一九九五／岩波現代文庫、二〇一〇）
木村純二、吉田真樹編『和辻哲郎の人文学』（ナカニシヤ出版、二〇二一）
熊野純彦『和辻哲郎　文人哲学者の軌跡』（岩波新書、二〇〇九）
佐藤康邦、清水正之、田中久文編『甦る和辻哲郎—人文学の再生に向けて』（叢書倫理学のフロンティア、ナカニシヤ出版、一九九九）
安藤礼二『折口信夫』（講談社、二〇一四）
上野誠『折口信夫　魂の古代学』（角川ソフィア文庫、二〇一四）
岡野弘彦『折口信夫伝　その思想と学問』（中央公論新社、二〇〇〇／ちくま学芸文庫、二〇二〇）

●わ　行

●や　行

●ら　行

●は 行

●た　行

●さ　行

●か　行

索引

●配列は五十音順。

著者紹介

頼住　光子（よりずみ・みつこ）

一九六一年　神奈川県横浜市に生まれる。
一九九〇年　東京大学大学院人文科学研究科博士課程修了。
現　在　東京大学大学院人文社会系研究科教授。専攻は、倫理学・日本倫理思想史・比較思想。博士（文学）。
主な編著書　『比較宗教への途１　人間の文化と宗教』（共著、北樹出版、一九九四年）
『比較宗教への途２　人間の社会と宗教』（共著、北樹出版、一九九八年）
『比較宗教への途３　人間の文化と神秘主義』（共著、北樹出版、二〇〇五年）
『道元　自己・時間・世界はどのように成立するのか』（ＮＨＫ出版、二〇〇五年）
『日本の仏教思想――原文で読む仏教入門』（北樹出版、二〇一〇年）
『道元の思想　大乗仏教の真髄を読み解く』（ＮＨＫ出版、二〇一一年）
『仏教と儒教―日本人の心を形成してきたもの』（共著、放送大学教育振興会、二〇一三年）
『正法眼蔵入門』（角川ソフィア文庫、二〇一四年）
『さとりと日本人』（ぷねうま舎、二〇一七年）
『日本仏教を捉え直す』（共編著、放送大学教育振興会、二〇一八年）

放送大学教材　1559362-1-2411（ラジオ）

原典で読む日本の思想

発　行　　2024年３月20日　第１刷
著　者　　頼住光子
発行所　　一般財団法人　放送大学教育振興会
〒105-0001　東京都港区虎ノ門1-14-1　郵政福祉琴平ビル
電話　03（3502）2750

市販用は放送大学教材と同じ内容です。定価はカバーに表示してあります。
落丁本・乱丁本はお取り替えいたします。

Printed in Japan　ISBN978-4-595-32449-9　C1310